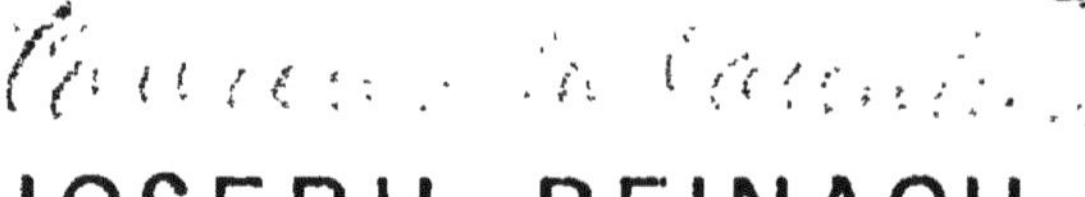

JOSEPH REINACH

DÉPUTÉ

CONTRE
L'ALCOOLISME

PARIS

BIBLIOTHÈQUE-CHARPENTIER

EUGÈNE FASQUELLE, ÉDITEUR

11, RUE DE GRENELLE, 11

1911

CONTRE L'ALCOOLISME

OUVRAGES DU MÊME AUTEUR

CHEZ EUGÈNE FASQUELLE, ÉDITEUR

Voyage en Orient. . . . . 2 vol.
Les Récidivistes. . . . . 1 vol.
Le Ministère Gambetta. . . . . 1 vol.
La Logique parlementaire. . . . . 1 vol.
La Politique opportuniste. . . . . 1 vol.
Le Ministère Clemenceau. . . . . 1 vol.
Le Scrutin de liste. . . . . 1 vol.
Gambetta orateur. . . . . 1 vol.
Les Grandes Manœuvres de l'Est. . . . . 1 vol.
Histoire de l'Affaire Dreyfus. . . . . 6 vol.

Discours et plaidoyers politiques de Gambetta, pu-
    bliés par M. JOSEPH REINACH. . . . . 11 vol.
Discours choisis de Gambetta. . . . . 1 vol.
Discours, proclamations et dépêches de Gambetta
    pendant la Défense Nationale. . . . . 2 vol.

CHEZ DIVERS ÉDITEURS

La Serbie et le Monténégro. . . . . 1 vol.
Les Petites Catilinaires. . . . . 3 vol.
Pages républicaines. . . . . 1 vol.
Démagogues et Socialistes. . . . . 1 vol.
Essais de Littérature et d'Histoire. . . . . . . 1 vol.
Essais de Politique et d'Histoire. . . . . 1 vol.
Diderot. . . . . 1 vol.
Manuel de l'Enseignement primaire. . . . . 1 vol.
Le « Conciones » français. . . . . 1 vol.
La France et l'Italie devant l'histoire. . . . . 1 vol.
Histoire d'un Idéal. . . . . 1 vol.
Raphaël Lévy. . . . . 1 vol.
Vers la Justice par la vérité. . . . . 1 vol.
Le Crépuscule des traîtres. . . . . 1 vol.
Tout le Crime. . . . . 1 vol.
Les Blés d'hiver. . . . . 1 vol.
La Réorganisation de l'Artillerie. . . . . 1 vol.
Mon Compte rendu. . . . . 1 vol.

Discours de Challemel-Lacour. . . . . 1 vol.

Les Origines diplomatiques de la Guerre de 1870-1871,
    recueil de documents, publiés par le Ministère des
    Affaires étrangères. . . . . 3 vol.

JOSEPH REINACH

DÉPUTÉ

CONTRE
L'ALCOOLISME

PARIS

BIBLIOTHÈQUE-CHARPENTIER

EUGÈNE FASQUELLE, ÉDITEUR

11, RUE DE GRENELLE, 11

1911

PREMIÈRE PARTIE

L'ALCOOLISME

ET

LES DÉBITS DE BOISSONS

LA LIMITATION DU NOMBRE
ET LA REGLEMENTATION
DES DÉBITS DE BOISSONS

PROPOSITION PRÉSENTÉE A LA CHAMBRE DES DÉPUTÉS
LE 4 JUILLET 1910

Messieurs,

Les propositions de loi tendant à combattre les progrès croissants de l'alcoolisme ont échoué jusqu'à présent pour deux raisons principales : la longue méconnaissance du danger, bien qu'il devienne, d'année en année, plus menaçant, et la peur de mécontenter des puissances électorales, certainement considérables, mais dont la force est faite surtout de la faiblesse des pouvoirs publics.

Si personne ne conteste plus l'existence du péril

alcoolique, ni l'opinion, ni les assemblées n'en ont reconnu encore l'extrême gravité. Le pays n'ignore plus qu'il est empoisonné; il ne sait pas à quel point il l'est. Quelques-uns des hommes qui honorent le plus la science française ne se lassent pas de l'avertir. Alors que l'événement a dépassé de beaucoup leurs prévisions d'hier, on cherche à se persuader que leurs craintes d'aujourd'hui sont exagérées.

Le Parlement, au cours des précédentes législatures, n'est pas précisément allé au-devant de l'importune vérité. Aux prétextes qu'il trouvait pour ajourner de session en session le débat sur les solutions qui avaient pour objet d'enrayer ou de refouler l'alcoolisme, on eût dit qu'il préférait n'avoir pas à se rendre un compte exact du mal. Du mal, et, par conséquent, de son devoir. Les témoignages irrécusables qui eussent été produits à la tribune auraient fait apparaître le mal dans toute son étendue et dans toute sa profondeur, plus inquiétante encore que son étendue. Ce n'est plus la santé de quelques milliers d'individus qui est en cause : c'est la santé de la nation, comme aussi les vertus de la race qui firent la grandeur de son histoire. Les tares deviennent héréditaires. Partout éclatent des troubles où l'Académie de médecine est unanime à voir des menaces « pour l'avenir de l'espèce »[1]. Il eût été malaisé d'opposer les intérêts électoraux à un tel intérêt national. On trouva plus commode, tantôt de ne pas rapporter du tout les propositions qui tendaient soit à limiter le nombre des cabarets, soit à supprimer le privilège des bouilleurs de cru, soit à interdire la fabrication et la vente de l'absinthe; tantôt de retarder indéfiniment le dépôt des rapports qui concluaient à leur adoption.

Ne pas rapporter une proposition, c'est l'enterrer.

Il y a plus de quinze ans que la Chambre a été saisie, pour la première fois, d'une proposition sur la limitation du nombre des débits[2]. Adoptée il y a quinze ans, la limitation aurait empêché l'ouverture de 40.000 débits; la consommation alcoolique aurait diminué; tout au moins, elle serait restée stationnaire; la marche de la criminalité, de la folie, de la tuberculose aurait été arrêtée. La Chambre ne prit notre proposition en considération que lorsqu'elle lui fut présentée pour la quatrième fois, la Commission du budget s'engagea à la rapporter le mois suivant; le rapport ne fut point déposé. Une proposition analogue a été formulée devant le Sénat, il y a onze ans. Elle n'a été votée,

1. Vœu de l'Académie de médecine (voir p. 25).
2. Voir p. 223.

1.

après huit années de stage, qu'en première lecture; le Sénat en est resté là[1]. Dans les deux Chambres, sous la dernière législature, les propositions sur l'interdiction de l'absinthe, sur la suppression du privilège des bouilleurs de cru, ne sont point sorties des Commissions où elles avaient été renvoyées. Les efforts de leurs auteurs, ceux des rapporteurs désignés, se sont heurtés à la résistance passive des uns, à l'hostilité, quelquefois doctrinale, des autres. A la Chambre, pendant toute la durée de la dernière législature, nous n'avons pu porter la question de l'alcoolisme à la tribune que subsidiairement, à l'occasion d'autres débats, sur la peine de mort ou sur le régime des aliénés.

Voilà quarante ans que les corps savants, les Académies où siégeaient hier encore Berthelot et Pasteur, que les hygiénistes et les criminalistes les plus réputés, ont démontré, par les faits et par les chiffres, que la question de l'alcoolisme est devenue, pour notre pays, une question de vie ou de mort. On se réclame souvent de la science dans des disputes qui lui sont étrangères; on l'y compromettrait si elle pouvait l'être. On contesterait, par contre, assez difficilement qu'on n'est pas au cœur

1. La deuxième délibération sur la proposition a commencé devant le Sénat dans la séance du 25 novembre 1910.

de son domaine quand il s'agit du problème qu'a posé l'intoxication toujours progressive d'une grande partie de la nation. Ce sont les conclusions formelles et précises de nos grandes assemblées scientifiques que ces hommes de bonne volonté avaient rédigées en articles de lois. Ce sont ces conclusions que, pendant plusieurs législatures, les Commissions de la Chambre ont refusé de rapporter devant elle.

En reprenant une fois de plus ces diverses propositions, nous ne sommes pas seulement fidèles à une conviction ancienne que l'expérience a fortifiée; nous nous conformons, en outre, à un engagement que nous avons pris devant le corps électoral. Les hommes politiques ajouteraient une lourde erreur aux fautes du passé s'ils continuaient à croire que la question de l'alcoolisme ne préoccupe aujourd'hui que les Académies et les congrès de médecins et d'hygiénistes.

La crainte de l'impopularité, dès qu'on lui sacrifie une parcelle de vérité, est toujours une lâcheté; elle est souvent aussi une sottise. Sans doute, les intérêts qui se sentent menacés, qu'ils soient d'influence ou qu'ils soient d'argent, ont vite fait d'assourdir l'opinion par des clameurs dont la rétribution fait partie de leurs frais généraux; aussitôt les Assemblées et le Gouvernement de prendre peur et de se persuader, sans trop de peine, que des causes, qu'ils savent pertinemment être bonnes, sont impopulaires. Ce gros mot répond à tout. Or, il suffirait le plus souvent d'en appeler au peuple lui-même, avec un peu de franchise et de courage, pour renverser ces épouvantails. Un sûr instinct, qui n'est peut-être que le besoin, la volonté de vivre, finit presque toujours par le ramener à la notion de son véritable intérêt. Il en donne aujourd'hui un nouvel exemple. Si le pays n'a pas encore mesuré toutes les conséquences de l'alcoolisme, il ressent, depuis quelques années, un malaise qui l'inquiète; trop malade déjà pour réagir de lui-même, il ne l'est pas encore assez pour ne pas avoir conscience de son affaiblissement et il se tourne vers le médecin qui le défendra contre le mensonge de ses faux besoins.

Les fabricants patentés de poison ont fait arme de tout contre ceux d'entre nous qui, ayant engagé la lutte contre l'alcoolisme devant la Chambre, la poursuivaient devant le suffrage universel. Nos mandats ont été renouvelés.

Nous ne remplirions pourtant qu'une partie, et la plus faible, de notre tâche, si, satisfaits d'avoir repris nos projets, nous nous exposions à subir, au cours d'une cinquième législature, les ajournements qui, depuis trop longtemps, paralysent les

efforts des adversaires de l'alcoolisme, pendant
que le mal continue à se développer, pour le seul
profit d'une minorité agissante et bruyante, au
détriment d'un nombre tous les jours croissant de
malheureux et, bientôt, de la race elle-même.
L'expérience, une expérience trop souvent répétée,
nous a instruits.

Il serait, sans doute, plus malaisé que par le
passé de recommencer la manœuvre. D'une part,
le péril alcoolique est devenu plus manifeste; les
ruines s'accumulent : on ne peut plus ne pas les
voir; le cri d'alarme monte plus haut et plus fort,
protestations des sociétés de propagande et des
corps savants, doléances répétées des grandes
administrations publiques, Justice, Assistance;
plaintes des femmes, victimes innocentes et pitoya-
bles entre toutes du fléau qui fait l'homme pareil à
la brute et qui accroît la misère : on ne peut plus
se boucher les oreilles. D'autre part, on voit se des-
siner un mouvement plus général vers le réveil du
sentiment trop longtemps énervé, souvent éclipsé,
du bien public. Il y a certainement quelque chose de
changé, une atmosphère plus saine. La démocratie
paraît s'apercevoir que l'intérêt général n'est point
du tout la coalition ou l'addition des intérêts particuliers. Elle a éprouvé que la prédominance
des intérêts particuliers est destructrice de l'in-

térêt général. Comme il n'est pas une seule question, politique ou économique, ou sociale, où l'intérêt général ne se trouve en conflit avec des intérêts particuliers, des voix se sont élevées de toutes parts pour inviter la nouvelle Chambre à subordonner très résolument, en toutes circonstances, les avantages de quelques-uns au bien public.

L'alcoolisme est l'un des problèmes qui mettent aux prises contre l'intérêt général le plus grand nombre d'intérêts particuliers. C'est, à la fois, un problème d'hygiène et un problème de fiscalité, un problème agricole et un problème industriel; c'est aussi, par malheur, un problème politique, électoral pour tout dire, et c'est peut-être de toutes les questions sociales la plus grave. Personne ne saurait contester qu'il faut faire effort pour chercher à accorder ces divers intérêts avec l'intérêt général dans ce qu'ils n'ont pas d'inconciliable. Quand la conciliation serait reconnue impossible, personne ne devrait pouvoir contester, sans être aussitôt l'objet de la réprobation, que ce sont les intérêts particuliers qu'il faut faire céder. La perte même qu'éprouverait le fisc devrait être tenue pour secondaire, à supposer que l'État n'aurait pas tout à gagner, comme nous le croyons, à une législation qui s'attaquerait à la fois aux excès de la consommation et aux fraudes de la production, et que la répression de l'alcoolisme, par tous les bénéfices qu'en retireraient la santé et l'épargne publiques, n'accroîtrait pas toutes les forces productrices du pays.

Si l'opinion n'a point tracé encore aussi nettement ces lignes directrices, il semble du moins qu'elle attende de la Chambre nouvelle un effort marqué vers une politique libérée des tyranniques intérêts de clientèles.

Si la Chambre n'a pas encore eu le temps de traduire en votes les indications, nécessairement sommaires, du suffrage universel, elle a déjà manifesté son souci d'élargir l'horizon et de ne plus envisager les questions, qu'elles soient politiques ou sociales, sous l'angle étroit des préoccupations des partis.

Ce sont là, évidemment, des circonstances plus favorables que par le passé au dessein que poursuivent les adversaires de l'alcoolisme, ceux du moins qui ne se contentent pas de pleurer sur les ruines et qui veulent agir. Seraient-elles plus favorables encore, il n'en resterait pas moins que les défenseurs les plus décidés du bien public ont besoin d'appuyer leur volonté sur des faits abondants et précis; — que des intérêts puissants continueront à s'opposer à la recherche et à la divultion des vérités qui les gênent; — et, plus particulièrement, qu'il nous est difficile d'oublier que nos projets sur les mesures les plus propres à combattre l'alcoolisme, et les projets des gouvernements comme les nôtres, n'ont pas réussi, pendant quinze années consécutives, à franchir la barrière réglementaire qui les séparait d'un large et loyal débat.

Avons-nous le droit de courir le risque de nouveaux retards, de nouveaux ajournements qui auraient pour conséquences de nouveaux désastres? Quelle que soit notre confiance dans les Commissions que vous avez nommées et qui sont, pour la première fois, l'exacte représentation des partis, il nous a paru nécessaire de soumettre directement à la Chambre, dès le début de ses travaux, le dossier ou, tout au moins, les pièces essentielles du dossier de l'alcoolisme. C'est ce dossier, volumineux assurément, mais encore incomplet, que nous avons annexé à notre proposition[1].

Quand chacun des membres de la Chambre aura,

---

1. Nous ne reproduisons pas dans ce volume les pièces du dossier qui est annexé, dans l'édition parlementaire, à notre exposé des motifs et qui est gros de près de 600 pages. Le lecteur, s'il veut se reporter à l'édition publiée par la Chambre, constatera que nous avons scrupuleusement analysé ou résumé ces pièces dans le volume que nous lui offrons.

comme nous le supplions de le faire, pris connaissance des pièces de ce dossier; quand chacun d'eux aura ainsi mesuré l'étendue et sondé les profondeurs du mal et qu'il se sera rendu compte que le mal n'aurait pas été seulement enrayé, mais qu'il serait déjà refoulé si leurs prédécesseurs n'avaient pas négligé tant d'avertissements et n'avaient pas reculé devant leur devoir, — c'est la Chambre elle-même, la Chambre tout entière, qui pèsera la responsabilité qu'elle assumerait en n'abordant pas avec résolution, au cours de cette législature, et le plus tôt possible, la lutte contre le fléau qui ronge le pays et menace la race. Elle aura le choix entre plusieurs solutions d'un problème qui, d'ailleurs, n'en comporte point qu'une seule; le débat lui-même ne pourra plus être esquivé.

On dira que nous aurions pu nous contenter de résumer les pièces de ce dossier; nous répondrons que nous avions précédemment, à plusieurs reprises, esquissé le tableau des ravages de l'alcoolisme, tableau dont il n'était pas, hélas! nécessaire de charger les couleurs pour inquiéter les consciences, que nous nous étions efforcé de le faire rigoureusement exact, et que nous n'en avons pas moins été accusé de l'avoir noirci, d'avoir groupé artificiellement des chiffres contestables et d'en avoir tiré des conséquences qu'ils ne comportaient pas. Ce reproche, bien qu'immérité, était de nature à nuire à la cause que nous avions entrepris de défendre. Nous y avons trouvé une raison de plus pour mettre sous les yeux de la Chambre elle-même les pièces mêmes du procès. Quelle qu'en soit parfois l'aridité, il y a dans les documents une force de persuasion plus mordante que celle du discours le plus sincère. Ils n'ont pas été établis en vue de servir d'arguments; on pourra leur faire dire bien des choses, ils ne les disent pas. Statistiques criminelles et statistiques médicales, rapports de la Chancellerie, de la direction des Contributions directes ou de la direction de l'Assistance publique, enquêtes des parquets généraux ou des directeurs d'hospices, rapports de médecins spécialistes, d'hygiénistes ou de jurisconsultes à des congrès ou à des assemblées savantes, ces documents étaient épars dans des recueils dont la valeur et l'intérêt dépassent singulièrement le nombre de leurs lecteurs.

Nous avons distribué ces pièces dans des sections ou chapitres dont les intitulés correspondent aux principales parties du sujet. Nous avons reproduit les documents parlementaires qui marquent les étapes de la question. Pour certains travaux seulement, d'un caractère trop particulièrement scientifique, nous renvoyons aux revues ou aux bulletins où ils ont paru. Aussi bien ce genre de publications est-il de pratique courante en Angleterre et dans les pays scandinaves; il y a rendu de grands services. Ni l'éloquence, ni l'art de composer ne sont dédaignés dans ces pays; on leur laisse toute leur part; mais le législateur commence par donner la parole aux faits et aux chiffres. Presque tous les grands progrès, politiques ou sociaux, qui ont été réalisés dans les pays du Nord et en Angleterre, sortent directement des grandes enquêtes dont les résultats ont été portés, le plus souvent par le Gouvernement lui-même, à la connaissance des assemblées.

Ce sont les chiffres et les faits qui parlent dans l'enquête dont nous soumettons le dossier à la Chambre. Pour les conclusions que nous en tirons et que nous avons l'honneur de vous proposer, elles ne sont pas, à proprement parler, les nôtres. Ce sont celles qu'ont dégagées de ces chiffres et de ces faits les criminalistes les plus autorisés, les économistes et les sociologues des écoles qui sont le plus opposées sur toutes les autres questions, les hygiénistes et les savants qui, pendant tant d'années, dans les Académies, avec Berthelot, avec Laborde et Bergeron, avec Rochard et Lancereaux[1], dans le Parlement, avec Lannelongue et Théophile Roussel, ont prodigué en vain les avertissements et les conseils.

Il est encore temps de les entendre.

1. Et tant d'autres, Legrain, Magnan, Vallin, Brouardel, Richet. Landouzy, Daremberg, Motet, Jacquet, Legendre, etc.

Rappelons d'abord et résumons les lois et décrets qui régissent l'ouverture et la fermeture des débits de boissons et qui ont pour objet de réprimer l'ivresse.

Jusqu'en 1851, le commerce des boissons a été libre. Quelques mesures de police générale, des ordonnances, l'une du XIVe siècle, l'autre du XVIe siècle, qui visent plus particulièrement l'interdiction du jeu, voilà jusqu'à cette date toute la législation française sur la vente des boissons en public. L'ancienne France est le pays du vin. L'eau-de-vie était déjà découverte au XIIIe siècle[1]; mais c'était l'eau-de-vie naturelle, l'eau-de-vie des

---

1. « On extrait par distillation du vin, de la lie... le vin ardent dénommé aussi eau-de-vie » (ARNAUD DE VILLENEUVE).

fruits, et ce n'était guère qu'un breuvage d'« appoint » ou de luxe.

En 1852, l'Académie française accorda l'un de ses prix Monthyon au médecin suédois Magnus Huss, pour ses travaux sur l'alcoolisme. « La France, écrit l'auteur du rapport, compte beaucoup d'ivrognes; on n'y rencontre heureusement pas d'alcooliques. »

En 1873, le *Dictionnaire de l'Académie* ignore encore le mot *alcoolisme*; Littré, dans son premier fascicule, donne cette définition : « Maladie caractérisée par une détérioration graduelle de la constitution et par des accidents nerveux : elle s'observe surtout dans les pays froids. »

Au moment où commence la statistique des contributions indirectes (1850), l'impôt de consommation sur l'alcool est de 37 fr. 40 (loi du 12 décembre 1830). Les trois-six et les eaux-de-vie de vin, de cidre et de fruits alimentent à peu près exclusivement le marché. La quantité imposée est de 583.200 hectolitres[1]. La consommation d'alcool pur, par tête d'habitant, est d'environ un litre et demi.

C'est l'année d'après, au lendemain du coup d'État de décembre, que le président Louis-

1. *Bulletin de statistique et de législation comparée*, juillet 1906.

Napoléon rend le décret-loi qui interdit d'ouvrir, à l'avenir, aucun café, cabaret ou autre débit de boissons à consommer sur place sans permission préalable de l'autorité administrative. La fermeture des débits pourra être ordonnée par arrêté du préfet, soit après une condamnation pour contravention aux lois et règlements les concernant, soit par mesure de sûreté publique[1].

Il n'a point été contesté par les auteurs du décret du 29 décembre, qu'il leur fut surtout dicté par une pensée politique. Les considérants du décret la précisent avec une extrême netteté : « La multiplicité toujours croissante des cafés, cabarets et débits de boissons est une cause de décadence et de démoralisation... Dans les campagnes surtout, ces établissements sont devenus, en grand nombre, des lieux de réunion et d'affiliation pour les sociétés secrètes, et ont favorisé, d'une manière déplorable, les progrès des mauvaises passions. »

Cette pensée étroitement politique, la volonté affichée de mettre les débitants à la discrétion du Gouvernement sera un jour la ruine de la loi. Cette question des débits, qui n'est pas encore celle de l'alcoolisme, est assez grave pour être étudiée et résolue en elle-même. Elle ne l'a été jusqu'à pré-

---

1. Décret du 29 décembre 1851, articles 1er et 2.

sent que sous l'influence de préoccupations presque exclusivement politiques ou électorales.

Le premier effet du décret de décembre fut de faire tomber le nombre des débits dans des proportions considérables, d'environ 60.000 en quatre années[1]. Les autorisations devinrent ensuite plus fréquentes, les fermetures administratives plus rares. Vers la fin de l'Empire, le nombre des débits s'est relevé à 360.000[2], y compris ceux de la Savoie et du comté de Nice. C'est, pour une période de vingt années, une augmentation de 14.000 débits[3].

La consommation de l'alcool, qui a d'abord fléchi, s'est relevée pareillement à partir de 1855. La loi[4] qui, pour faire face aux dépenses de la guerre de Crimée, a presque doublé les droits[5]; un nouveau rehaussement, en 1860[6], qui les porte de 60 à 90 francs, n'arrêtent pas le mouvement de la consommation taxée. Par étapes successives, elle monte de 600.000 hectolitres en 1851 à plus d'un million en 1869.

Si l'application d'abord sévère, puis plus molle[7],

1. 291, 244 en 1855.
2. 364.875 en 1869.
3. Exactement 14.451.
4. Du 14 juillet 1855.
5. De 37 fr. 40 à 60 francs, soit 45 % d'augmentation.
6. Loi du 26 juillet 1860.
7. « Le décret de 1851 fut appliqué avec la plus grande mollesse. » (MAURICE YVERNÈS, *L'alcoolisme et la criminalité*.)

du décret de décembre, n'est pas étrangère à ces fluctuations, il n'est pas contestable que l'accroissement de la consommation de l'alcool sous le second Empire n'a point pour cause principale la multiplication des débits à partir de 1860. Cette cause, c'est la transformation profonde du marché des alcools. L'oïdium a envahi nos vignobles; la production du vin est tombée, en 1854, de 45 à 10 millions d'hectolitres; l'alcool de vin a manqué avec le vin, et la place vide a été prise aussitôt par une nouvelle industrie qui végète depuis trente ans et qui vient de se développer avec une rapidité surprenante : la distillation des substances farineuses, des mélasses et des jus de betteraves[1].

C'est l'alcool à bon marché, à la portée de tous les gosiers. « Les cours des alcools, qui sont tombés jusqu'à 44 francs pour les alcools d'industrie et à 58 francs pour les alcools de vin, n'ont jamais dépassé respectivement 76 et 90 francs[2]. » La con-

---

1. La distillation de matières amylacées fermentées, sans être aussi ancienne que celle du vin, est déjà vieille de plusieurs siècles. Libavius, célèbre médecin saxon (1560-1616), donne le moyen d'extraire l'alcool de la bière et de moûts fermentés. Angélius Salz (mort en 1640) écrit : « Tous les habitants des contrées du Nord savent faire l'eau-de-vie avec le fruit des céréales. » (TRIBOULET, MATHIEU et MIGNOT, *Traité de l'alcoolisme*, p. 32.)

2. *Bulletin de statistique*, juillet 1908. — *Bulletin de la Société générale des Prisons*, janvier 1897.

sommation de l'alcool s'élève de 1 litre 46, en 1850, à 2 litres 27, en 1860, par tête d'habitant. Avec l'alcool industriel commence, à proprement parler, la crise de l'alcoolisme français.

Si les campagnes sont encore indemnes, bien que les médecins, Bergeron, Lunier, y signalent déjà des cas assez fréquents d'alcoolisme, les villes ont été vite atteintes, et, dans les villes, les ouvriers. *Le Sublime*, de Denis Poulot, où Zola a trouvé l'inspiration première et beaucoup de traits de *L'Assommoir*, a été écrit en 1869[1]. Le « sublime », c'est l'ouvrier alcoolique, « synonyme de paresse, de dégradation, d'avilissement ». Le débit « ou assommoir[2] » « est l'atelier où l'on façonne le sublime ». « L'ouvrier se grise moins qu'il y a vingt ans ; par contre, il s'empoisonne et se tue plus vite. Le marchand de vins s'est laissé remplacer par le distillateur, ou *chimiste populaire*. L'absinthe a le pas sur la mixture qu'on décore du nom de vin. Le travailleur glisse sur cette pente fatale, sans faire le moindre effort pour se retenir... » Après un tableau d'un réalisme effrayant, mais qu'on sent pris sur le vif, des ouvriers déchus, « brûlés, puis pourris

1. « Écrit en 1869, *Le Sublime* n'a paru que dans le commencement de 1870. » (Préface de la 3ᵉ édition.)
2. « Ainsi nommé à cause de l'excellence de ces produits qui vous acheminent rapidement à l'idiotisme » (p. 157).

par l'alcool », le vieux républicain qui a connu les travailleurs d'autrefois, qui a vécu fraternellement avec eux dans les ateliers du « faubourg Antoine », ne peut retenir un cri de douleur et de colère : « Et c'est avec ces gens-là que vous pensez résoudre la question sociale; c'est le boulet qui l'empêchera d'avancer! »

La guerre de 1870, la fièvre chronique et les cruelles privations du siège de Paris, les deux mois tragiques de l'insurrection communaliste accélèrent les progrès de l'alcoolisme. Le Sénat impérial s'était refusé, en 1861, à faire de l'ivrognerie un délit spécial. « Une loi, disait solennellement le rapporteur, qui aurait la prétention d'imposer la vertu aux citoyens, ne réussirait qu'à enchaîner une liberté. » L'Assemblée nationale aperçut, plus clairement, que « l'hygiène publique et l'hygiène morale d'une nation se touchent de plus près que l'on ne peut le croire » et que l'alcoolisme allait devenir « une des plus dangereuses maladies de notre civilisation[1] ». La loi du 23 janvier 1873 institua pour la première fois des mesures légales « tendant à réprimer l'ivresse publique et à combattre les progrès de l'alcoolisme ».

1. CARO, *Les jours d'épreuve*, p. 225.

On a beaucoup dit que ces mesures sont insuffisantes et, même, dérisoires. Ce qui est hors de doute, c'est qu'elles n'ont reçu une application sérieuse que pendant un petit nombre d'années. Depuis près d'un quart de siècle, ni les polices locales n'ont exercé sur les débits la surveillance que prescrit la loi ni les parquets n'ont poursuivi avec quelque vigueur les rares délinquants qu'ils ont déférés à des juges indifférents ou, même, complaisants[1]. On a pu dire que « la loi n'existe que sur l'affiche du cabaret si toutefois on n'a pas oublié de la coller[2] ». Le Ministère de la justice en convient. Vous lirez dans l'un des derniers rapports du Garde des Sceaux au Président de la République : « Exception faite pour l'année 1907, la loi a trouvé de moins en moins son application. » Ce que le chef de la statistique judiciaire explique comme suit : « L'application de la loi est le plus souvent paralysée par le mauvais vouloir des municipalités; les maires et les gardes champêtres jouissent de si peu d'indépendance vis-à-vis de leurs administrés qu'il leur est impossible de se montrer sévères à l'encontre de ceux d'entre eux qui s'enivrent même ouvertement; la gendarmerie

---

1. *Compte général de l'administration de la justice criminelle pendant l'année 1907.* — YVERNÈS, *loc. cit.*
2. NICOLAS, *Lois françaises qui ont rapport avec l'alcoolisme.*

seule dresse des procès-verbaux en pareille matière ;
encore ne s'acquitte-t-elle de cette mission spéciale
qu'au cours des tournées, plus ou moins fréquentes,
qu'elle effectue sur le territoire des communes de
sa résidence. Dans les villes, l'action directe de la
police est pour ainsi dire nulle et inefficace[1]. »

Vous direz que d'autres lois encore existent seulement sur le papier. Nous n'en disconvenons pas,
mais c'est un grand mal.

Sous tous les régimes, mais, surtout, en démocratie et sous la République, il n'y a pas d'exemple
plus corrupteur et plus démoralisant que celui de
magistrats qui, ayant charge de faire respecter les
lois, ne les appliquent point. Que ce soit par non-
chalance et vulgaire oubli du devoir, que ce soit
pour une raison plus basse qui serait d'échapper à
l'animosité de délinquants qui, étant électeurs,
font partie de la clientèle d'un homme public à
ménager, le mal dépasse encore le scandale. Quand
les actes délictueux, qu'il eût été aisé d'arrêter au
début, se sont multipliés du fait de ces complai-
sances, les magistrats sont souvent des premiers à
se tourner vers le législateur pour réclamer de lui
de nouvelles lois qui ne seront pas davantage
appliquées. On en viendra à penser que la plus

---

1. Yvernès, *loc. cit.*

efficace des lois répressives sera celle qui frappera les magistrats qui n'appliqueront pas les autres.

L'abrogation du décret-loi de 1851 ne fut point proposée à l'Assemblée nationale; elle l'aurait certainement refusée. Jusqu'aux derniers mois de son orageuse et laborieuse existence, où la fièvre électorale la prit, elle essaya d'arrêter la marche ascendante de l'alcoolisme. L'augmentation des droits en 1871 (150 francs au lieu de 90 francs, soit 66 %) ayant donné des mécomptes, en raison de la recrudescence de la fraude, elle soumit les bouilleurs de cru à l'exercice (loi du 2 août 1872). La consommation taxée se releva aussitôt de 200.000 hectolitres[1], pendant que les quantités fabriquées fléchissaient du double[2]. Grâce à une application passagèrement vigoureuse des lois sur les débits et sur l'ivresse, parce que les hommes au pouvoir, républicains ou conservateurs, répugnaient encore à capituler devant l'éternel « charcutier » d'Aristophane, le nombre des cabarets diminua, en une seule année, d'environ 6.000[3]. Par malheur, ce souci des intérêts généraux du pays dura peu. Quinze jours avant de se séparer,

---

1. De 755.464 hectolitres en 1872, à 934.450 en 1873 et 970.599 en 1874.

2. De 1.891.000 hectolitres en 1872, à 1.424.000 en 1873 et 1.532.000 en 1874.

3. De 348.599 en 1872, à 342.980 en 1873 et 342.622 en 1874.

l'Assemblée rétablit le privilège des bouilleurs de cru (loi du 14 décembre 1875).

Les conséquences de cette complaisance électorale ne se firent point sentir immédiatement, du moins sur les recettes, parce que la réduction considérable de la production des vins, qui fut déterminée peu après par les ravages du phylloxera, accéléra le mouvement des consommateurs vers les alcools d'industrie. Le fisc ne pouvait que gagner à la substitution de l'alcool d'industrie, dont la production était facile à surveiller, à l'alcool de fruits ou de moût qui, se fabriquant, en grande partie, chez le récoltant, échappait à tout contrôle[1].

La diminution des recettes qui se produisit dans les départements à bouilleurs de cru (soit environ 20.000 hectolitres) se trouva être insignifiante en comparaison de l'augmentation des recettes sur les alcools de betteraves et de mélasses. Fabrication et consommation de l'alcool ne cessèrent de croître dans une énorme progression, à peine interrompue par la crise économique de 1882. D'un million d'hectolitres en 1876, les quantités taxées d'alcool s'élevèrent à 1.300.000 en 1880, à 1.400.000 l'année d'après, pour atteindre enfin, en 1892, le chiffre

1. *Bulletin de statistique*, juillet 1908.

de 1.700.000[1]. Les bas prix de l'alcool d'industrie, qui ne s'élevèrent jamais au-dessus de 50 francs et tombèrent jusqu'à 39 et 36 francs, n'en restaient pas moins largement rémunérateurs pour les fabricants et poussaient à une consommation d'année en année plus considérable. Des essences, plus nocives peut-être que l'alcool lui-même, ajoutèrent à la toxicité du breuvage.

Les impuretés qui altèrent les alcools d'industrie obligeaient, en effet, les distillateurs à mélanger leurs produits de substances aromatiques[2]; ces substances excitaient le goût, aidèrent au succès.

Toutes les classes de la société, mais surtout les plus pauvres, s'imbibèrent de boissons à essence. Dès 1876, la quotité moyenne d'alcool pur est, par habitant, de 2 litres 71 ; en trois ans, elle atteindra 3 litres pour n'en plus descendre.

Si l'opinion n'avait pas été absorbée alors par les luttes politiques entre les partisans du régime républicain et ses adversaires, elle se serait vraisemblablement inquiétée, comme le firent dès lors les médecins et quelques sociologues, de cette alcoolisation, non moins effroyable par sa rapidité que

1. Exactement 1.735.367.
2. DASTRE, *Les alcools aromatisés*, dans la *Revue des Deux Mondes* du 1er juin 1903.

par son intensité, du pays du vin et du cidre.
Ce fut, au contraire, le moment que choisirent les
partis pour ruiner, puis pour renverser la seule
digue qui restât encore.

Nous avons montré la pensée politique qui, de
l'aveu explicite de ses auteurs, avait inspiré la loi
de 1851 : tenir par l'autorisation administrative
tous les débitants sous la main du Parlement.
L'Empire usa largement du droit qu'il s'était attri-
bué : d'abord, pendant une première période, pour
fermer plus de 51.000 débits, tenus par des républicains ou qui servaient de lieu de réunion aux
adversaires du régime ; puis, quinze années durant,
pour répandre la manne des autorisations sur plus
de 60.000 cabaretiers « bien pensants », clients et
agents des candidats officiels et, parfois, collabo-
rateurs de la police.

Ni le Gouvernement de M. Thiers ni celui du
maréchal de Mac-Mahon, à ses débuts, ne consen-
tirent à faire usage de l'arme politique qu'avait
été, aux mains de l'Empire, le décret de 1851.
Il n'en fut pas de même au Seize-Mai. L'arme parut
bonne aux partis coalisés qui s'étaient emparés du
pouvoir et qui, pour s'y maintenir, dans le dessein
avoué de violenter le suffrage universel, eurent
recours à tous les moyens pour presser sur les élec-

teurs et les intimider. Dans l'espace de quelques semaines, plusieurs milliers[1] de débits et de cafés furent fermés par les préfets. Celui de la Haute-Loire annula, par mesure générale, toutes les autorisations qui avaient été antérieurement accordées.

Il était naturel et, au surplus, légitime que, sorti victorieux des élections, le parti républicain se préoccupât de reviser la loi qui avait permis des abus aussi criants. Il eût suffi, pour en empêcher le retour, de substituer à l'autorisation administrative celle d'une Commission, communale ou départementale, composée de telle sorte qu'elle aurait donné aux intéressés des garanties d'impartialité. Si le régime de l'autorisation préalable paraissait suranné ou si la constitution d'une Commission à l'abri du soupçon était jugée trop difficile, sinon impossible, à réaliser, les législations étrangères offraient déjà le modèle de précautions propres à empêcher le pullulement des débits et l'accroissement de l'alcoolisme. Aucune pensée de prévoyance sociale ne semble être venue au législateur de 1880, encore tout échauffé de la bataille politique. Quelques-uns des hommes qui avaient compté parmi les adversaires les plus résolus du ministère du Seize-

---

1. 2.200 (*Année politique*, t. VII, p. 259). — Le nombre de débits tomba, de 346.598 en 1876, à 343.139, soit de 3.459.

Mai[1] ont écrit plus tard : « Le législateur pensa qu'il suffisait, pour être dans la vérité, de prendre le contre-pied du décret de 1851. Là où le décret disait : « Autorisation », il répondit : « Liberté de l'industrie ». La politique avait inspiré la répression ; la politique octroya la liberté. Le décret-loi, si fâcheuse qu'en ait été l'inspiration, à quelques abus qu'il se prêtât, c'était encore un reste de barrière. On renversa tout.

La nouvelle loi[2] abroge donc, purement et simplement, le décret de 1851. Désormais, une simple déclaration faite à la mairie, d'où elle sera transmise au procureur de la République, suffira pour ouvrir un débit de boissons ou pour en transférer la propriété.

Bien que nombre de députés eussent voulu s'en tenir à cette unique disposition, la Chambre entoura de quelques légères restrictions la liberté qu'elle octroyait au commerce des boissons.

Tout condamné de droit commun, qui a purgé sa peine, peut exercer la profession de boucher, de boulanger ou d'épicier. On réfléchit encore assez

---

1. Jules Siegfried, Bérenger, Richard Waddington, Duchesne-Fournet, Dusollier, Volland, Velten, Ratier (*Proposition de loi relative à la réglementation des débits de boissons*).
2. Elle avait été présentée par un député de Brest, M. de Gasté.

pour se rendre compte que la profession de cabaretier n'est pas entièrement assimilable en fait à celle des autres commerçants. Non seulement, le cabaretier pousse à la consommation le client installé chez lui et dont il a fait souvent son obligé par le crédit qu'il lui offre, mais il exerce encore une influence sur beaucoup d'événements de la vie sociale et de la vie publique. Il joue un rôle dans les élections, dans les grèves, il en a joué dans les révolutions. Il importe dès lors d'entourer de quelques garanties l'accès de la profession et, ainsi, de l'interdire aux condamnés pour crimes, comme aux mineurs, et d'en exclure, pendant cinq ans, les individus qui ont été condamnés à un emprisonnement d'un mois au moins pour vol, recel, escroquerie, excitation de mineurs à la débauche[1]. Enfin, comme le cabaret peut devenir aisément un lieu de scandale, il sera loisible aux maires, « les Conseils municipaux entendus », de prendre des arrêtés pour déterminer, sans préjudice des droits acquis, les distances auxquelles les cafés et débits de boissons ne pourront être établis autour des édifices consacrés à un culte quelconque, des cimetières, des hospices et des écoles ou collèges[2].

La loi fut votée à la Chambre presque sans débat.

1. Article 6.
2. Article 9.

« Pas une voix ne s'éleva au Sénat » pour la combattre[1]. La presse enregistra. Les seules réclamations qui se firent entendre furent celles de débitants déjà pourvus. Ils sentaient monter le flot d'une concurrence avide et pressée. Depuis que la loi nouvelle était sur le chantier, le nombre des débits avait déjà considérablement augmenté, de 7.458 en 1878 (alors que les préfets de M. de Fourtou avaient fermé seulement 2.000 à 3.000 débits) et de 4.155 en 1879, soit, au total, de 11.613. La loi « libérale »[2] opérait d'avance. On pourrait même dire qu'elle avait commencé à opérer avant d'être présentée. Alors que, de 1872 à 1875, le nombre des débits avait baissé d'environ 6.000, il s'était relevé de 4.000 dès 1876[3], à la suite d'une circulaire du Ministre de l'Intérieur qui invitait les préfets à accorder largement les autorisations.

Les *beati possidentes* avaient donc sujet de s'inquiéter. Quelques jours avant le vote définitif de la loi, la Chambre syndicale des débitants organisa une grande réunion au Cirque d'Hiver[4]. Ils dénoncèrent l'ouverture d'un grand nombre de débits clandestins, « soit dans les arrière-boutiques

1. *Année politique*, t. VII, p. 259.
2. *Année politique*, loc. cit.
3. De 342.622 à 346.598.
4. 19 mai 1880.

des charbonniers, soit dans des loges de concierges[1]».

« Tant que le décret de 1851 n'est pas abrogé, s'écria un orateur, il est exécutoire pour Paris; nul ne peut ouvrir de débit sans en avoir obtenu l'autorisation de M. le préfet de police. » La loi promulguée, les nouveaux débitants, « concurrents redoutables », furent « conspués ». « Dans une séance du conseil, il fut voté que les *cavistes*, c'est ainsi que se nommaient les nouveaux débitants, ne seraient pas admis à faire partie de la Chambre syndicale des débitants de vins du département de la Seine[2]. » On ne prêta aucune attention à ces messieurs Josse.

On n'en avait pas prêté davantage à *L'Assommoir* de Zola, qui avait paru en 1878, l'année même où la Chambre fut saisie de la loi.

Zola, bien que républicain, vivait en marge de tous les partis. Les partis de droite ne lui pardonnaient pas ce qu'il y a de rugueux et de cru dans son « histoire naturelle et sociale d'une famille sous le second Empire ». Il avait écrit dans la préface de cette puissante et brutale suite de romans[3] : « Depuis trois années, je rassemblais les documents

---

1. « D'administration et même d'ambassade. »
2. *Rapport sur la limitation des débits de boissons présenté par la Chambre syndicale de la corporation des marchands de vins et liquoristes de Paris au Congrès de la Fédération des débitants de boissons de France*, novembre 1907.
3. *La fortune des Rougon.*

de ce grand ouvrage, et le présent volume était
même écrit, lorsque la chute des Bonaparte, *dont
j'avais besoin comme artiste*, et que toujours je
trouvais fatalement au bout du drame, sans oser
l'espérer si prochaine, est venue me donner le
dénouement terrible et nécessaire à mon œuvre.
Celle-ci est, dès aujourd'hui, complète; elle devient
le tableau d'un règne mort, d'une étrange époque
de folie et de honte[1]. » Mais les partis de gauche ne
lui pardonnaient pas davantage de n'avoir pas
consenti à opposer aux tares de l'aristocratie et de
la bourgeoisie impériales les vertus sans tache du
peuple des faubourgs. Ils l'eussent voulu Suétone et
Choderlos de Laclos pour les puissants et les riches,
Florian et Berquin pour les ouvriers. Ce n'était
point sa manière. Artiste vigoureux, mais incomplet, psychologue superficiel, sociologue généreux,
mais sans précision, c'était, avant tout, un honnête homme et, dans la vérité où il s'éleva parfois
très haut, comme dans l'erreur, un écrivain pas-
sionnément sincère qui disait, sans réticences,
toute sa pensée. Ranc, parlant pour la grande majorité des républicains, fit durement le procès de
L'Assommoir:« Le livre de M. Zola n'est pas vrai...
Il vous monte au cerveau, quand on a fermé, pour

---

1. Daté : « Paris, le 1er juillet 1871 ».

ne pas le rouvrir, *L'Assommoir*, une sensation de fatigue, de dégoût, d'écœurement[1]. »

Nous ne prétendons pas que le livre de Zola fût « vrai » en 1878; mais il fallait faire en sorte qu'il ne le devînt pas, qu'il n'ait pas été prophétique. — Si le législateur républicain de 1878 avait écouté l'avertissement qui venait de *L'Assommoir*, le législateur socialiste de 1899 n'aurait pas eu à dire : « Le devoir, comme l'intérêt de notre parti, est de tout faire pour arracher à l'abrutissement alcoolique les masses laborieuses[2]. »

1. RANC, *M. Émile Zola et l'Assommoir.* — Bruxelles, chez Lefèvre.
2. MILLERAND, discours du 4 avril 1899, à Lille.

II

On demandait à Solon si les lois qu'il avait données aux Athéniens étaient les meilleures. « Je leur ai donné, répondit-il, les meilleures de celles qu'ils pouvaient souffrir[1]. » De toutes les lois que les Français ne pouvaient pas souffrir, la plus dangereuse était celle qui venait de leur être donnée.

Il n'est pas certain que la liberté illimitée du commerce des boissons ne serait point, même dans un pays tempérant, une incitation à l'ivresse et qu'elle n'y créerait pas l'alcoolisme. La France de 1880 est bien loin d'être un pays tempérant; la consommation annuelle de l'alcool a dépassé depuis cinq ans un million d'hectolitres; la quotité moyenne de la consommation par habitant est

1. « Belle parole qui devrait être entendue de tous les législateurs. » (*Esprit des lois*, chap. **XX**.)

supérieure à 3 litres; dans certaines régions, elle est de 5 à 6 litres. Or, pour le législateur, il semble que l'alcoolisme n'existe pas en France, que la sobriété y est la règle, que les milliers de cabarets qui vont s'ouvrir sans autorisation ne débiteront que de l'eau rougie ou du thé. Volontaire ou non, l'aveuglement est le même sur tous les bancs, dans tous les partis, au Sénat comme à la Chambre.

Le Gouvernement est instruit de l'exacte et déjà redoutable vérité. Quelque bénéfice que retire le Trésor de la surproduction des alcools d'industrie, le souci le plus élémentaire de l'hygiène publique, le plus simple bon sens voudraient qu'il avertît les assemblées, leur conseillât, au moins, quelques mesures répressives ou préventives. Il n'en fait rien, laisse faire. — Une seule disposition de la loi serait de nature à atténuer très partiellement les progrès du mal, si, du moins, les municipalités des grandes villes l'appliquaient, si elles se concertaient pour interdire l'ouverture de nouveaux débits dans le voisinage immédiat des écoles, des hospices et des églises, c'est-à-dire si elles faisaient preuve de plus de courage que le Gouvernement et les Chambres. Toutes les autres dispositions de la loi ne peuvent avoir d'autre résultat que de faire boire davantage, en multipliant les occasions et les tentations.

La relation de cause à effet est si manifeste qu'elle ne peut être niée, car elle l'a été, que par des intérêts matériels ou politiques, qui prennent le masque de la scolastique. — Si les débits sont issus, « comme toute autre entreprise d'ordre économique[1] », de la nécessité de satisfaire à un besoin, ils ont concouru ensuite à l'entretenir et à le développer. Les débits le développent d'autant plus que le besoin, qui vient chercher chez eux son aliment, a plus vite fait, non de se satisfaire, mais de s'exaspérer. Il ne lui faut pas longtemps pour devenir impérieusement artificiel. La suggestion agit sur lui avec une force singulière. La vue, la seule approche du cabaret crée, non pas la soif, mais le désir de boire. — La multiplication des débits a donc une importance tout autre que celle des boucheries ou des boulangeries. Quand la population d'une commune trouve sa suffisance de pain chez les boulangers qui ont ouvert boutique au milieu d'elle, la venue d'un boulanger nouveau pourra déplacer une partie de la clientèle, mais elle n'accroîtra point la consommation du pain. Au contraire, l'ouverture d'un débit accroît la consommation des boissons fermentées, notamment de l'alcool. Il arrive rarement qu'un boulanger

---

1. CHARLES GIDE, *De la suppression, de la limitation ou de la réglementation des débits.*

s'installe à côté d'un boulanger. Mais nous connaissons des rues entières, dans des villages comme dans des villes, où chaque maison est affectée d'un débit, et ces débits se font à peine concurrence; on dirait plutôt qu'ils s'aident réciproquement à vivre en excitant chez leurs clients communs le besoin de boire.

Ces faits sont patents et à la connaissance de tous. Les législateurs de 1880 ne les ignoraient pas, mais les républicains étaient soucieux de mettre la loi au travers des fermetures arbitraires de débits, et républicains et conservateurs étaient également talonnés par plusieurs milliers d'électeurs influents qui aspiraient à la fructueuse dignité de cabaretiers. Si les républicains avaient voulu faire une simple opération politique, ils auraient maintenu la loi de 1851 et leurs préfets n'auraient accordé d'autorisation qu'à des amis éprouvés du régime. C'eût été fort bas, mais de beaucoup moins préjudiciable à l'ensemble de la nation que la liberté générale qu'ils instituèrent.

Les économistes ont souvent observé que le nombre de nos petits commerçants ne répond pas aux besoins réels du pays. D'autre part, cette manière de fonction sociale plaît au tempérament français, parce qu'elle n'exige pas un labeur très assidu et qu'elle procure, avec la faculté de ne travailler qu'à volonté, une réelle indépendance avec une apparente dignité[1]. Entre tous les petits commerçants, le cabaretier est celui dont le métier grandit, ou grossit le plus tous ces avantages; bien plus, il est influent. Les cabarets s'étaient multipliés depuis 1877; à partir de 1880, ils foisonnèrent.

Maintenant, il n'y a plus qu'à se reporter aux chiffres. — Sauf exception, les 6.000 autorisations que les préfets ont accordées depuis deux ans ne l'ont été qu'à des amis politiques. Il n'est plus besoin désormais d'être bien vu de l'Administration pour tenir un débit. Un casier judiciaire chargé peut seul priver de ce droit. Dans toute cette partie de la nation qu'on appelait à Florence *il populo minuto*, des milliers de braves gens et d'autres aussi qui le sont moins, appartenant à toutes les opinions ou n'en ayant point, artisans et employés, domestiques, petits cultivateurs et ouvriers, quittent leur gagne-pain d'hier, trop rude ou trop peu lucratif, pour installer un cabaret ou un café. On soutiendrait difficilement que la loi de 1880 a donné plus soif à l'ensemble des citoyens. Ce n'est pas, cette fois encore, le besoin qui crée l'organe. C'est l'organe qui va attiser le

---

1. Ch. Gide, *loc. cit.*

4.

besoin. — Dans l'année qui suit la promulgation de la nouvelle liberté, il s'ouvre plus de 10.000 débits[1], Paris non compris[2]. — Apparemment, beaucoup de ces nouveaux débitants ont trop présumé de leurs ressources ou ils ont mal choisi leur terrain, car, l'année d'après, 5.000 d'entre eux ferment boutique[3]. Mais l'année suivante, la poussée reprend, l'expérience a profité, des capitaux plus importants ont été réunis, et il s'ouvre, Paris toujours non compris, plus de 22.000 débits[4]. Il ne s'en était ouvert que 14.000 pendant les vingt années de l'Empire[5]. — A présent, le mouvement est bien parti; il ne s'arrêtera plus; l'alcool excite la soif, l'absinthe vient à la rescousse, le *petit verre* appelle le *petit verre*. — En six ans, dans le seul département du Nord, 8.000 débits de plus[6]. Dans le Lot-et-Garonne, en cinq ans, doublement du nombre des débits. Pendant les dix premières années de la loi, 56.000 débits nouveaux[7]; pendant la deuxième décade, 22.000[8], Paris toujours non

1. Exactement 10.960 (de 356.863 à 367.823).
2. Les débitants parisiens, n'étant pas assujettis à la licence avant la loi du 29 décembre 1900, ne figurent point dans les statistiques antérieures à 1901.
3. 5.236 (de 367.823 à 362.587).
4. 22.596 (de 362.587 à 385.183).
5. 9.151 (de 350.42 à 365.875).
6. De 26.177 en 1879 à 34.800 en 1885.
7. 56.278 (de 356.863 à 413.141).
8. 22.238 (de 413.141 à 435.379).

compris. —A Paris, en 1909, pour une population de 2.661.000 habitants, 30.481 débits, alors que Londres, pour 4.536.000 habitants, en compte 5.860; New-York, pour 3.437.000 habitants, 10.821, et San-Francisco, avec 343.000 habitants, dont le rebut de tous les aventuriers du monde, 3.052, soit 8,21 pour 1.000 habitants contre 11,25 dans la « Ville-Lumière[1] ». — Trente ans après la loi, *cent mille débits de plus*, dont 92.654 hors Paris[2]. La saturation paraît atteinte. Il continue à s'ouvrir, en moyenne, 6 nouveaux débits par jour.

Si, encore, à cet effroyable accroissement correspondait le besoin d'une population notablement accrue! Mais on sait assez qu'il n'en est rien, que notre population, après avoir continué à s'accroître lentement pendant les dernières années du XIXe siècle, reste aujourd'hui à peu près stationnaire, que les campagnes se dépeuplent de plus en plus, et l'on sait aussi, ou l'on devrait savoir, quel est, dans cet affaiblissement numérique du pays, le rôle de l'alcoolisme. C'est, d'ailleurs, en faisant état du nombre des débits par rapport à la population que les chiffres prennent toute leur valeur. Nous comptions en 1894, *un* débit pour

----

1. *Bulletin de statistique médical* et *Annales françaises d'hygiène.*
2. De 356.863 à 449.517.

112 habitants; nous en trouvons aujourd'hui *un* pour 82 habitants[1]. Mais ce n'est là qu'une moyenne. Ainsi le Calvados compte *un* débit pour 67 habitants, la ville de Rouen *un* pour 60, le Nord *un* pour 38 et, si nous défalquons les enfants et les femmes, bien que, dans certaines régions, les femmes ne fréquentent guère moins aux cabarets que les hommes, la proportion ressort pour l'ensemble à *un* débit par 30 adultes — ou électeurs — *un* pour 22 dans la Seine-Inférieure, *un* pour 15 dans le Nord et *un* pour 11 dans l'Eure. « On peut citer une rue de Rouen où, sur 150 maisons, on trouve plus de 75 débits[2] ». A Paris, dans certaines rues, « un débit sur trois maisons[3] ». Et tandis que nous avons *un* débit pour 82 habitants, il y en a *un* pour 430 habitants en Angleterre[4], en Allemagne pour 246, aux États-Unis pour 380, en Suède pour 5.000[5].

1. *Journal des Débats* du 6 septembre 1909. — En 1893, M. Gide comptait *un* débit par 87 habitants.

2. *Congrès international contre l'abus des boissons alcooliques,* rapport du Dr Brunon.

3. *Lectures pour tous,* octobre 1909.

4. *Réglementation des débits de boissons,* note du Ministère des Finances. — Pour les Iles Britanniques, il y avait, en 1896, *un* débit pour 181 habitants.

5. CH. GIDE, *loc. cit.*

Ce que ce demi-million de débits, cabarets et cafés, hôtels et restaurants, auberges et arrière-boutiques, déversent annuellement d'alcool dans les gosiers, nous le savons seulement d'une manière approximative. En effet, les statistiques officielles ne saisissent exactement que la consommation de l'alcool taxé; celle de l'alcool non taxé ne peut être qu'évaluée; et il ne paraît pas douteux que la consommation qui a le plus augmenté dans les dix dernières années, c'est celle des eaux-de-vie qui se fabriquent et qui circulent en fraude.

Les alcools taxés, ceux qui ne sont mis dans le commerce qu'après avoir payé leur redevance au Trésor, sont de deux sortes : les alcools d'industrie dont la production a été soumise à un contrôle particulièrement sévère[1] et dont on peut dire que

1. Règlements des 18 et 19 septembre 1879.

rien, ou presque rien, n'échappe; — c'est la plus grande part des alcools qui figurent aux statistiques des contributions indirectes; — et cette fraction des eaux-de-vie naturelles qui sont distillées par les bouilleurs de profession et par ceux des bouilleurs de cru qui leur sont assimilés; le contrôle en est moins aisé et il s'y produit des fissures.

Au contraire, la production des bouilleurs non contrôlés, qui ne sont pas soumis, contrairement au droit commun des distillateurs, à l'exercice des bouilleurs proprement dits, n'est connue que par les évaluations des mairies qui, elles-mêmes, ne s'appuient le plus souvent que sur les déclarations des récoltants. Ce sont là des bases qui manquent de certitude. — L'homme en tout temps et dans tout pays, répugne à faire connaître le chiffre de ses revenus ou de ses bénéfices. A la fois naturelle et raisonnée, cette répugnance est plus vive en France qu'ailleurs. Elle l'est surtout dans les populations rurales; le paysan n'a pas oublié, il n'oubliera peut-être jamais l'époque des aides et de la taille où il avait intérêt à paraître misérable et « se croyait un homme pauvre si l'on pouvait se douter qu'il ne mourait pas de faim ». Dans la région normande, aucun cultivateur n'avouera que l'année a été bonne, que ses pommiers ont donné une belle récolte de fruits. — Vous entrevoyez le degré de confiance que méritent les déclarations des distillateurs libres. Comme ces récoltants sont des amis et des électeurs, le maire ne les conteste pas, les transmet telles quelles. — Pour un instant, supposons qu'elles sont exactes. Il en résulte déjà que, dans les périodes *dites* de liberté, quand le privilège est dans son plein, les bouilleurs de cru, à eux seuls, distillent autant et plus de vins et de cidres, de marcs, de lies et de fruits que les bouilleurs de profession et les bouilleurs qui leur sont assimilés. (En 1900, 204.000 hectolitres contre 119.000; 286.000 en 1901 contre 297.000; 136.000 en 1902 contre 96.000; 199.000 en 1906 contre 218.000; 222.000 en 1907 contre 226.000; 293.000 en 1908 contre 175.000.)

A la consommation annuelle des alcools et eaux-de-vie taxés, il faut donc ajouter pour le moins ces 200.000 à 300.000 hectolitres qui échappent à tout droit, parce qu'ils ont été soustraits à tout contrôle, mais qui n'en sont pas moins absorbés.

Officiellement, ces 200.000 à 300.000 hectolitres d'alcool pur ne seraient absorbés que par les récoltants eux-mêmes, leurs femmes et enfants, leurs serviteurs et leurs hôtes. Les bouilleurs ne fraudent

pas; ils ne produisent que pour la consommation
« familiale » de l'alcool, selon l'expression, évoca-
trice d'images très douces, du législateur.

S'il était exact que les bouilleurs consomment
eux-mêmes tout leur alcool, leur privilège (la dis-
pense de l'exercice) n'en deviendrait pas pour cela
un droit. — On peut contester la légitimité ou
l'utilité des taxes générales de consommation.
Quand, à tort ou à raison, le législateur établit une
taxe générale de consommation sur un produit,
cela veut dire qu'il soumet à un droit commun
tous les consommateurs de ces produits, ou il faut
dire que l'égalité des citoyens devant l'impôt n'est
qu'un mot. — Par définition, les impôts de consommation frappent les produits indépendam-
ment de leur origine. Ces taxes sont, par excellence, universelles. Que les denrées soient consommées sur place, par leur producteur, ou qu'elles
soient consommées dans n'importe quel autre
lieu, par n'importe quel acheteur, elles doivent également l'impôt. — Avant l'établissement de la
taxe, le cultivateur avait le même droit « naturel »
à produire et à consommer librement l'eau-de-vie
provenant de son vin et de ses fruits, l'alcool
provenant de la farine de ses pommes de terre et
du jus de ses betteraves, le pain fait avec son blé
et la viande fournie par ses bœufs ou ses moutons

abattus. — Du jour où les spiritueux sont assujettis à une taxe de consommation, rien ne peut justifier en droit, dans un pays d'égalité, qu'un propriétaire rural, assez fortuné pour produire lui-même, avec ses fruits, l'eau-de-vie qui est nécessaire à sa consommation, ne doive rien à l'État, tandis que son voisin, ouvrier, petit commerçant, petit fonctionnaire, petit paysan trop pauvre pour posséder des arbres fruitiers ou des vignes, paye l'impôt sur le petit verre qui doit le soutenir (il en est persuadé) et lui donner des forces pour son travail[1]; pareillement, son autre voisin, propriétaire récoltant de betteraves, de pommes de terre, de topinambours, de graines et d'autres substances farineuses, n'a droit à aucune immunité sur l'alcool qu'il tire de produits qui ne sont pas moins à lui, parce que ce sont légumes et non fruits. — L'affranchissement du droit de consommation sur les eaux-de-vie et esprits, que vous le limitiez à 10 litres ou que vous l'étendiez à 40 ou à 100, que vous l'accordiez seulement aux cerises et aux prunes ou que vous l'accordiez aussi aux pommes de terre et aux betteraves, n'est donc et ne peut être qu'une « faveur ». — Vous pouvez justifier cet affranchissement, ou chercher à le

---

1. Cf. ROUVIER, Chambre des Députés, 7 novembre 1892; ANTHEAUME, *Les bouilleurs de cru*, p. 34, etc.

justifier, par toutes espèces de raisons, agricoles, économiques, électorales, politiques. Il n'en reste pas moins « un privilège contraire au principe de l'égalité des citoyens devant la loi[1] », « au principe qui doit être le plus cher de tous à une démocratie[2] ».

Il y a toujours quelque intérêt, ne fût-il que d'ordre moral, à montrer qu'un prétendu droit n'est qu'un privilège. En tout cas, privilège ou droit, la suppression de l'exercice pour les bouilleurs de cru ne pouvait être que la porte ouverte à la fraude, et la porte s'est ouverte, en effet, elle s'est élargie d'année en année et elle continuera à s'élargir tant que vous ne l'aurez pas, non point refermée, mais murée. C'est la plus vaste organisation de fraude qui soit au monde, celle dont le fonctionnement est le plus simple, — à cause de l'extrême facilité avec laquelle les récoltants dissimulent la totalité ou la plus grande partie des produits de leurs alambics, et de la facilité non moins grande avec laquelle ils transportent l'alcool en raison de sa valeur élevée sous un petit volume, — et il n'y en a pas de plus fructueuse, parce qu'elle

1. Léon Say, *Rapport au nom de la Commission extra-parlementaire des alcools*, 1899.
2. Claude (des Vosges), *Rapport du Sénat sur la consommation de l'alcool*, 1887.

l'est en raison directe des droits que l'État et le commerce perçoivent sur les producteurs et les négociants honnêtes. Comment résister à tant de tentations? C'est d'un Président de la République que des ministres, réunis en conseil, entendirent un jour ces mots : « Qui dit bouilleur dit fraudeur. Ne protestez pas. Je suis bouilleur. » Un bouilleur qui ne frauderait pas serait un saint; il n'y en a plus; il ferait mentir l'éternelle vérité des théologiens que « la nature humaine est toujours en état peccamineux ».

Si l'immunité légale pouvait être effectivement limitée aux quantités d'eau-de-vie que les récoltants absorbent eux-mêmes pendant l'année, certainement les bouilleurs y tiendraient encore, parce qu'il n'y a point pour nos paysans, c'est l'une de leurs grandes vertus, de petites dépenses et de petits bénéfices. A moins de nier l'évidence, on ne contestera pas que, si les bouilleurs défendent le privilège avec une ténacité et une vigueur qui va parfois jusqu'à la violence, ce n'est pas pour les vingt ou trente bouteilles qu'ils boivent, mais pour les bénéfices, souvent les plus importants de leur exploitation, qu'ils tirent de la vente clandestine des fruits et des marcs distillés qu'ils sont censés consommer en famille. — Il ne faut pas avoir par-

couru pendant huit jours les campagnes normandes
ou bretonnes pour n'avoir pas constaté que, sous
le couvert de l'immunité, les bouilleurs, c'est-
à-dire presque tous les paysans propriétaires, distillent dix et vingt fois plus d'alcool qu'ils n'en
pourraient absorber en famille, tout alcooliques
que beaucoup d'entre eux soient devenus. Ils
n'étendent qu'à cette fin leurs plantations d'arbres
fruitiers. Ils ne distillent pas seulement la presque
totalité de leur récolte; ils fabriquent encore,
avec des matières d'achat, tantôt de l'eau-de-vie
naturelle, de la pire espèce, avec des vins étrangers,
des raisins secs, même avec des figues et des
caroubes, tantôt de l'alcool industriel avec des
grains destinés censément à leurs bestiaux et qui
passent à l'alambic[1]. — Ayant, de par la loi, le
droit de garder leurs eaux-de-vie sans payer de
taxe et sans être surveillés par la régie, vous
n'imaginez pas qu'ils les emmagasineront dans
d'autres locaux que ceux où ils les ont distillées et
qu'ils se déclareront bénévolement marchands
afin de payer l'impôt. Tout au plus, de temps à
autre, pour ne pas éveiller le soupçon, prendront-ils
un acquit chez le buraliste. A la faveur de l'unique
hectolitre dont ils auront acquitté les droits, ils

1. ANTHEAUME, *loc. cit*, p. 38.

vendront en fraude, en toute sécurité, même en plein repos de conscience, tout le reste de leur production. Ils le vendront non seulement à des clients empressés à s'approvisionner à bon marché, mais au commerce malhonnête, à ceux des débitants de la région qui auront installé chez eux, ou chez un complice, une cave secrète ; et, encore, à ces négociants du nord ou du centre qui, jouant du système dit des acquits fictifs, auront déclaré à destination du midi des chargements plus ou moins considérables d'alcool taxé qui resteront en route, dans quelque remise clandestine, pendant que des chargements identiques, fournis par les bouilleurs, s'en iront à destination pour la décharge des acquits-à-caution. — Ils payent aussi en alcool, en eau-de-vie indemne de droit, tout ou partie des salaires de leurs ouvriers agricoles. Et c'est là encore une volerie, non pas sans doute la plus fructueuse, mais la plus pernicieuse de toutes celles qu'ils pratiquent.

La fraude ne se présume pas plus que tout autre délit. N'attachez, si vous le voulez, qu'une importance relative à ces deux présomptions : Si la grande majorité des bouilleurs n'alimentait pas en secret le commerce malhonnête des spiritueux, pourquoi leurs avocats prétendraient-ils que la loi qui les soumettrait à nouveau au même exercice que les distillateurs de mélasses serait désastreuse pour eux? Si la consommation familiale n'était pas une source importante de revenus, pourquoi le chiffre des bouilleurs serait-il passé en quarante ans de 300.000 à plus de 1 million? — Mais les procès-verbaux de la régie qui réussit encore, quelquefois, à saisir des voitures chargées de fûts circulant sans expédition, ce sont bien des preuves matérielles, comme le sont aussi les condamnations prononcées contre, des commerçants pour usage d'acquits fictifs. C'est encore une preuve, et non moins décisive, que la constatation, écrite tant de fois, depuis un quart de siècle, dans les cours des alcools et dans les recettes du budget, qu'à toute plus-value de la récolte moyenne des cidres et des vins correspondent, l'année suivante, d'abord une baisse du prix des alcools d'industrie de 10 ou de 20 francs par hectolitre, soit de 20 à 40 %, alors même que la fabrication de l'alcool d'industrie a diminué de 50 ou de 60.000 hectolitres; et, en conséquence, une baisse du rendement de l'impôt, baisse qui, pour l'ensemble des départements à bouilleurs de cru, a atteint jusqu'à 18 millions[1]. Ces deux baisses sont des effets sans cause, ou elles sont directement provoquées par l'abandon de la

<hr>

1. En 1893. — VERNINAC, *Rapport, au Sénat, sur la réforme du régime des boissons*, 1896.

production frauduleuse des bouilleurs. — Enfin, il n'est pas moins avéré qu'à chaque suppression, même partielle du privilège, succède, dans les départements à bouilleurs de cru, une augmentation notable du produit des quantités imposées. L'augmentation se produit alors même que les spiritueux ont été frappés, presque simultanément, d'une forte surtaxe (60 francs en 1871, 63 francs en 1900), et quand l'effet de la surtaxe, dans les départements sans bouilleurs, est, au contraire, de faire baisser le rendement.

Cette quotité de 30 % de fléchissement de l'alcool industriel constatée en 1873, dans les départements sans bouilleurs, l'État, par la suppression du privilège, l'a compensée dans les départements à bouilleurs où le rendement a presque doublé en trois ans[1]. Dès que le privilège est rétabli, la consommation des eaux-de-vie taxées fléchit aussitôt de 20.000 hectolitres. En 1904, nouvelle suppression du privilège; le chiffre de la consommation taxée remonte de 145.000 hectolitres. En 1906, rétablissement du privilège : les quantités imposées baissent, en deux ans, de 90.000 hectolitres[2].

---

1. De 20 à 39 millions de francs.
2. *Bulletin de statistique*, juillet 1908. — ANTHEAUME, *loc. cit.*, p. 54 et suiv.

La fraude est donc incontestable et le privilège n'est donc bien que « le nom décent qui est donné à la fraude[1] ». Mais quelle est l'étendue de la fraude et quelle perte le privilège cause-t-il au Trésor? C'est ce qu'il est beaucoup plus difficile d'établir, en raison de la clandestinité des opérations, très ingénieuses et souvent nocturnes, des bouilleurs et de leurs complices. Les pertes annuelles du Trésor, par le fait des bouilleurs, ont été évaluées à 20 millions de francs par M. Carnot, à 25 par M. Peytral, à 35 par M. Yves Guyot, à 80 par le Dr Autheaume, à 100 par M. Taquet, à 200 par M. Claude (des Vosges). Nous inclinerions à tenir pour vraisemblable le chiffre de 100 millions de francs parce qu'il correspond, avec une majoration d'un quart, à l'immunité d'impôt des bouilleurs pendant la dernière période de réglementation. Non comprises les taxes locales, cette immunité fut d'environ 80 millions[2]; mais ces 80 millions ne représentent que les quantités d'eaux-de-vie qui se déclarèrent et furent constatées comme non imposables (les unes à titre de consommation familiale, les autres en vertu de l'article de la loi qui exemptait les producteurs *présumés* ne pouvoir distiller, année moyenne, plus de 50 litres d'alcool pur); or, la

---

1. FRANCIS CHARMES, *Revue des Deux-Mondes*, 15 décembre 1901.
2. *Bulletin de statistique*, juillet 1908.

fraude continua pendant toute cette période, et, de l'aveu explicite de l'Administration, elle a été considérable[1]. L'Administration n'a pas pu en déterminer l'étendue, parce que, « sous la pression des bouilleurs, elle avait vu réduire ses moyens d'action »; mais il ne paraît pas excessif de la chiffrer à 20 millions.

A quelque évaluation nécessairement approximative qu'on s'arrête, il n'est donc pas contestable que les statistiques officielles de la consommation de l'alcool sont inférieures à la réalité et qu'elles le sont surtout pour la dernière période décennale où les quantités d'alcool taxé, après une progression régulièrement ascendante, ont fléchi d'environ 400.000 hectolitres[2].

La direction des contributions indirectes a expliqué, d'une façon qui semble irréfutable, ce fléchissement[3]. La consommation de l'alcool *taxé* a diminué, depuis dix ans, parce que, à la suite de la loi du 29 décembre 1900, qui a élevé de 156 francs à 220 le tarif du droit général de consommation pour remplacer le produit des taxes supprimées sur les boissons hygiéniques, les commerçants, « afin de

---

1. *Bulletin de statistique*, juillet 1908.
2. De 1.782.891 en 1900 à 1.339.578 en 1908.
3. *Bulletin de statistique*, juillet 1909.

masquer le relèvement de leur prix de vente », ont
réduit la capacité des verres et abaissé, en même
temps, dans une proportion notable, la teneur en
alcool des spiritueux; et elle a diminué encore
parce que les premiers résultats de la propagande
antialcoolique se font sentir : on boit davantage de
vin, l'usage des spiritueux devient moins fréquent
dans les classes aisées, la vente des boissons alcooliques a été interdite dans les casernes. — Mais elle
a diminué aussi parce que la production *clandestine* de l'alcool s'est considérablement accrue.
Surexcitée par la prime qui est la conséquence de
toute élévation de tarif sous le régime du privilège
des bouilleurs, servie, la même année où la surtaxe
a été établie, par une extraordinaire abondance de
récolte de vin (67.400.000 hectolitres) et de cidre
(29.400.000 hectolitres), la fraude s'est emparée
d'une grande partie du terrain qui avait été perdu
par l'alcool taxé. « Depuis quelques années, la pratique de la distillerie se développait de plus en plus
et pénétrait dans des régions où elle était totale-
ment inconnue. Le nombre des alambics possédés
par les récoltants était passé de 25.000 en 1892 à
31.200 en 1894, à 38.900 en 1896, pour s'élever en
1901 à 77.600. » L'industrie du distillateur ambu-
lant avait pris également une grande extension.
Dans la seule région normande, le nombre des

bouilleurs a triplé[1]. En Normandie comme en Bretagne, et ailleurs encore, qui dit *bouilleur* dit *débitant clandestin*. « On peut affirmer », écrit le premier président à la Cour d'appel de Caen, « que, dans les pays d'herbage, chaque bouilleur de cru tient une sorte de débit clandestin d'eau-de-vie[2]. »

Le pays est donc alcoolisé par deux courants permanents, l'un qui coule à ciel ouvert et dont le cubage est connu, l'autre souterrain, dont l'intensité ne peut être qu'évaluée, mais qui se gonfle à mesure que s'abaisse l'étiage de l'autre.

1. De 1874 à 1902, le nombre des bouilleurs s'est élevé dans l'Eure de 9.160 à 25.707; dans l'Oise, de 22.000 à 41.000; dans la Manche, de 15.750 à 28.500; dans le Calvados, de 15.750 à 32.863 (DOUARCHE, premier président à la Cour d'   l de Caen, *L'alcoolisme en Normandie; rapport présenté au pr   ngrès national contre l'alcoolisme*).

2. *Ibid..*

IV

'Tels qu'ils sont, limités à la consommation taxée, qui est loin d'être, comme on vient de voir, toute la consommation de l'alcool, les chiffres des statistiques du Ministère des Finances sont d'une éloquence terrible. Il n'y a pas de sophisme qui puisse prévaloir contre la constatation que, de 1876 à 1900, pendant que le nombre de débits s'élevait, hors Paris, de 346 à 435.000, la consommation de l'alcool passait d'un million à 1 million 700.000 hectolitres et la quotité moyenne par habitant, de 2 litres 71 à 4 litres 66. Malgré le fléchissement, dont nous avons montré les causes particulières, pendant la période de 1901 à 1907, nous restons, en 1909, avec la Belgique, le pays le plus alcoolisé du monde. En quarante ans, le nombre des débits s'est accru de plus de 24 %. A 3 litres 44, où elle est officiellement[1], sinon effectivement descendue, la consommation moyenne reste supérieure d'un litre à celle de l'Angleterre, de deux litres à celles de la Norvège et de la Suisse.

Quelque familier qu'on soit avec les chiffres, on se représente difficilement 1 à 2 millions d'hectolitres d'alcool. — Il s'agit, comme on sait, d'alcool pur, puisque la régie tient ses écritures en alcool idéal à 100 degrés qui n'existe pas dans le commerce. L'eau-de-vie livrée au commerce pèse de 38 à 45, en moyenne 40 degrés. Quand on lit dans les statistiques que la consommation moyenne de l'alcool par habitant est, par exemple, de 4 litres 56, cela veut dire que 11 litres 40 d'eau-de-vie entrent réellement dans l'estomac des consommateurs[2]. 1.300.000 hectolitres d'alcool pur, qui ont été consommés en 1905, font 3 millions et demi d'hectolitres à 40 degrés, soit 350 millions de bouteilles d'un litre. — La distance de Paris à Châlons est de 175 kilomètres. Imaginez la route bordée des deux côtés par 10 filés compactes, continues, de bouteilles à raison de 50 bouteilles par mètre sur chaque

1. En faisant entrer en ligne de compte la consommation en franchise, évaluée, pour 1905, à 120.000 hectolitres, chez les bouilleurs, il faudrait augmenter la quotité moyenne de 30 *centilitres*. (*Note du Ministère des Finances.*)

2. $x = \dfrac{4,56 \times 100}{40}$. — (RIVIÈRE, *Augmentation des cabarets.*

rangée. Voilà ce que ce pays a bu d'alcool taxé dans l'une des années où il a le moins bu, non compris l'alcool des bouilleurs de cru.

La quotité moyenne de consommation par habitant éveille une idée d'abord plus claire, mais, comme pour toutes les moyennes, inexacte. Le chiffre diviseur, qui est celui de la population, comprend les femmes et les enfants. Si l'alcoolisme sévit parmi les femmes dans certaines régions et s'il y existe même un alcoolisme, plus affreux encore, celui de l'enfance, le nombre des femmes qui consomment annuellement 3 litres et demi d'alcool pur[1], soit 8 litres 75 d'eau-de-vie du commerce, est encore restreint. La quotité moyenne de 8 litres 75 par tête pour l'ensemble de la population revient ainsi à 35 litres par tête d'adulte mâle ou d'électeur. — Mais, ici encore, la moyenne ne donne pas une idée exacte du mal, parce que le calcul qui l'établit ne distingue pas entre la sobriété de certaines parties de la population, urbaines ou rurales, et l'intempérance des autres. Les statistiques régionales et locales sont, dans l'espèce, de beaucoup plus significatives que les statistiques générales. Le flot d'alcool que déversent notre demi-million de débits et l'armée des bouilleurs ne s'est point

---

1. En 1906, 3 litres 56 ; en 1907, 3 litres 31 ; en 1908, 3 litres 44.

répandu également sur tout le pays. Les départements vinicoles, surtout dans les années prospères, ont résisté à l'inondation; elle s'y est seulement infiltrée. On pourrait dire du vin qu'il repousse l'alcool comme le mercure l'eau.

On connaît la belle page de Michelet : « En latitude, les zones de la France se marquent aisément par leurs produits. Au Nord, les grandes et basses plaines de Belgique et de Flandre, avec leurs champs de lin et de colza, et le houblon, leur vigne amère du Nord. De Reims à la Moselle commencent la vraie vigne et le vin; tout esprit en Champagne, bon et chaud en Bourgogne, il se charge, s'alourdit en Languedoc pour se réveiller à Bordeaux. Le mûrier, l'olivier, paraissent à Montauban; mais ces enfants délicats du Midi végètent toujours sous le ciel inégal de la France...[1] » C'est dans la première zone et son prolongement jusqu'à l'Océan, groupe compact de 21 départements[2] qui, à partir de Paris, embrasse une partie du Nord-Est, le Nord et l'Ouest; c'est de Paris par Rouen au Havre, trois villes qui « sont une même ville dont la Seine est la

---

1. *Histoire de France*, II, 5.
2. Seine, Seine-et-Oise, Seine-et-Marne, Marne, Ardennes, Aisne, Nord, Pas-de-Calais, Somme, Oise, Seine-Inférieure, Eure, Eure-et-Loir, Calvados, Manche, Orne, Sarthe, Mayenne, Ille-et-Vilaine, Côtes-du-Nord, Finistère.

grande rue »; c'est dans le pays du houblon et dans ceux de la pomme que l'alcool s'est installé en maître. Quinze millions d'habitants, soit 39 % à peine de la population totale, y absorbent 68 % de la totalité de l'alcool taxé, près de 900.000 hectolitres d'alcool pur[1], soit 2 millions et demi d'hectolitres d'eau-de-vie de commerce, et, en plus, les deux tiers au bas mot de la production totale des bouilleurs. La quantité moyenne par tête y dépasse 4 et, vraisemblablement, 5 litres, 30 et 40 litres d'eau-de-vie à 40° par tête d'électeurs. Les deux autres zones, Est, Centre et Sud, avec 23 millions d'habitants, 61 % de la population, consomment seulement 400.000 hectolitres, soit 32 % de l'alcool taxé.

La quotité moyenne par tête est de 2 à 4 litres dans 21 départements, dont 9 à l'Est[2], 7 au Sud-Est[3], 2 au centre, le Rhône et la Loire. Elle est dans le Centre, inférieure à 2 litres, n'atteint pas 1 litre dans certains départements à vignobles du Midi et dans les départements à blé du plateau central. Sans l'absinthe, qui s'est abattue depuis moins d'un quart de siècle sur la Provence et sur la

1. *Bulletin de statistique*, 1er juillet 1909.
2. Meuse, Meurthe-et-Moselle, Vosges, Aube, Haute-Marne, Côte-d'Or, Haute-Saône, Doubs et Jura.
3. Drôme, Vaucluse, Gard, Bouches-du-Rhône, Var, Calvados, Alpes-Maritimes.

région lyonnaise qui, à elles seules, consomment près de la moitié de la liqueur verte, la quotité moyenne dans la vallée du Rhône serait de beaucoup moins forte. — La consommation taxée est, par habitant, de 75 % environ plus élevée dans les villes (agglomérations de plus de 4.000 habitants), où les débits se sont surtout multipliés, que dans les campagnes, 4 litres 7 au lieu de 2 litres 7[1]. Mais il y a villes et villes, campagnes et campagnes. — Par tête d'habitant, en 1909, tandis que Rouen, le Havre, Boulogne et Caen consomment de 11 à 12 litres d'alcool pur[2], Cherbourg, Calais, Amiens et Dunkerque de 7 à 9; Brest, Rennes et Saint-Quentin de 6 à 7; Paris, Marseille, Lille, Saint-Nazaire et Reims n'en consomment que de 4 à 5; Lyon, Bordeaux, Nantes, Saint-Étienne, Nice, de 3 à 4; et Nîmes, Limoges, Grenoble, Angoulême, La Rochelle et Poitiers de 2 à 3. — Et, de même, pour les campagnes : il y en a de sobres, celles du plateau central, de Loir-et-Cher, du Gers, du Lot, de la Haute-Savoie, où la consommation n'atteint pas 2 litres d'eau-de-vie du commerce, à 40 degrés par tête d'habitant; et il y a les autres, où la consommation dépasse 25 litres (Oise), 27 (Somme) et

---

1. *Bulletin de statistique*, juillet 1908.
2. Spiritueux proprement dits, vermouts et vins de liqueur. (*Bulletin de statistique*, juillet 1910.)

35 (Seine-Inférieure)[1]. — Et, si du département vous descendez, dans ces régions les plus infestées, à la commune, c'est pis encore. Car, dans certains coins du Mortainais et de la Hague, le pays du « café à la mort » où l'alcool remplace l'eau dans la cafetière, nombre de cultivateurs et de pêcheurs n'absorbent pas moins d'un demi-litre d'eau-de-vie par jour[2]. Car, dans certains villages de l'Orne où l'homme sobre est celui qui ne consomme qu'un litre d'eau-de-vie par mois, les trois quarts de la population mâle consomment environ 2 litres par semaine, soit 80 litres par an, et les femmes leur litre et demi par semaine[3]. Car, dans l'Eure, à Pont-Audemer, au rapport du capitaine de la gendarmerie, à Rugles et à Routot, au rapport du juge de paix, beaucoup de paysans et, aussi, d'ouvriers de fabrique absorbent un demi-litre par jour et même davantage[4]. A Londinières, dans la Seine-Inférieure, les hommes boivent en moyenne 60 litres d'alcool par an, les femmes de 20 à 25 et les enfants adultes de 9 à 10; et il en est de même à Tôtes, à Bellencombre, à Neufchâtel-en-Bray[5]. — A Carpiquet

---

1. *Rapport Guérin.*
2. *Rapport Douarche.*
3. *Rapports des juges de paix et instituteurs du Merlerault, de la Ferté-Macé, d'Écouché, de Selle-la-Forge, etc.*
4. *Rapport Douarche.*
5. *Ibid.*

(Calvados), plus de trente femmes boivent au moins 4 litres d'eau-de-vie par semaine; à Saint-Pierre de Mailloc, les hommes, ceux qui ne sont pas comptés parmi les ivrognes invétérés, 1 litre d'eau-de-vie à 70 degrés par semaine; les femmes du pays d'Auge ne boivent pas moins que les hommes et il n'est point rare d'y voir arriver à l'école des enfants ivres[1]. De même dans l'Eure[2]. De même dans l'Aisne[3].—Les 1.600 habitants de Gouville (Manche) ont bu, en 1902, 40.000 litres d'eau-de-vie[4]. — Et tous, ouvriers agricoles et pêcheurs, et leurs femmes comme eux, sont payés à la fois en argent et en alcool, « un pot de cidre par franc, un litre d'eau-de-vie par chaque vingtaine de francs[5] »,— ou ils refuseraient le travail, — et il y a des patrons de pêche, et des industriels aussi et de gros négociants, qui payent *en bons* ou *jetons d'alcool* la presque totalité des salaires, dont la place serait au bagne et qui sont riches et considérés.

---

1. *Rapport Douarche.*
2. *Rapport du docteur Leroy.* (*Congrès national contre l'alcoolisme*, p. 63.)
3. *Rapport du sénateur Delpech.*
4. *Journal de Coutances* du 25 février 1903 et *Rapport Douarche.*
5. Rapport du juge de paix du pays d'Auge, cité par le premier président Douarche. (*Congrès national*, p. 59.)

V

Voilà l'inondation alcoolique, l'effroyable ivro-gnerie qui est, rien qu'en elle-même, une honte, une dégradation de l'homme. Nous allons en voir les conséquences principales qui tournent au désastre. On n'y peut point penser, pour peu qu'on ait quelque conscience, sans que revienne à la mémoire la phrase fameuse de Channing sur les sociétés qui ne sont pas moins responsables des fléaux qu'elles auraient pu détourner que ne le sont les villes de la peste, quand elles ont laissé les immondices s'accu-muler et les charognes pourrir dans les rues.

En effet, les pouvoirs publics ne peuvent pas alléguer de leur ignorance. Sans remonter à Guy-Patin qui, dans son traité *De la conservation de la santé par un bon régime et légitime usage des choses requises pour bien et sainement vivre* et dans son

Traité de la sobriété, avait écrit déjà que « l'eau-de-vie serait bien mieux dénommée eau-de-mort » et que « ce qui faisait vivre les uns faisait mourir les autres », nous avons vu l'Académie couronner, en 1852, les études du suédois Magnus Huss sur l'alcoolisme. La science française ne s'était mise à l'œuvre qu'un peu plus tard, mais avec une conscience et une ténacité incomparables. Elle poussait un continuel cri d'alarme. Les admirables travaux de Dujardin-Beaumetz et d'Andigné, puis de Darenberg et de Joffroy et Servaux démontrèrent que l'alcool et toutes les essences sont des poisons. Ils furent tournés en dérision par les représentants des pays à bouilleries et à distilleries ; les Gouvernements firent la sourde oreille ou n'osèrent pas réagir avec quelque vigueur.

Pour établir l'extrême nocivité des alcools, les savants, physiologistes et biologistes, l'avaient essayée sur des animaux. Conclure d'injections opérées dans les muscles ou dans les veines d'un lapin, d'un cobaye ou d'un chien à l'action analogue de la même substance introduite dans l'estomac d'un homme, c'était, au dire d'un sénateur des Charentes, « raisonner contre les règles de la logique ».

Les hommes de science auraient raisonné certainement contre « les règles de la logique » s'ils avaient prétendu que la différence des doses, celle du mode d'introduction de la substance et celle de la nature de l'animal, homme ou cobaye, doivent être tenues pour négligeables. Mais rien de tel n'avait été soutenu. Ils disaient seulement, comme c'est l'évidence, qu'injecter dans les vaisseaux ou sous la peau une substance, alcool ou absinthe, qui ne subit pas d'altération essentielle dans l'intestin et qui ne passe pas moins sûrement dans le sang pour y être absorbée, ce n'est pas faire autre chose qu'abréger les distances et les délais, supprimer les pertes, rendre le développement du phénomène plus sûr, plus rapide, plus violent aussi, mais, par là même, plus saisissant. « L'expérience du laboratoire a pour objet de grossir l'image pour la mieux voir[1]. » Et il y avait longtemps qu'il ne faisait plus de doute, non seulement pour les esprits scientifiques, mais pour tout esprit de quelque culture et d'un peu de bonne foi, que les expériences faites chez les animaux, soit sur les nerfs cérébro-spinaux, soit sur l'estomac, « sont, de tout point, applicables à la physiologie et à la pathologie de l'homme »; qu'il en est de même pour les expériences faites « avec des substances délétères ou dans des conditions nuisibles »; et que « les recherches sur les

___

1. LABORDE, *Alcools et bouquets*, dans le *Bulletin de l'Académie de médecine*, t. XX, n° 40; — DASTRE, *Les alcools aromatisés*, dans la *Revue des Deux-Mondes* du 1er juin 1903.

substances médicamenteuses ou toxiques sont également tout à fait applicables à l'homme au point de vue thérapeutique[1] ». Il y avait déjà des siècles que « Galien avait choisi pour sujet de ses expériences le singe, et Vésale le porc, comme ressemblant davantage à l'homme en sa qualité d'omnivore[2] ». Mais il y avait longtemps aussi qu'on avait quelque soupçon que l'ambition d'un mandat ou du pouvoir peut gâter jusqu'aux savants; parfois, dès qu'ils sont candidats, ils ne retiennent plus de la science que les démonstrations qui peuvent servir les intérêts de leur parti et leurs propres desseins.

Lorsque les physiologistes eurent déterminé « la quantité d'alcool éthylique absolu qui, par kilogramme du poids du corps de l'animal, amène la mort dans l'espace de vingt-quatre à trente-six heures, avec un abaissement graduel et persistant de température[3] », la démonstration était faite que l'alcool est un poison, mais elle ne le fut que pour eux. A l'expérience *in anima vili*, il fallut que s'ajoutât pendant des années une expérience intensive sur des corps plus nobles pour que l'opinion commençât à s'inquiéter. On consentit alors à recon-

---

1. CLAUDE-BERNARD, *Introduction à l'étude de la médecine expérimentale*, p. 218.
2. *Ibid.*, p. 214.
3. TRIBOULET, *loc. cit.*, p. 56.

naître que la consommation quotidienne des spiritueux à haute dose détermine aussi sûrement, bien
que de façon plus insidieuse et plus lente, l'empoisonnement de l'organisme humain que la brusque
irruption de quelques grammes d'alcool méthylique
ou d'alcool éthylique dans la voie veineuse ou sous
le tissu d'un lapin ou d'un chien.

L'alcool est donc bien un poison; mais ne convient-il pas de distinguer entre les alcools? L'eau-
de-vie naturelle consent volontiers à ce que l'alcool
industriel soit un poison; elle-même est inoffensive, bien plus, salutaire et elle mérite son nom.
Éternelle dispute de la belladone et de la ciguë.
Surtout, n'est-ce pas la dose qui fait la nocivité?

Sur le premier point, on peut dire que l'accord
est fait aujourd'hui parmi les savants, après d'assez
longues controverses. Les produits que laisse subsister une rectification incomplète possèdent, sans
doute, une toxicité propre qui a été déterminée
avec une extrême précision et qui s'ajoute à celle de
l'alcool d'industrie; « mais la quantité de ces
impuretés aromatiques qui entrent dans la composition des boissons en usage est si minime que leur
influence est insignifiante et disparaît devant celle
de l'alcool lui-même ». Si l'alcool éthylique est le
moins toxique des composants, il les dépasse tellement en quantité que le rôle prépondérant dans

l'intoxication ne saurait lui être contesté[1]. Il faut donc s'en tenir à la conclusion qui résulte d'expériences répétées, à savoir que les équivalents toxiques sont très peu différents pour les boissons les plus diverses, quand elles contiennent la même quantité d'alcool. Vieil armagnac ou alcool de mélasse, cognac authentique ou alcool de grains, calvados ou eau-de-vie de pomme de terre, marc de Beaune ou alcool de flegmes, eau-de-vie de prunes de Lorraine ou alcool de betteraves du Pas-de-Calais, si divers qu'ils soient de goût ou de bouquet comme de prix, diffèrent à peine de puissance toxique[2].

Sur la question de la dose, il y a, parmi les savants et les hygiénistes, à la fois, divergence et unanimité. — Il existerait, selon les uns, « une dose hygiénique de l'alcool » qui varierait nécessairement avec les individus et les climats. Duclaux voit dans l'alcool à petites doses « un matériel de réserve pour

1. DASTRE, *loc. cit.*; JOFFROY, *Gazette hebdomadaire de médecine et chirurgie*, 12 novembre 1886; TRIBOULET, *loc. cit.*, p. 73 et suiv. : « Pouvoir toxique de l'alcool éthylique; pouvoir toxique des impuretés; pouvoir toxique de l'eau-de-vie. »

2. La puissance toxique des alcools d'industrie est moindre que celle de certaines eaux-de-vie. Ainsi, alors qu'il faut un litre d'alcool mauvais goût de tête pour tuer 66 kil. 753, il suffit d'un litre de kirsch vrai pour tuer 64 kil. 603, d'un litre de cognac vrai (1893) pour tuer 65 kil. 005 et d'un litre d'eau-de-vie de cidre pour tuer 65 kil. 115. Par contre, il faut un litre de marc de Beaune pour tuer 68 kil. 079 et un litre d'eau-de-vie de prunes de Lorraine pour tuer 68 kil. 198. (TRIBOULET, *loc. cit.*, p. 75, etc.)

la nutrition[1] »; Pouchet, « un aliment d'épargne, dont la combustion, d'ailleurs, est d'autant plus complète dans l'organisme que la quantité qui en est ingérée est moins considérable[2] »; Richet, « l'excès de charbon qui est nécessaire à la machine[3] ». Gley, « parce qu'il ne faut jamais s'opposer à la vérité », reconnaît la valeur alimentaire de l'alcool; aucune combustion ne peut se faire dans le corps sans que les calories produites servent à quelque chose; l'alcool en brûlant économise donc d'autres combustibles; mais sa valeur alimentaire est hors de proportion avec son prix; « au point de vue de l'effet chimique, c'est un aliment treize fois plus cher que le lait et huit fois plus cher que le pain[4] ». — Selon les autres, il n'y aurait même pas de dose hygiénique. « Il n'y a pas, affirment Darenberg[5] et Debove[6], de liquides alcooliques qui soient hygiéniques. » L'alcool, pour Altwater, n'est un aliment qu'en chimie biologique; en pratique, « pour l'être humain », « c'est toujours un détestable aliment[7] ». Si c'est un calorifique, Woodhead déclare

1. Duclaux, *Ce que c'est qu'un aliment.*
2. Pouchet, *Traité de pharmacodynamie*, t. II, p. 143 et suiv.
3. *Dictionnaire de physiologie*, article « Aliments ».
4. Gley, *Action physiologique de l'alcool*, compte rendu du 12ᵉ congrès international contre l'abus des boissons alcooliques, t. II, p. 8 et 9.
5. *Journal des Débats*, 12 septembre 1903.
6. Discours du 25 octobre 1903 à la Faculté de médecine.
7. Conférence à l'Institut psychologique, 15 novembre 1903.

qu'il l'est, « non pas comme le charbon, mais tel le soufre dans la machine[1] ». Lapicque convient qu' « on peut s'en servir pour chauffer la chaudière humaine, mais il la dégrade[2] ». — Mais, dès que le débat ne porte plus sur la dose « hygiénique », sur l'usage modéré et, même, très modéré[3], l'unanimité est absolue et sans réserve. Et, sans doute, « la sensibilité et le pouvoir de résistance à l'alcool sont extraordiniarement variés chez les hommes, comme à l'égard des autres poisons[4] », et « il y a inégalité devant l'alcool », comme devant la grippe et la peste, le froid et le chaud, l'excès de misère et l'excès de bien-être, la fatigue physique et la fatigue intellectuelle, « parce que chacun réagit par son idiosyncrasie[5] ». Mais, à forces égales, dès qu'il n'y a plus usage, mais abus, dès que l'usage commence à devenir chronique, l'herbager de la vallée d'Auge n'est pas moins sûrement conduit à toutes les déchéances physiques et morales par l'eau-de-vie de ses pommes que l'ouvrier des villes par l'alcool industriel des *assommoirs* et que l'homme du monde par la fine champagne à 100 francs la bouteille.

1. *Medical temper-review*, 1900, nº 8, p. 175.
2. *Petite République.*
3. POUCHET, DUCLAUX, *loc. cit.*
4. POUCHET, *loc. cit.*
5. LASÈGUE, *apud* TRIBOULET, *loc. cit.*, p. 92.

La pathologie de l'alcoolique se résume en peu de mots : L'usage chronique, constamment immodéré des breuvages toxiques a fait, successivement ou simultanément, de toutes les parties de son corps, de son cerveau comme de ses poumons ou de son foie, des terrains de plus faible résistance. — Terrains de plus faible résistance contre la morbidité sous presque toutes ses formes. — Terrains de plus faible résistance contre les maladies infectieuses, pneumonie, tuberculose. — Terrains de moindre résistance contre la folie. — Terrains de moindre résistance contre le vice, la débauche, la suggestion et l'impulsion criminelle.

Cette destruction, tantôt lente, tantôt rapide, des diverses forces de résistance qui constituent la vie même, explique le problème de l'alcoolisme dans ce qu'il a de plus redoutable : les tares simultanées du corps et de l'intelligence, la dégradation morale allant de pair avec la déchéance physique. L'affaiblissement de chacune de ces forces de résistance s'explique lui-même par l'effet spécial, sur un organisme spécial, de l'une ou l'autre ou de plusieurs des qualités particulières de l'alcool. — C'est parce que l'alcool est un agent puissant entre tous de déshydration, qu'il a vite fait de modifier l'état physique de la plupart des tissus et, notamment, des muqueuses digestives. Végétaux et animaux, tous les êtres vivants ne peuvent fonctionner qu'à la condition de contenir une proportion d'eau, plus ou moins considérable, mais déterminée pour chacun d'eux. Or « l'alcool possède une très grande affinité pour l'eau[1] »; partout où s'infiltre l'alcool, il absorbe l'eau comme un été trop chaud dessèche les sources. Ainsi, dès qu'il entre dans l'estomac, il en congestionne les muqueuses; en raison presque directe de son volume, il ralentit, interrompt, puis supprime la peptonisation, c'est-à-dire la transformation des aliments en substances absorbables et assimilables. Les divers phénomènes de la nutrition s'accomplissent avec d'autant plus de régularité et de promptitude que les cellules sont pourvues de leur dose normale d'eau. La nutrition, quand l'alcool a tari l'eau, devient paresseuse, elle se fait mal, finit par ne plus se faire du tout, ainsi que le montre la diminution croissante de l'acide urique et de l'urée. — Mais l'alcool est également un anesthésique; en même temps qu'il dessèche la cellule et les tissus, il paralyse les nerfs qui sont, selon la vieille et toujours exacte formule, « les animateurs du corps humain ». Quand l'alcool exerce son action paralysante sur les nerfs qui contractent les vaisseaux sanguins, ceux-ci se dilatent,

1. POUCHET, *Leçons de pharmacodynamie*, 2ᵉ série, p. 139.

7.

le sang se porte à la peau et s'y refroidit au contact de l'air. — Pendant que se produit ce premier refroidissement, le buveur éprouve une vive sensation qu'il croit être une sensation de chaleur. L'alcool, dit-il, réchauffe. En effet, il y a poussée de chaleur vers les muqueuses, mais, au même instant, la température interne s'est abaissée, parfois d'un degré, pour descendre, dans l'ivresse profonde, au-dessous de 30 degrés centigrades[1], et, si l'on met un thermomètre sous l'aisselle, le refroidissement s'y marque aussitôt. A force de se persuader que l'alcool lui donne chaud, l'alcoolisé ne s'apercevra pas que sa sensibilité thermique s'émousse en même temps que sa sensibilité tactile et, ne sentant pas le froid, il ne cherchera pas à s'y soustraire et à réagir[2].

Car c'est l'un des caractères propres de l'alcool qu'il ment toujours; toutes les parties de l'organisme qu'il envahit sont convaincues, si l'on peut dire, qu'il poursuit la besogne exactement contraire à celle qu'il accomplit réellement, et cette illusion est d'autant plus dangereuse qu'il a commencé par produire un premier effet, parfois « quasi-mécanique », qui confirme ou semble con-

---

1. TRIBOULET, *loc. cit.*, p. 85.
2. « Ainsi s'explique le mécanisme de la mort de maints ivrognes. » (TRIBOULET, *loc. cit.*).

firmer ses promesses. — Il dit au sang : « Je te réchauffe », et il le glace, après que la peau s'est d'abord sentie réchauffée. Il dit à l'estomac : « J'accélère la digestion », et il l'entrave, la ralentit, après que la muqueuse, irritée d'un premier contact, a accru d'abord la sécrétion du suc gastrique. Il excite d'abord la sécrétion de la bile, mais, à mesure que se prolonge l'ingestion du liquide spiritueux, la fonction hépatique s'inhibe par paralysie des tissus, et, au travail exagéré d'une heure succède implacablement la déchéance fonctionnelle jusqu'à la mort même des cellules[1]. Le pouls se précipite, puis se ralentit[2]. Pareillement, les échanges organiques. — Le premier « coup de fouet »[3] de l'alcool, « le banal réflexe » de l'irritation des muqueuses qui a accéléré passagèrement le jeu du système nerveux, excite l'énergie musculaire, mais, moins d'une demi-heure après l'injection de la dose « efficace », le travail tombe au-dessous de la normale[4], et il ne faut pas un très grand nombre de coups de fouet pour « casser les reins » du débardeur ou « couper les jambes » du

1. « Les médecins anglais emploient couramment l'expression de *Gin drinker's liver* (foie du buveur de gin). » (TRIBOULET, p. 173.)
2. POUCHET, *loc. cit.*, p. 190.
3. VANDERVELDE, *Conférence sur l'alcoolisme et la question sociale.*
4. GLEY, *loc. cit.* (Expériences de Destrée, de Bruxelles, et de Dubois, de Berne.)

coureur, alors que le hammal de Constantinople,
qui ne boit que de l'eau, garde toute sa force. —
Enfin, et surtout, le système cérébro-spinal est la
victime des mensonges de l'alcool; tout noble
qu'il soit, il se laisse prendre aux mêmes artifices
grossiers que les autres organes, aux mêmes apparences, aux mêmes débuts favorables. Il tombe,
exactement de la même façon, dans le même piège.
L'alcool n'a qu'une manière, toujours la même,
successivement insidieuse et brutale, qui commence par une caresse et qui finit par un choc de
massue. Aux éléments nerveux, comme au foie
ou à l'estomac, il procure d'abord une excitation
factice dont la réaction est la dépression, l'amoin-
drissement fonctionnel et la paralysie.' — Pareillement, les centres supérieurs qui sont les centres
cérébraux, le siège de l'intelligence, se sentent
d'abord, ou se croient, animés par l'alcool. Il
semble que, sous l'effet du breuvage, de la har-
diesse vienne aux plus timides, de l'éloquence aux
plus silencieux, de l'esprit aux plus sots. Plus de
sensation de fatigue; la notion de proportion dans
l'effort s'atténue jusqu'à disparaître. Mais, si c'est
là une réalité, elle ne dure qu'une heure, et ce n'est
peut-être qu'une illusion. De fait, l'alcool, dont la
principale propriété physiologique est l'anesthésie,
paralyse presque immédiatement le cerveau. —

Imaginez les centres supérieurs séparés du bulbe et de la moelle. Soustraits, par cette scission, à leur contrôle normal, ils manifesteraient librement leur activité qui irait au tumulte et au désordre. Cette excitation médullaire a des symptômes qui sont connus. Or, la séparation qui la produit n'est pas une image; l'action paralysante de l'alcool sur le cerveau la réalise effectivement[1].

L'opium et le chloroforme n'agissent pas autrement : à l'éréthisme musculaire que détermine l'opium succède bientôt une intense prostration.

L'opium est l'alcool de la Chine, mais la Chine, qui veut se régénérer, le proscrit.

---

1. GLEY, *loc. cit.*, p. 11; TRIBOULET, *loc. cit.*, p. 110 et suiv.; JACQUET et REGNAULT, Société des médecins des hôpitaux, 21 janvier 1899. — Voir dans les *Archives des sciences biologiques de Saint-Pétersbourg*, t. III, p. 167, les expériences de Baratynski sur l'alcoolisation de pigeons à cerveau intact et de pigeons privés de leurs hémisphères cérébraux.

VI

Il n'y a plus à présent qu'à suivre chacune de ces intoxications dans leur développement propre, observant toutefois que les cinq ou six maladies principales qui ont leur origine dans l'abus de l'alcool ne se déclarent pas à l'ordinaire toutes ensemble et, si plusieurs se manifestent, que leur marche n'est pas toujours également accélérée. Dans les vies particielles dont l'assemblage constitue la vie collective, il y a, comme dans la collectivité même des buveurs, inégalité devant l'alcool. Chez celui-ci, le rein reste un instrument constant de décharge quand la tuberculose a envahi déjà les poumons et les méninges; chez celui-là, l'estomac se dessèche pendant que les cellules et le tissu du foie résistent à la cirrhose. Sans doute, la lésion profonde de l'un des grands appareils qui sont indispensables à la vie générale de l'individu finit le plus souvent par agir sur le fonctionnement de ceux qui sont restés à peu près indemnes; mais c'est ce qui se produit pour chacune des ruines générales de l'organisme que nous appelons la mort[1] et ces répercussions ne sont pas particulièrement imputables à l'alcool.

Ce qui, par contre, caractérise spécialement l'alcoolisme, c'est que les éléments nerveux et, particulièrement, ceux du cerveau sont toujours atteints en même temps que l'un ou l'autre des éléments moins nobles. Le foie peut ne pas se ratatiner alors que le poumon se remplit de granulations, mais il y a toujours, dans l'alcoolisme, affaiblissement et troubles dans les fonctions du cerveau, déchéance et désordres qui ne vont pas toujours à leurs dernières extrémités : la folie et le crime, mais qui apparaissent dans tous les cas chez tous les buveurs indistinctement, avec plus ou moins d'intensité. L'appareil cérébral de l'alcoolique ne reste jamais intègre ou intact.

C'est que le propre de l'ivresse alcoolique, c'est de rompre l'équilibre normal des fonctions intellectuelles, et de le rompre tout de suite, aussitôt qu'a été absorbée la quantité de spiritueux qui est

---

1. DASTRE, *La vie et la mort*, p. 304 et suiv.

nécessaire pour produire l'ivresse, dès le début de la première des trois périodes classiques où la boisson agit comme un excitant « heureux ». Ce qui pousse l'homme à boire au delà de sa soif, d'abord jusqu'à *l'abus modéré*, pour ainsi dire, c'est le besoin de se soustraire à lui-même. Il peut advenir que l'homme trouve la vérité dans le vin. Ce qu'il y cherche, ce qu'il cherche surtout dans l'alcool ou dans l'absinthe, c'est le mensonge; c'est l'oubli momentané du poids, des amertumes et des injustices de la vie; c'est une sensation de gaîté quand le chagrin est dans son cœur, un sentiment de bien-être quand la misère est à son foyer; c'est, quand ses membres sont durs et roides, l'illusion qu'ils deviennent légers et souples, et, quand son cerveau s'est obscurci dans les soucis ou dans l'effort, l'illusion qu'il s'illumine.

Cette imagination surexcitée, cette floraison subite d'idées agréables, cette vigueur physique qui se croit accrue, l'oubli qui va jusqu'à la disparition de la fatigue, ne plus voir, ne plus sentir les choses telles qu'elles sont, ce n'est déjà plus la pleine santé intellectuelle, mais le mal serait léger et passerait même pour un bien, si la même dose d'alcool suffisait demain et après-demain à procurer le bien-être d'une heure. Or, il n'en est rien; la même dose ne produira plus l'effet attendu, même si elle est répétée tous les jours; — bien plus : par cela même qu'elle est répétée tous les jours, elle devient insuffisante. Si aux premiers avertissements d'une conscience encore lucide, le buveur d'alcool n'a pas le courage ou la force de rompre avec l'accoutumance qui commence; si l'habitude s'enracine, il ne pourra pas ne pas augmenter la dose. Or, à peine accrue, la dose commencera aussitôt à produire d'autres effets.

Ce ne sont plus des lueurs de gaité qui éclairent l'esprit; c'est de la nuit qui entre dans le cerveau. Les idées ne naissent plus en abondance, légères et joyeuses; elles se dégagent avec peine, incohérentes, absurdes et grossières. La langue ne se délie plus; elle s'épaissit, les mots ne répondent plus à l'appel d'une pensée qui se fait mal entendre; les mêmes mots, les mêmes phrases sont répétées avec plus d'obstination et comme automatiquement[1]. La sensation qui vient maintenant au buveur n'est plus d'une force musculaire qui s'accroît, mais d'un affaiblissement de tous les membres, d'une mollesse persistante et maladroite. La sensibilité ne s'affine plus; elle s'amortit, s'engourdit, s'endurcit; bientôt la peau, saturée d'alcool, ne ressentira ni les coups ni les bles-

1. Triboulet, *loc. cit.*, p. 197.

sures. L'attention ne peut plus se fixer. La raison perd tout contrôle sur les réflexes impulsifs. La volonté s'atrophie, en attendant qu'elle soit abolie. L'homme ne s'échappe plus de lui-même pour une heure; il retombe dans l'animalité primitive.

L'ivresse du vin, c'est l'excitation gaie, plus ou moins loquace, chantante; même invétérée, quand elle a produit, elle aussi, des lésions organiques du côté circulatoire ou du côté nerveux, elle est rarement méchante et elle comporte des intermittences de pleine lucidité. Celle de l'alcool, l'ivresse stupéfiante, « l'ivresse-morte[1] », est un abrutissement continu. Quand l'alcoolisme est devenu chronique, quand l'équilibre psychique est définitivement rompu, quand il ne reste plus de la vie que les réflexes par où elle se parodie elle-même, la folie n'a plus qu'à frapper à la porte qui s'ouvrira elle-même.

Les hommes de l'esprit le plus robuste et le plus sain, quand ils ont eu la force de s'observer aux heures des grandes émotions, savent combien est mince, terriblement mince et fragile, la petite paroi qui sépare la folie de la raison. A quoi se réduit cette cloison dans le cerveau de l'alcoolisé?

1. LABORDE, *Prophylaxie de l'alcoolisme.* (*Bulletin de l'Académie de médecine*, t. XXXIV, n° 29.)

Il y a beaucoup de réserves à faire sur les enquêtes administratives qui ont eu pour objet de déterminer la proportion des troubles psychiques d'origine alcoolique dans l'ensemble des affections mentales[1]. Les directeurs et médecins des asiles d'aliénés les ont indiquées eux-mêmes. — Abstraction faite des cas simples où l'intoxication alcoolique a été la cause exclusive, ou déterminante, ou adjuvante de la folie, il existe de très nombreuses circonstances où l'appréciation varie d'un clinicien à l'autre, d'une doctrine à l'autre. — Nécessairement, les tableaux ne mentionnent que les malades admis dans les asiles publics; il y faudrait joindre tous ceux qui sont soignés dans des asiles privés ou chez eux. — Et, nécessairement encore, les statistiques ne comprennent pas le gros des alcoolisants qui se sont arrêtés sur le seuil des vésanies officielles[2], au degré qui rendrait l'internement obligatoire, et qui végètent jusqu'à leur mort prématurée, dans l'extrême débilité, la mélancolie, la neurasthénie silencieuse, les troubles dyspeptiques, l'épilepsie, ou encore, selon le mot populaire que Tardieu a adopté « comme une expression saisissante de vérité », « dans l'abrutissement[3] ».

1. Triboulet, *loc. cit.*, 309; Bertillon, *L'alcoolisme;* Claude (des Vosges), *Rapport au Sénat*, etc.
2. Debove, *Presse médicale* des 16 et 19 novembre 1898.
3. *Étude médico-légale sur la folie.*

Il faudrait notamment ajouter au chiffre des aliénés par alcoolisme, ou des aliénés alcoolisés, qui sont enfermés dans les asiles, celui des suicides pour cause d'alcoolisme, chiffre qui, lui aussi, n'a point cessé de croître avec celui des débits et de la consommation des spiritueux.

En 1850, sur 3.596 suicides, 197 seulement sont dus *directement* à l'alcool, à peine 5 % sur l'ensemble; en 1896, sur 9.260 suicides, 1.142 ont été provoqués directement par l'alcool, soit 12,4 %; en 1909, 1.181 sur 9.619. La plupart de ces suicides se produisent au cours du délire toxi-alcoolique, ou *delirium tremens*[1]; le malade se détruit pour échapper à l'effroi de ses hallucinations et de ses angoisses.

D'autres buveurs se tuent avant d'être descendus aux dernières horreurs du mal, soit qu'ils aient conscience de leur déchéance et la sentent irrémédiable, par leur incapacité à résister au besoin qu'ils ont créé en eux, soit pour échapper à la misère où leur vice et ses conséquences les ont plongés.

Mais ces chiffres des statistiques officielles don-

---

1. Il faut observer que l'expression *delirium tremens*, employée pour la première fois en Angleterre, dès 1813, par le Dr Sutton, ne l'est point avec la même acception par tous les médecins.

nent seulement les suicides dont l'alcoolisme a été la cause manifeste et, pour ainsi dire, publique; ils sont, eux aussi, inférieurs certainement à la vérité. L'action dépressive de l'alcool prédispose de bonne heure au suicide. De combien de suicides, aux causes restées obscures, l'alcool n'est-il pas directement responsable pendant les premiers stades de son progrès, neurasthénie, anxiété et mélancolie[1]! — Il y a des villes où une véritable manie de suicide a passé parfois, comme une maladie contagieuse. Au contraire, depuis un demi-siècle, le nombre des suicides augmente chez nous d'une manière constante, presque régulière. Il a doublé de 1830 à 1860, passant de 2.000 à 4.000[2]; plus que doublé de 1860 à 1890, dépassant 8.000 avant la fin de cette nouvelle période trentenaire[3]; et il continue à s'élever, au-dessus de 9.000; il a atteint, en 1894, près de 10.000[4]. — Dans les départements à bouilleries, où le débit clandestin sévit à côté du débit patenté, alors que, de 1881 à 1900, la moyenne générale des suicides s'élevait de 11 à 22 pour 100.000 habitants dans toute la France, elle

1. Le pasteur Marthaler (de Berne) évalue à 30 % le nombre des suicides dus, en Suisse, à l'alcoolisme. (*VIIe Congrès*, t. II, p. 459.)
2. Exactement de 2.084 à 4.050.
3. 8.187 en 1886; 8.410 en 1890.
4. 9.703. — 8.885 en 1903; 9.629 en 1909.

montait de 18 à 39 dans la Seine-Inférieure, de 16 à 40 dans l'Eure, de 9 à 22 dans le Calvados, de 5 à 13 dans la Manche, de 6 à 17 dans l'Orne. — La montée des suicides suit donc la montée de l'alcoolisme. Il faut vraisemblablement attribuer à l'alcoolisme, chez nous comme en Suisse, le 30 % au moins des suicides.

Enfin, les statisticiens officiels n'ont pas encore, et cela bien à tort, cherché à dénombrer les aliénés et faibles d'esprit de toute sorte, idiots ou imbéciles, maniaques ou épileptiques, qui ne sont pas eux-mêmes alcooliques, mais chez qui la folie ou la débilité est le produit de l'hérédité alcoolique[1]. La loi de fer de l'hérédité pèse, d'un poids particulièrement brutal et terrible, sur la descendance des buveurs. — Il n'est pas indispensable que l'alcool préside directement à la conception. Si les géniteurs sont atteints d'alcoolisme aigu, il ne suffit pas qu'ils ne soient point, au moment de la conception, en état d'ébriété. Même alors, l'*évasion* est rare. Ce n'est pas seulement le sang du père qui charrie l'alcool; tous ses organes, les tissus glandulaires, en sont pénétrés. Quand la mère est également adonnée à la boisson, le fœtus, soumis aux deux influences réunies, alcoolisé encore, pendant la vie

1. Lettre du Dr Jean Lépine, du 1er septembre 1910.

utérine, par la femme qui s'alcoolise, devient comparable aux produits des œufs qui ont été soumis, pendant l'incubation, aux émanations de l'alcool amylique : ce sont des monstres qui sortent de la coquille[1]. L'hydrocéphalie, la porencéphalie, d'autres malformations atrophiques, n'ont souvent pas d'autre cause. — Dans la thèse de Ladrague, d'après les statistiques d'Etcheverria, l'on voit sur 476 descendants de 68 hommes et de 47 femmes alcooliques, 23 mort-nés, 107 morts par convulsions infantiles, 96 épileptiques, 16 hystériques, 41 idiots et fous; 79 se sont développés normalement. Le professeur Demme a suivi, pendant douze années, dix familles de buveurs; sur 57 enfants qui en sont issus, 25 morts de faiblesse congénitale, 6 épileptiques et 6 idiots; le développement normal s'est opéré seulement dans dix cas, soit 17 %. Dans la thèse de Legrain, on voit, sur 761 descendants de buveurs, 322 dégénérés, 131 épileptiques et 155 aliénés. Ajoutez que ces héréditaires sont, presque tous, « alcoolisables ». Sur 141 malades observés dans le monde des hôpitaux, Sollier a compté 103 cas d'hérédité *similaire* (hérédité d'alcoolisme), 35 d'hérédité dissem-

---

1. CH. FÉRÉ, *Note sur l'influence de l'exposition préalable aux vapeurs d'essence sur l'incubation de l'œuf de poule. (Société de biologie*, 1893, p. 945; et 1896, p. 543.)

blable (vésanie), c'est-à-dire que, trois fois sur quatre, les buveurs sont engendrés par les buveurs[1].

A quelque chiffre que s'élève le contingent des aliénés par alcoolisme qui manquent à l'appel des statistiques officielles, celles-ci n'en sont pas moins redoutables. — L'enquête de Claude (des Vosges) sur l'aliénation mentale dans ses rapports avec l'alcoolisme porte sur les années 1861 à 1885. Sur 86.593 hommes internés pendant cette période de vingt-cinq années, 16.932, soit 21 %, étaient atteints d'alcoolisme ou devaient directement leurs troubles mentaux à l'alcoolisme, et, sur 66.772 femmes, 3.356, soit 5 %, étaient adonnées à la boisson. D'après les relevés de Magnan[2], le bureau d'admission de Sainte-Anne avait reçu, en 1894, sur un total de 3.740 entrées (2.072 hommes et 1.688 femmes), 875 alcooliques (624 hommes et 151 femmes), soit 30,11 % chez les hommes et

1. Cf. MAGNAN, *Leçons chimiques sur les maladies mentales;* P. GARNIER, *La folie à Paris;* LASÈGUE, *Le délire alcoolique;* LADRAGUE, *Alcoolisme et enfant;* DEMME, *Einfluss des Alkohol auf den Organismus der Kinder;* LEGRAIN, *Hérédité et alcoolisme;* P. SOLLIER, *Du rôle de l'hérédité dans l'alcoolisme;* A. JACQUET, *L'alcoolisme;* DOUARCHE, *L'alcoolisme en Normandie;* CLAUDE, *Rapport au Sénat;* ALGLAVE, *Le monopole de l'alcool;* TRIBOULET, TARDIEU, *loc. cit.,* etc.

2. *Bulletin de l'Académie de médecine,* t. XXXIV, p. 122.

9,05 % chez les femmes. En tenant compte des malades qui étaient soignés à domicile ou qui avaient continué de vaquer à leurs travaux jusqu'à la crise qui les avait fait conduire à l'asile, la proportion s'élevait de 30,11 à 38,12 % chez les hommes et de 9,05 à 12,81 chez les femmes. Six ans après, en 1900, la proportion était, pour les hommes, de 50,93 % et pour les femmes de 18,33[1].

De cinq en cinq ans le taux s'est accru dans presque tous les asiles. A Auxerre, pays de bouilleurs, de 29 % à 81 %. A Marseille, de 48 à 87 % : « Les maladies mentales, écrit le directeur, qui sont l'expression d'une intoxication directe évidente, sont devenues de plus en plus fréquentes depuis 1881 (loi sur la liberté du commerce des boissons). Tandis qu'en 1881, il est entré à l'asile 20 aliénés alcooliques, il en est entré 41 en 1886. » Mêmes constatations à Montdevergue, à Quatre-Mares. « Des observations personnelles » du directeur de Ville-Évrard, il résulte « que les formes de la folie deviennent plus graves et que cette gravité progressive tient aux abus progressifs de boisson alcoolique ». La marche ascendante continue de 1885 à 1909. A peine quelques temps d'arrêt qui,

____

1. *Bulletin de l'Académie de médecine*, t. XLIX, p. 277.

de l'aveu de l'Administration, seraient imputables à l'insuffisance des renseignements[1]. Dans 36 départements « où l'on a pu recueillir des statistiques utilisables », le nombre des aliénés alcooliques s'est élevé, en dix ans, 1897 à 1907, de 57 % (de 2.450 à 3.988). Au 1er janvier 1907, les asiles publics de 15 départements comptaient plus de 1.000 aliénés, ceux du Rhône et des Bouches-du-Rhône plus de 2.000, ceux du Nord plus de 3.000, ceux de la Seine plus de 10.000, où la moyenne des alcooliques oscille entre 15 et 25 %[2]. — Comme la plupart de ces asiles reçoivent des malades d'autres départements, il est difficile d'établir une corrélation exacte entre l'alcoolisation des diverses régions et le nombre de leurs aliénés, alcooliques ou autres. Sous cette réserve, il apparaît cependant que le contingent, de beaucoup le plus fort, appartient à la vallée de la Seine, aux Flandres, à la Normandie et à la Bretagne, aux grandes villes. La moyenne générale est de 13,60 %. Sur 70.000[3] aliénés qui peuplent les asiles publics, près de 10.000[4] ont perdu la raison dans l'alcool. Le nombre des femmes intoxiquées a

1. Rapport Mirman.
2. *L'alcoolisme et la criminalité en Normandie,* par le procureur général Daniel.
3. Exactement 71.547.
4. Exactement 9.932.

considérablement augmenté depuis quelques années, près du quart, 7.062 contre 2.870.

En 1830, 10.000 aliénés pour un peu moins de 300.000 débits. En 1881, 367.000 débits et 47.000 aliénés. En 1907, 477.000 débits et 71.000 aliénés. (Encore une fois, il ne s'agit ici que des aliénés qui sont internés dans les asiles publics.) Voilà le chemin parcouru. Évidemment, il y a d'autres causes que l'alcoolisme à cet accroissement des maladies mentales dans nos civilisations surchauffées et nos sociétés sans frein. Pourtant, c'est la plus importante de beaucoup; c'est la grande source de la folie. Si les pays voisins, parce qu'ils comptent moins d'alcooliques que le nôtre, comptent aussi moins d'aliénés, la proportion entre les uns et les autres est à peu près la même : 13 % en Angleterre, 12 % en Suisse, 11 % en Allemagne. — Partout, plus le cabaret est achalandé, plus les cabanons se peuplent.

VII

La science pénale pose les divisions les plus
rationnelles lorsqu'elle distingue entre les crimes
et délits selon qu'ils ont été prémédités et délibérés,
ou qu'ils ont été commis dans l'entraînement et
qu'ils sont les réflexes impulsifs d'une passion
débridée ou de la sauvagerie et de l'animalité
réveillées. La loi frappe tous les actes criminels ou
délictueux; quand l'acte s'aggrave de l'intention
certaine, elle frappe d'une peine plus forte. Ainsi
l'homicide, simplement volontaire, est puni des
travaux forcés; commis avec préméditation ou
guet-apens, ou lorsqu'il est accompagné d'un autre
crime qui implique préméditation, il est puni de
mort[1].

Le raisonnement le plus simple, quelques obser-

1. CODE PÉNAL, art. 295, 296, 302, 304.

vations partielles, faites presque au hasard, avaient conduit depuis longtemps à penser que l'influence de l'alcoolisme doit s'exercer principalement sur la criminalité impulsive, brutalité immorale ou violence cupide ou meurtrière. En effet, l'homme en puissance d'alcool est sans empire sur lui-même; « en dehors des épisodes délirants », sa volonté et son sens moral ont été atteints beaucoup plus profondément que son intelligence[1]; il y a, chez lui, tout à la fois *anesthésie morale* et *aboulie ;* cette machine sans frein roule au hasard; incapable de se détourner, elle se jettera sur le premier obstacle qui barre sa route, l'enfoncera en se brisant elle-même. On rencontrera donc un plus grand nombre d'alcooliques dans les crimes et les délits dont l'accomplissement réclame moins de réflexion et d'astuce que d'emportement et de violence.

C'est ce qui était résulté notamment des fameuses observations du greffier Marambat à la prison de Sainte-Pélagie[2]. Sur cent détenus, plus de la moitié des condamnés pour meurtre, viol, attentat à la pudeur, plus des trois quarts des condamnés pour coups et blessures, rébellion contre les agents de la force publique, les deux tiers des

1. TARDIEU, *loc. cit.*
2. GUERNÈS, *L'alcoolisme et la criminalité.*

récidivistes, étaient des alcooliques invétérés. Les enquêtes de Lang, de Baër, de Bosco avaient donné des conclusions analogues pour l'Allemagne, l'Autriche, la Suisse, la Hollande et les États-Unis[1]. Ce n'étaient là toutefois que des coups de sonde, jetés dans un petit nombre de prisons par des criminalistes et des médecins. La valeur « crimogène » de l'alcool, selon l'expressive formule de Legrain[2], n'était pas contestable, mais elle restait imprécise parce que les observations n'avaient eu pour objet qu'un nombre trop restreint d'individus.

L'accroissement incessant, presque régulier, de la criminalité de sang depuis quelques années, la nécessité d'en déterminer les causes, amenèrent le Ministère de la Justice à ordonner, en 1906, l'enquête générale qui confirma ces premières expériences.

Une partie de l'opinion s'était persuadée que, si la criminalité augmentait, il fallait l'attribuer à l'indulgence des jurys, qui ne prononçaient plus que de rares condamnations à mort, et à la répugnance des chefs de l'État à laisser, même dans ces

1. *Bulletin de l'Académie de médecine*, XXXIV, p. 53.
2. A. Jacquet, *L'alcoolisme et ses conséquences*; Baër, *Die Trunksucht*; Lang, *Alkoholgenuss und Verbrechen*; Bertrand, *Essai sur l'intempérance*; Bosco, *L'omicidio negli Stati Uniti d'America*, etc.

quelques cas, fonctionner la guillotine; la certitude d'échapper à la peine capitale encourageait les assassins. — Or, au rebours de ce que croyait l'opinion, il résultait des comptes généraux de l'Administration de la justice criminelle, non seulement que le nombre des assassinats et des meurtres spéciaux n'avait pas augmenté depuis vingt ans, mais qu'il avait fléchi : dans la période décennale 1888-1897, le total des meurtres commis avec préméditation et guet-apens, ou accompagnés d'un autre crime, par conséquent passibles de la peine capitale, qui avaient été jugés contradictoirement, avait été de 3.006; il était descendu à 2.608 pour la période suivante[1]; la moyenne, par période quinquennale, avait décru de 224 à 212, 175 et 159. — Au contraire, le total des meurtres simples, de ceux qui, n'étant ni précédés, ni accompagnés, ni suivis d'un autre crime, n'étaient point passibles de la peine de mort, s'était élevé de 948 pour la première période à 1.441 pour la seconde[2]. Le surcroît d'audace qui serait venu aux malfaiteurs de l'application peu fréquente de la peine de mort ne pouvait pas expliquer cet accroissement des « homicides spontanés »[3], puisqu'ils n'étaient

---

1. *Rapport à la Société sur le travail des prisons.*
2. *Compte général pour* 1906.
3. *Ibid.*

frappés par le Code que de la peine des travaux forcés. C'était donc l'effet d'une autre cause, et cette cause ne pouvait être que « l'abus excessif » des spiritueux. Pareillement l'augmentation des affaires de coups et blessures « ne pouvait s'expliquer » que par les progrès de l'alcoolisme[1].

Cette conclusion, à laquelle arrivait à son tour le Ministère de la Justice, se présentait avec d'autant plus de force qu'elle n'avait pas été provoquée par une idée préconçue; pourtant elle ne s'imposait pas encore comme une certitude; surtout elle allait gêner trop d'opinions toutes faites et plus commodes, surtout trop d'intérêts, pour qu'il ne fût pas nécessaire de l'appuyer de faits nombreux et précis.

Pour que des statistiques criminelles soient autre chose qu'une collection rassurante ou troublante de chiffres, il faut que les causes qui ralentissent ou qui accélèrent le mouvement des faits délictueux s'en dégagent autrement que par des hypothèses, fussent-elles aussi voisines de la certitude que celle qui venait d'être formulée. Il faut donc qu'elles déterminent et précisent le caractère de la « matière criminelle », dans le sens où l'on dit « la matière imposable », c'est-à-dire qu'elles indiquent, dans la

----

1. *Compte général pour* 1905.

mesure du possible, l'état physique et l'état moral du délinquant. C'est ce que le bureau des statistiques avait négligé de rechercher jusqu'alors. Une circulaire du Ministre de la Justice[1] prescrivit aux parquets de s'enquérir, dès le début de toute information judiciaire, non seulement de la « catégorie professionnelle » de l'inculpé et de son degré d'instruction, mais si l'infraction commise l'avait été sous l'influence de l'ivresse et si son auteur était un ivrogne d'occasion ou un alcoolique invétéré.

A l'exemple des aliénistes qui distinguent les aliénés alcooliques des aliénés par alcoolisme, on était amené ainsi à distinguer entre les individus qui commettent un crime ou un délit sous la poussée directe d'un alcoolisme aigu et ceux qui sont « seulement » alcooliques et criminels. La distinction est rationnelle. Cependant, la limite est souvent très difficile, sinon impossible à établir; c'est une frontière mouvante comme celle de certains fleuves; surtout, on n'est pas alcoolique et criminel, comme on est à la fois rhumatisant ou boiteux et criminel. Quand même l'intoxication chronique n'a pas encore achevé de faire du buveur un fou moral, l'alcool n'en apporte pas moins « son appoint étio-

---

1. 22 décembre 1906.

logique » dans la production du délit ou du crime[1]. Les perturbations psychiques, la déséquilibration mentale, cette diminution particulière du sens moral que provoque l'alcoolisme, sont toujours, chez l'homme qui a bu, des facteurs de l'acte délictueux. Plus ou moins, ils ont pesé sur ce qui lui reste de volonté. — L'alcoolique cessera-t-il pour cela d'être légalement responsable? Hors le cas « de démence au temps de l'action[2] », ni la doctrine ni la jurisprudence n'avaient admis que la responsabilité fût diminuée par l'ivresse du vin. On irait vite et loin sur cette pente. La jurisprudence est formelle : « L'ivresse est un fait *volontaire;* elle ne peut jamais constituer une excuse...[3] »

Pourtant, l'obscure, progressive et envahissante ivresse de l'alcool n'est-elle pas autre chose que l'ivresse du vin, gaie le plus souvent, et aussi prompte à partir qu'à venir? — Sans doute, le buveur d'alcool a été spécialement averti[4]. Sans doute, il a été prévenu que l'abus de la boisson le conduira immanquablement au désordre, à l'affaiblissement de son intelligence et de sa volonté.

1. Motet et Vétault, *De la responsabilité des alcoolisés,* Congrès international de médecine mentale, 1889; Lentz, *Sur l'alcoolisme;* Triboulet, *loc. cit.*, p. 383, etc.

2. Article 64 du Code pénal : « Il n'y a ni crime ni délit lorsque le prévenu est en état de démence au temps de l'action. »

3. *Cass.*, 19 nov. 1807, 7 juin 1810, 1er juin 1870, etc.

4. Léon Say, *Rapport sur le régime des boissons,* p. 38.

Sans doute encore, si misérable que soit l'existence de certains travailleurs, « l'alcool n'est pour aucun ouvrier une *nécessité physiologique*[1] ». Ce ne sont pas seulement les hygiénistes qui le déclarent; ce sont quelques-uns des hommes qui ont vécu le plus près du peuple, qui se sont consacrés à lui avec le plus de dévouement. — Mais tout de même l'ouvrier s'est mis à boire; puis il a continué à boire, et « l'alcoolisme est devenu alors, du moins pour beaucoup d'entre eux, une *fatalité physiologique*[2] ». Parce que cette fatalité a été voulue, si l'on peut dire, la contradiction étant beaucoup plus dans les mots que dans la chose, n'en tiendra-t-on aucun compte? Nous avons soutenu devant la Chambre, mais notre opinion n'a point été partagée, qu'il faut ou bien considérer tous les coupables comme des malades et les traiter comme tels, ou bien, délibérément, à titre d'avertissement et d'exemple, refuser les circonstances atténuantes à l'alcool[3]. De fait, les tribunaux les lui accordent, et c'est à la fréquence des crimes de l'alcool qu'il faut attribuer l'usage, qui tend à devenir une règle, de faire apprécier par des experts, chacun selon sa doctrine, « les responsabilités atténuées ».

1. Vandervelde, *Conférence sur l'alcoolisme à la Bourse du travail de Paris.*
2. *Ibid.*
3. Discours du 14 janvier 1907 sur le régime des aliénés.

Disons ici qu'il sera nécessaire d'étendre le champ des enquêtes prescrites par la circulaire de 1906. Plus l'anthropologie criminelle, qui commence à peine à se débrouiller, deviendra une science exacte — et elle ne peut devenir une science que par l'abondance des renseignements recueillis et contrôlés — plus solides seront les assises de la science pénale et, par conséquent, de la justice répressive. On croit assez communément que l'anthropologie criminelle, si elle passe un jour de la spéculation dans le Code, énervera la justice. Elle la rendra, bien au contraire, plus forte parce qu'elle la rendra plus sûre.

Bien que les statistiques qui ont été établies selon les prescriptions de la circulaire de 1906 ne portent encore que sur deux années[1], et bien que les antécédents alcooliques de beaucoup d'individus aient été dissimulés par les municipalités ou qu'ils n'aient pas été précisés pour la catégorie des prévenus sans domicile fixe, journaliers et vagabonds[2], deux points sont acquis. D'abord, que l'alcoolisme est à l'origine du tiers au moins des crimes et délits violents de toute nature qui sont déférés à la justice; ensuite, qu'il y participe de

1. 1907 et 1908.
2. YVERNÈS, *loc. cit.*

deux façons et dans des proportions très différentes. Il y a contribué, mais il n'a fait que contribuer, avec d'autres appétits et d'autres passions, à exciter et à corrompre les auteurs d'un certain nombre de crimes de sang, prémédités et préparés. Il est, par contre, le complice effectif, on pourrait dire parfois « l'auteur principal », d'un nombre, exactement double, d'attentats ou de crimes qui ont été commis sans préméditation, dans une brusque montée de passion furieuse, de colère ou de haine.

C'est en entrant dans le détail, en considérant et décomposant les deux grandes provinces de la criminalité, qu'on peut le mieux se rendre compte de la place importante ou dominante qu'y tient l'alcool.

Chacune de ces sections comprend deux compartiments : crimes (ou délits) contre l'ordre public et contre les personnes; crimes (ou délits) contre les propriétés. Du premier coup d'œil, vous apercevrez que les gros bataillons des alcooliques sont d'un côté, qu'il n'y a de l'autre que des unités isolées.

Si le nombre des chefs d'accusation est de beaucoup plus considérable dans les crimes contre les propriétés[1] — parce que les voleurs et les faus-

---

[1] En 1906 : crimes contre les propriétés, 5.071 chefs d'accusation; crimes contre les personnes, 1.488. En 1907 : crimes contre les propriétés, 3.638 chefs d'accusation; crimes contre les personnes, 1.823

saires ne sont pas généralement découverts et appréhendés après leur premier méfait, — la différence se réduit beaucoup si l'on regarde le nombre des accusés. Celui des accusés pour crime contre les personnes est devenu sensiblement égal, surtout depuis quelques années, à celui des accusés pour crime contre les propriétés. — En 1907, d'un côté 1.649 accusés et 1.751 de l'autre[1]. — Autrement dit, la violence et la cupidité marchent de pair en pleine civilisation, alors qu'il eût été normal, qu'il avait été annoncé que, dans nos sociétés policées et riches, la cupidité se développerait et la brutalité reculerait. Inquiétante et, par elle-même, significative, cette parité va donner plus de relief aux chiffres qui expriment la proportion des crimes attribuables à l'alcool sur l'ensemble des crimes contre les propriétés et sur l'ensemble des crimes contre l'ordre public ou contre les personnes. Cette proportion est de 5 % sur l'ensemble des premiers[2]; elle est de 33 % sur les autres.

Mais ce n'est là qu'une moyenne générale et il faut regarder de plus près.

Sur 1.260 vols domestiques, vols à main armée et autres vols qualifiés, qui ont été poursuivis en

---

1. En 1906, 1.723 accusés de crimes contre les propriétés; 1.405 accusés de crimes contre les personnes.
2. Exactement : 5,3 %.

1907, 22 seulement ont des alcooliques pour auteurs. Si la proportion est plus forte pour les incendies volontaires, 28 sur 124, la nature particulière du crime l'explique. Le mobile n'est pas ici la cupidité, mais la colère, la haine, poussée jusqu'à la destruction gratuite, contre le propriétaire de la ferme ou de la meule. L'incendie volontaire est un crime contre la personne à travers l'une de ses propriétés. Pour les autres crimes contre les propriétés, « à vrai dire, écrit le rédacteur du rapport, ils n'ont avec l'alcoolisme qu'un rapport incertain et tout à fait accidentel ». La brute alcoolique ne sait pas dissimuler, sa violence se prête mal aux longues et savantes astuces que comporte l'abus de confiance. Il n'y a pas d'impossibilité à ce qu'un escroc ou un faussaire soit en même temps un alcoolique; effectivement, cela est rare[1]. En 1907, vous ne trouvez pas un alcoolique sur 50 accusés pour abus de confiance, 38 banqueroutiers frauduleux, 109 faussaires, 78 fabricants de fausse monnaie[2].

Au contraire, il y a un rapport certain entre l'alcoolisme et les crimes contre les personnes, non pas évidemment un rapport de cause à effet de l'alcoolisme avec tous ces crimes, mais avec un certain nombre de crimes prémédités et avec un

1. YVERNÈS, *loc. cit.*
2. *Rapport de 1907.*

nombre de beaucoup plus considérable de ceux qui sont des violences spontanées et impulsives. La vérification expérimentale est formelle.

En effet, alors que, sur 205 assassinats qui ont été portés, en 1907, devant les assises, 20 seulement ont pour auteurs des alcooliques ou des ivrognes, 84 meurtres sur 382 ont été commis sous l'influence directe de l'alcool, 92 viols et attentats à la pudeur sur 756 et, sur 248 jugements pour coups et blessures graves ou suivis de mort avec intention de la donner, 61 ont été rendus contre des buveurs invétérés[1].

La proportion sur 100 crimes de même espèce s'élève ainsi de 9,7 pour les assassinats à 12,1 pour les viols et attentats à la pudeur, à 21,9 pour les meurtres et à 24,5 pour les coups et blessures, soit à plus du double pour les meurtres et à près du triple pour les violences graves ayant entraîné la mort. Il n'y a d'exception que pour le crime de parricide; 5 sur 17 ont pour auteurs des alcooliques, soit 29 %; mais l'exception n'est qu'apparente et, de fait, confirme la règle, car le parricide n'est commis le plus souvent qu'au cours d'une dispute, dans un accès de fureur ou de véritable folie[2]. Pour les

1. Ces chiffres sont établis d'après les actes d'accusation et non d'après les verdicts du jury. C'est à ceux-ci que se réfère le compte général.

2. Même observation pour 1908, où le pourcentage de l'alcoolisme dans le parricide est de 21.

autres crimes contre les personnes, empoisonnements, infanticides, avortements, castration, enlèvement et détournement de mineurs, un seul, sur 215, a été commis en 1907 par un alcoolique.

Mêmes constatations en 1908. — « Dans leur ensemble, les accusations de crime contre les personnes ont diminué comparativement aux chiffres de la période 1886-1900. » Cela « malgré la hausse survenue au cours des deux dernières années ». La moyenne annuelle était, il y a dix ans, de 1.434 crimes ; elle n'a plus été que de 1.324. Notamment, « les assassinats ont diminué de 17 % ». — « Par contre, le nombre des meurtres a presque doublé et celui des coups et blessures ayant occasionné la mort sans intention de la donner a progressé dans une proportion de 40 %[1]. » Et, encore une fois, il est manifeste, il est hors de doute que le facteur principal de cette recrudescence, c'est l'alcool[2]. — Effectivement, le pourcentage de l'alcoolisme dans le nombre, en décroissance, des assassinats n'est que de 8, mais il est de 16, donc du double, dans les meurtres, de 15 dans les viols, de 27 dans les coups et blessures graves. — Pour les crimes contre les propriétés, l'alcool n'y paraît qu'à la rubrique des

1. *Compte général pour 1908.*
2. *Ibid.*

incendies, 16 %, et il ne figure, dans les vols qualifiés, que pour 1 %.

Voilà pour la grande criminalité. Et, si les chiffres ont un sens, si les faits, les plus sévèrement contrôlés, sont « choses entêtées contre qui il ne sert de rien de se fâcher », c'est donc bien la violence qui constitue « la criminalité spécifique des alcooliques », et c'est bien le meurtre spontané, sans préméditation et presque sans objet, le meurtre irréfléchi et sans intention, par où il faut marquer le caractère de la criminalité au XXe siècle. — L'alcool déchaîne la brute ; comme d'une geôle mal gardée, elle fait irruption hors de la mince enveloppe de raison ou de respect humain, de crainte ou de pudeur, où elle sommeille quand elle est à jeun, et elle se précipite, tête baissée, tous ses appétits lâchés, pour détruire ou pour souiller. Son besoin accompli, l'animal s'abat, inerte, inconscient, ayant perdu jusqu'au souvenir de l'acte furieux qu'il a accompli. — Et comme il y a toujours en circulation plusieurs milliers de brutes de cette espèce, en puissance d'alcool, comme il suffira d'un verre d'absinthe de plus pour les mettre en fureur et en folie, le nombre des meurtres n'arrête pas de croître, alors que les autres crimes diminuent ou qu'ils restent à « leur point de saturation ».

Cent meurtres par an, et même moins, sous le régime de l'autorisation préalable pour les cabarets[1]. Depuis la liberté du commerce des boissons et l'ouverture de toutes les autres écluses qui retenaient l'alcool, le nombre annuel des meurtres a eu vite fait d'atteindre, puis de dépasser 200[2]; il a dépassé aujourd'hui 300[3], et, si la crainte du châtiment a jamais retenu les malfaiteurs, ce n'est point la peur de la guillotine qui effrayera les « apaches », puisqu'elle ne se dresse pas pour eux, et qu'ils le savent. Tant que cette terre sera arrosée d'alcool, le meurtre y poussera comme le chiendent.

Nécessairement, si l'alcool est à l'origine du *neuvième* des délits, c'est pour les mêmes causes. Sur plus de 40.000 vols[4] qui ont été jugés en 1907, sur le même chiffre, un peu diminué[5], pour 1908, 1.200 seulement[6] ont pour auteurs des alcooliques, soit à peine 3 %[7]; et sur les 100.000 autres délits

---

1. 147 en 1853; 87, 94, 95, 99, 114, 102, 99, 81, 106, 99, 111 dans les années suivantes.
2. 157 en 1879; 155 en 1880; 182 en 1881; 191 en 1884; 227 en 1901; 274 en 1905.
3. 332 en 1907; 313 en 1908; 295 en 1909.
4. Exactement : 41.470.
5. Exactement : 40.060.
6. 1.240 en 1907 et 1.278 en 1908.
7. 2,9 % en 1907 et 3 % en 1908.

contre les propriétés, — exception faite des destructions d'arbres et des bris de clôture qui sont des actes grossiers de violence, quelquefois de vengeance, le plus souvent accomplis sans but, comme les assauts d'un bœuf qui se rue contre une palissade — on en trouve encore moins ou l'on n'en trouve pas du tout. Ce respect de la grande majorité des buveurs pour le huitième commandement se retrouve jusque dans la filouterie d'aliments, où ils figurent à peine pour 5 %[1]; ils boivent, mais ils payent. Au contraire, dès que des délits contre les propriétés vous passez aux délits contre les personnes, la proportion change à nouveau. C'est *le dixième* des délits contre les mœurs (outrages publics à la pudeur), *le quart* des coups et blessures, *le tiers* environ des actes de rébellion et des outrages envers les fonctionnaires ou agents de l'autorité[2] qui incombent à l'alcool, à l'action directe de l'alcool, car ces chiffres ne s'appliquent pas aux délits qui, commis par des buveurs d'habitude, n'ont pas eu l'ivresse pour cause déterminante[3]. — Encore une fois, c'est l'alcool qui a déchaîné la brute et,

---

1. 5,3 % en 1907 sur 1.409 délits; 5 % en 1908 sur 1.383.
2. En 1907, 16,8 % des outrages publics à la pudeur, 18,4 des attentats à la pudeur, 20,6 des coups et blessures, 29,6 des outrages, 33,9 des actes de rébellion. Même proportion en 1908, légèrement plus faible, pour les outrages à la pudeur et les coups et blessures.
3. YVERNÈS, *loc. cit.*

si elle n'a commis cette fois qu'un délit au lieu d'un crime, si le couteau ne s'est pas enfoncé assez avant pour donner la mort, c'est par hasard, parce que la lame était mal aiguisée ou parce que l'ivresse faisait trembler le bras. Après quelques mois ou quelques semaines de prison, la bête à peine dessaoulée est remise simplement en liberté et elle retourne tout droit à *l'assommoir*.

Dernière preuve, et non la moindre. Ces milliers de fous moraux et de dégénérés sont fort inégalement répartis ; les régions du Centre et du Midi, les pays du blé, surtout ceux du vin, en sont à peu près indemnes ; les contingents les plus forts se recrutent dans les villes et dans les campagnes où les cabarets et les bouilleries se sont le plus multipliés.

Assurément, le graphique de la consommation de l'alcool et celui de la répartition des délinquants alcooliques ne se superposeront pas comme deux épreuves d'une même planche. Les questions économiques ou sociales sont trop complexes pour que ces rencontres soient possibles. En outre, les statistiques du Ministère des Finances[1] portent seulement sur l'alcool taxé ; les délinquants qui ne sont

1. *Bulletin de statistique*, juillet 1908.

pas sédentaires, attachés au sol même, échappent à celles de la justice[1]; et ces lacunes les font manifestement moins probantes qu'elles ne pourraient l'être. — Mais telles qu'elles sont, il suffit de les rapprocher pour constater un parallélisme, presque constant, entre la consommation de l'alcool et la production du délit dans les mêmes régions et parmi les mêmes populations.

En moyenne « générale », il se boit dans les villes, par tête d'habitant, à peu près deux fois plus de spiritueux que dans les campagnes[2]; pareillement, sur 100.000 habitants, le nombre des délinquants, alcooliques urbains, est supérieur aux ruraux dans le rapport de 84[3] à 51. Même rapport de cause à effet si l'on compare entre eux les coefficients du calcul. Ainsi le rapport entre les délinquants alcooliques urbains et les ruraux se renverse dans deux ressorts judiciaires, ceux de Rouen et de Rennes[4], et, dans ces mêmes régions, cultivateurs et pêcheurs normands et bretons boivent jusqu'à deux ou trois fois plus que leurs compatriotes des villes, même industrielles[5].

1. *Compte général pour* 1907.
2. 4 litres 7 contre 2 litres 7.
3. Exactement, pour 1907, de 83,9.
4. Ressort de Rouen, sur 100.000 habitants, 229 % de délinquants alcooliques ruraux, 130,3 d'urbains; ressort de Rennes, 143,1 % de ruraux, 68,4 d'urbains.
5. *Rapports Douarche, Guérin, Leroy*, etc.

Les ressorts judiciaires où le pourcentage de la criminalité alcoolique est le plus élevé de beaucoup, Caen, avec 59 % de délits d'outrages et de rébellion, 38 % de délits de coups et blessures, 34 % de viols et d'attentats à la pudeur, 44,5 % de tous les délits de violence et contre les mœurs, 57 % des crimes contre les personnes ; puis Rennes, Amiens, Rouen, avec 63 % des crimes[1], Nancy, Douai, Angers, ce sont les pays où il se consomme, par tête d'habitant, le plus d'alcool, de 11 à 12 litres d'alcool pur taxé auquel s'ajoute toute l'eau-de-vie des bouilleries.

Une seule exception : le ressort qui fournit le contingent le plus fort pour les affaires de coups et blessures n'est pas compris dans la zone du houblon et de la pomme, de la betterave et du seigle : c'est celui de Besançon[2], où Pontarlier verse ses flots d'absinthe et d'ivresse à convulsions[3].

La contre-épreuve n'est pas moins concluante. Les couteaux, en Corse, sortent vite des poches, mais la consommation des spiritueux y est faible ;

1. Proportion des accusés poursuivis, en 1906, pour l'ensemble de la France : 3,20 par 100.000 habitants. Proportion de la Seine-Inférieure, 6,70 ; dans l'Eure : 10,23. (*Discours du procureur général Daniel.*)

2. 41,6 % contre 38,1 à Caen. — La proportion est de 38,2 pour le ressort de Chambéry où la consommation des vermouts s'ajoute à celle de l'absinthe et des alcools ordinaires. Même observation pour Grenoble. — Le ressort d'Aix doit également à l'absinthe son fort pourcentage de 21,5.

3. YVERNÈS, *loc. cit.*

dès lors, l'alcool entre pour 5 % à peine[1] dans le chiffre des délits de violence contre les personnes, au lieu de 41 à Besançon et 35 à Caen. Le sang est rapide et ardent dans le Midi, mais ces pays du vin refoulent l'alcool; dès lors, les délits et crimes alcooliques contre les mœurs ne dépassent pas 8, oscillent entre 2 et 5 %, tandis qu'ils s'élèvent à Rouen et à Caen au-dessus de 27, à Rennes aux environs de 40[2]. — Si, enfin, l'alcoolisme n'est pas, à proprement parler, « le vice du pauvre[3] », et si, par une sorte de fierté mal placée et qui, finalement, comme toute contre-vérité, dessert le projet poursuivi, certains socialistes se sont refusés à voir dans la misère, non pas sans doute la source unique, mais l'une des sources principales de l'alcoolisme[4], c'est un fait pourtant que les ouvriers, industriels ou agricoles, les manœuvres, les hommes des rudes métiers manuels, sont plus portés à boire et qu'ils boivent davantage que les classes aisées ou riches.

« Besoin d'euphorie », dit l'un des chefs du socialisme belge, « besoin de se procurer des paradis artificiels, du bonheur en bouteilles[5] ». Mais ce

1. Exactement : 4,8.
2. Montpellier, 2,6; Toulouse et Pau, 4; Nîmes, 5,3; Agen, 7,6; Bordeaux, 8,1; Caen, 27,1; Rouen, 27.6; Rennes, 39,8.
3. VANDERVELDE, *loc. cit.*
4. JOHN BURNS, *Labour and Drink*, p. 20 à 27; HOPPE, *Die Tatsachen über den Alkohol*, p. 230.
5. *Bulletin de statistique*, juillet 1909.

besoin d'*euphorie*, qui peut, en effet, même chez l'ouvrier, procéder d'autres causes que de la misère, c'est pourtant la misère qui, le plus souvent, le crée et le développe chez l'ouvrier. C'est « le bouge qui est le pourvoyeur du cabaret[1] », « la mansarde obscure et froide[2] », « la maison humide, désagréable et sale[3] », où, rentrant d'un labeur pénible et épuisant, l'homme trouve la femme maussade parce qu'elle souffre, les enfants déguenillés et hâves. Le condamnerez-vous quand il va chercher au débit voisin de la clarté, du chaud, « le bruit des verres[4] », la société des camarades? Et pourtant il s'y perd.

Sans doute, il y a des ouvriers qui ne sont point malheureux et qui boivent seulement « par goût, par désœuvrement, par habitude[5] », comme font les bourgeois. Mais c'est une minorité et, à l'ordinaire, l'alcool a d'autant moins de prise sur l'ouvrier industriel que s'élève le taux des salaires et que s'améliorent, en conséquence, son logement et sa nourriture, son hygiène et son bien-être. Il n'est

1. VANDERVELDE, *loc. cit.*

2. EUGÈNE ROSTAND, *Conférence sur la marche ascensionnelle de l'alcoolisme*, et ma Conférence à Lyon.

3. JULES ROCHARD, *L'alcool*, dans la *Revue des Deux-Mondes* du 15 avril 1886.

4. FRÉDÉRIC ENGELS, *Condition des classes ouvrières en Angleterre.*

5. VANDERVELDE, *Le socialisme et l'alcool*, p. 57.

pas douteux que les *minima* d'alcoolisme se trouvent dans les pays, Angleterre et États-Unis, qui ont les salaires les plus élevés[1].

Si vous cherchez maintenant dans quelle classe de la population il se commet le plus de délits sous l'influence de l'alcool, vous constaterez une fois de plus l'étroite filiation de la misère, de l'alcool et du crime. — Dans un premier groupe de 4 millions d'individus, qui comprend les professions libérales, les propriétaires et rentiers, les domestiques attachés à la personne, les employés des services publics et ceux du commerce, avec les petits négociants et boutiquiers, la proportion des délinquants alcooliques sur 100 prévenus va de 1 à 10. — Le second groupe, d'environ 16 millions de travailleurs manuels, comprend les ouvriers des manutentions et transports, les paysans, petits cultivateurs, ouvriers agricoles et forestiers, les mineurs et carriers, les pêcheurs et les marins : la même proportion y monte de 15 à 29[2]. — Il n'y a pas eu, pendant des siècles, de marins plus robustes et plus

----

1. C'est ce que dit formellement Vandervelde (*loc. cit.*, p. 69), dans sa réfutation des opinions contraires de John Burns et de Domela Niewenhuys. — Voir encore Marville, *Rapport au Congrès national des mineurs de Charleroi* (1906); R. Briquet, *La lutte dans la classe ouvrière*; Yvernès, *loc. cit.*, etc.

2. *Compte général pour* 1907. Les mêmes proportions se retrouvent dans le compte général pour 1908.

hardis que les matelots normands; ils ont rempli une grande partie du monde d'aventures plus surprenantes que celles des *conquistadores*. Aujourd'hui, le douzième des pêcheurs de la Basse-Seine passe annuellement devant les tribunaux pour coups et blessures et pour attentats aux mœurs; et plus de la moitié des délits poursuivis ont été commis par des ivrognes invétérés, pourris de vices, qui boivent, par an, de 60 à 80 litres d'alcool[1].

Peut-être se félicitera-t-on que la partie, non pas seulement la plus aisée, mais la plus intelligente et la plus instruite de la nation, ait été seulement effleurée par le fléau; pareil à tous les autres, peste ou famine, l'alcool l'entame le moins. Mais c'est pourtant l'autre partie, quatre fois plus nombreuse, qui fait la prospérité ou la décadence des nations, comme c'est l'infanterie qui gagne ou qui perd les batailles, et si son organisme s'empoisonne, si ses nerfs se détraquent, si son cerveau s'alourdit jusqu'à l'abrutissement, c'est tout le corps politique et social qui est malade et qui va descendre vers la mort, lentement d'abord, puis, si vous tardez

---

1. *Rapport Douarché.* — Ressort de Rouen : 2.500 pêcheurs recensés; 191 poursuivis; 102 alcooliques, soit 54,3 %. Proportion sur 100.000 habitants de la population correspondante : 4.066. (*Compte général pour* 1907.)

encore à recourir aux remèdes nécessaires, avec une vitesse accélérée, comme sur une pente à pic.

Il n'y a pas beaucoup de symptômes plus inquiétants, chez un peuple si longtemps renommé pour la douceur de ses mœurs, que la régression vers la brutalité animale qui se traduit, dans les comptes de la justice, par un accroissement continu de la criminalité de sang.

Et, sans doute, pour responsable qu'elle soit du débordement de l'alcoolisme, puisqu'elle a rompu elle-même toutes les digues et qu'après avoir constaté son erreur, elle n'a pas fait encore un seul effort sérieux pour les reconstruire, la société n'a pas le droit de dire : « Le mal que j'ai causé, je ne saurais le punir[1]. » Sous peine de cesser tout de suite d'exister, elle reste tenue de sévir contre les effets du mal qu'elle a fait. Mais elle sévira en vain, en vain elle fera tomber des têtes ou remplira ses prisons, le mal continuera à grandir tant qu'elle n'aura point réparé sa propre faute, erreur hier, demain crime contre la nation et contre la race.

1. *Faust*, 2ᵉ partie, acte III.

VIII

Mais l'alcool n'est pas seulement le plus grand producteur de folie et de crime; il n'est aucune des fonctions essentielles de la vie qu'il ne bouleverse, aucun des ressorts de l'organisme qu'il ne corrompe, usant prématurément la machine et abrégeant l'existence.

Les discussions de l'Académie de médecine sur l'ensemble des phénomènes physiologiques qui résultent de l'action des boissons spiritueuses et, notamment, de l'alcool, remplissent plusieurs volumes. L'une d'elles contient, par sa date, une somme considérable d'émotion. La question de l'alcool avait été soulevée devant l'Académie, dans la dernière année de l'Empire, par le professeur Verneuil. Le débat se continua sans interruption pendant le siège de Paris. A la pensée que la patrie

est menacée dans son intégrité matérielle, s'ajoute,
dans l'esprit de ces savants, le souci, déjà vif,
qu'elle ne soit pas atteinte un jour dans son intégrité intellectuelle et morale. — Chauffard, dans
la séance du 24 janvier 1871, que présidait Wurtz,
prend la parole en ces termes : « Malgré les angoisses et les tristesses de l'heure présente, l'Académie ne saurait avoir de plus légitime préoccupation que celle d'étudier les grands fléaux qui
menacent la prospérité de notre race, son développement physique, ses forces d'expansion et de
résistance. Après la discussion sur la tuberculose
sont venus les débats sur la mortalité des nour-
rissons; ces débats finissent à peine, et la question
de l'alcoolisme est posée. Tuberculose, mortalité
des nouveau-nés, alcoolisme, ce sont là peut-être
les causes les plus actives de destruction et d'affaiblissement de nos populations, surtout des populations ouvrières et urbaines. Aussi n'est-ce pas à
un concours de circonstances fortuites qu'il faut
attribuer ce double fait, à savoir que de telles questions sont portées devant l'Académie et qu'elles y
suscitent un long débat, je dirais presque une
laborieuse agitation. C'est la force même des choses
qui le veut ainsi; c'est la conscience des dangers
publics, c'est le sentiment de son devoir et de sa
mission qui poussent et soutiennent l'Académie

dans cette voie d'études et de recherches. Quand elle ne ferait que consacrer ainsi et mettre en pleine lumière l'importance douloureuse de ces questions, quand elle ne ferait qu'appeler tous les médecins à se liguer contre les maux qui dévorent tant de vies humaines, l'Académie remplirait une mission éminemment utile, la mission à la fois scientifique et sociale qui est vraiment la sienne. » — Broca termina la discussion par ces mots : « Les maladies qui font pour la première fois leur apparition dans certains pays sont particulièrement dangereuses. Des populations entières peuvent être anéanties par le fléau[1]. »

L'étude des conséquences pathologiques de l'alcool, poursuivie depuis soixante ans dans presque tous les pays d'Europe et de l'Amérique du Nord, a mené partout aux mêmes constatations. S'il y a désaccord entre les hygiénistes sur quelques points (par exemple, si l'alcool est ou non l'un des facteurs de la dégénérescence des artères et des cirrhoses hépatiques), la nocivité de son action particulière sur les tissus, sur le système sanguin et sur le système nerveux, sur le rein, sur les voies respiratoires et sur le cœur, et celle de son action

____

1. *Bulletin de l'Académie de médecine*, t. XXXVI, p. 56 et 119.

générale résultent de plusieurs centaines d'observations concordantes. S'il n'a pas été encore possible de préciser les faits de transition qui sont les étapes du trouble fonctionnel à la lésion[1], l'action de l'alcool a été très exactement déterminée, « tant au début qu'au dénouement de l'intoxication ». Son effet primordial est de provoquer des troubles vaso-moteurs, autrement dit de congestionner les régions qu'il aborde et d'altérer les cellules par déshydratation et par d'intimes modifications chimiques; finalement, il endurcit les tissus et détruit les éléments cellulaires.

Le *processus* de l'alcool va ainsi de la congestion aiguë à la sclérose et, nécessairement, il mettra plus ou moins longtemps à s'accomplir, selon la force de résistance plus ou moins grande des facultés nutritives et plastiques du buveur[2]. Mais qu'il achève ou non son œuvre de destruction toxique sur le cœur ou sur le rein; bien avant qu'il ait provoqué ou l'embolie ou l'une de ces inflammations si cruelles de la prostate qu'on a vu « souvent » des malades « abréger leur supplice par le suicide[3] »; avant même que ses tares coutumières

1. JOFFROY, *Recherches expérimentales sur l'alcoolisme chimique;* TRIBOULET, *loc. cit.*, p. 165.
2. *Bulletin de l'Académie*, t. XXXVI, p. 82, communication de Chauffard.
3. *Ibid.*, p. 82, rapport de Bergeron.

se soient étalées ou qu'aient éclaté ses stigmates classiques, et quand l'alcoolisé garde encore les apparences de la santé[1], l'ensemble de l'organisme sera à ce point affaibli, sa vitalité tellement amoindrie, sa fragilité tellement prononcée, qu'il sera sans défense contre la maladie. Il s'infectera avec une rapidité extrême. « Le poison a émoussé les réactions défensives » contre les agressions parasitaires, maladies épidémiques ou contagieuses. Dysenterie ou typhoïde, pneumonie ou avarie, non seulement parcourent d'un pas plus accéléré leurs différents stades, mais s'exaspèrent de toute la morbidité pré-établie. Le bacille, quel qu'il soit, a trouvé un terrain favorable à sa besogne destructrice; tout de suite il règne en maître, croît, se multiplie à plaisir. Ici, les granulations grossissent plus vite et se ramollissent plus vite, la matité s'affirme, les craquements deviennent plus fréquents et plus aigus. Là, les éruptions sont plus longues, les ulcérations plus profondes, les dermatoses plus intenses et plus abondantes[2]. Chez le buveur qui se croit le plus fortement « mithridatisé » comme chez le plus débile, le terrain, obscurément modifié, est devenu propre aux cultures .

---

1. JACQUET, *L'alcoolisme dans les hôpitaux parisiens.*
2. BARTHÉLEMY, *Syphilis et santé publique.*

microbiennes[1]. Il n'est pas jusqu'aux blessures les plus légères, sans gravité chez l'homme sobre et sain, qui ne seront l'occasion d'accidents mortels[2]. Avec un sang vicié et des fonctions profondément troublées, la moindre cicatrisation devient difficile. Devant un corps saturé d'alcool, la chirurgie perd la moitié de sa force et de sa sûreté.

En Angleterre, les sociétés d'assurance contre la maladie connaissent dans quelle mesure l'alcoolisation augmente la morbidité et savent en tenir compte. Puisque l'alcoolique offre plus de prise à la maladie, qu'il est plus souvent malade, et plus gravement, et qu'il guérit moins vite que l'individu normal, il est juste de lui appliquer un tarif spécial et de l'obliger à des primes plus élevées[3].

C'est parce que l'alcool facilite les invasions parasitaires, qu'il leur ouvre toutes grandes les portes et qu'il a désarmé déjà les agents physiques et chimiques qui leur pourraient résister; c'est par application de cette loi générale à une espèce particulière, qui est la plus terrible de toutes, que l'un des maîtres de la science[4] a pu dire, d'une brève et

1. JACQUET, *loc. cit.*
2. BERGERON, *loc. cit.*, pp. 1054 et 1056.
3. SMITH, *Die Alkohol Frage;* A. JACQUET, *loc. cit.*, p. 8.
4. HAYEM, *Rapport à la Société médicale des hôpitaux.*

rude formule, que « la tuberculose se prend sur le zinc ».

Bien que vieille comme l'humanité, ou, tout au moins, comme la civilisation, on sait que la tuberculose, à l'inverse des autres fléaux épidémiques ou contagieux, a étendu ses ravages surtout dans les temps modernes.

Parce que la statistique est une science relativement récente, et, plus particulièrement, parce que les statistiques des causes de décès n'ont été généralisées que depuis un petit nombre d'années, les chiffres précis font défaut pour les époques antérieures au dernier siècle. Il n'en est pas moins avéré que la tuberculose s'est multipliée par l'abandon des campagnes pour les grosses agglomérations. Les peuplades qui vivent à l'état sauvage, ni les Indiens du *Far-West*, ni les Kirghis de Russie, ne connaissent la phtisie; l'Amérique ne la connaissait pas avant l'arrivée des Européens[1]. Sans l'alcool, comme on le verra plus loin, les populations agricoles en seraient, aujourd'hui encore, à l'ignorer. C'est dans les villes que la tuberculose s'est développée avant de gagner les campagnes et qu'elle continue à sévir avec le plus d'acharnement. Elle est aujourd'hui à l'origine de plus de maladies et de

---

1. Benjamin Rush, *Medical inquiries and observations*, p. 15°

plus de morts que toutes les autres maladies réunies; elle atteint le quart des générations qui se succèdent, en tue un sixième, peut-être plus[1]. Sur les 150.000 victimes qu'elle fait annuellement, plus des deux tiers appartiennent aux populations urbaines.

La fréquence de la tuberculose dans les grands centres de population, surtout dans les centres industriels; sa rareté, au moins relative, dans les campagnes ont vite amené à reconnaître dans « l'insuffisance de l'air » l'une des « causes prédisposantes » de la phtisie. Il fut établi qu'à Paris comme à Londres, la morbidité tuberculeuse était proportionnelle, ou à peu près, au nombre des habitants pour une même étendue de terrain[2]. La misère physiologique qui favorise le développement de l'infection, provient donc bien, en premier lieu, de l'encombrement, de l'entassement d'un trop grand nombre d'individus dans des espaces trop restreints et insuffisamment aérés, dans des rues trop étroites, sans soleil, dans des logements insalubres, sales, où, parents et enfants vivant

---

1. VILLEMIN, *Prophylaxie de la tuberculose*, dans le *Bulletin de l'Académie de médecine*, t. XXI, juillet 1889; GRANCHER, *Rapport à l'Académie de médecine* au nom de la Commission de la tuberculose, 3 mai 1898; MAUREL, *Rapport à la Faculté de Toulouse*, juillet 1910.

2. LANCEREAUX, *Distribution géographique de la phtisie pulmonaire*, p. 32.

dans une redoutable promiscuité, la contagion du premier atteint a vite faite de s'étendre à tous les autres[1]. Une autre constatation, non moins importante, a conduit plus récemment à découvrir l'action, presque également nocive, de l'éthylisme sur la tuberculose, alors que la thèse de l'antagonisme de la phtisie et de l'alcool avait été précédemment soutenue.

La tuberculose était autrefois plus fréquente, environ d'un tiers en plus, chez la femme que chez l'homme; depuis un demi-siècle, la fréquence est égale, sinon, même, un peu supérieure chez l'homme; et cet accroissement de la morbidité masculine s'est produit, en Angleterre et aux États-Unis comme en France, alors que la force de contagion semble moindre (60 au lieu de 80 % de tubercules à l'autopsie) et alors, surtout, que les progrès manifestes de l'hygiène et du bien-être ont augmenté la durée moyenne de la vie. Si un tel accroissement de la morbidité et de la mortalité est survenu dans des conditions qui auraient dû en favoriser, au contraire, la diminution, c'est nécessairement qu'une influence nouvelle agit, qu'un facteur nouveau active chez les hommes la malfaisance du virus. Et comme, d'une part, le nombre

---

1. LANCEREAUX, dans le *Bulletin de l'Académie de médecine*, t. XXVII, 14 janvier 1870.

des tuberculeux alcooliques va croissant d'année en année; comme, d'autre part, l'homme boit deux ou trois fois, jusqu'à dix fois plus d'alcool que la femme, c'est l'alcoolisme qui est manifestement la cause de l'accroissement de la mortalité des tuberculeux masculins, et il ne saurait y avoir simple coïncidence que pour la minorité des cas de morbidité ou de mort[1]. — Les progrès de la tuberculose parmi les populations rurales doivent être expliqués de la même manière. L'abus de l'alcool rend phtisiques des paysans qui habitent quelques-unes des régions les plus belles et les plus saines du monde et que leur constitution, la force de la race d'où ils sont issus, destinaient à vivre jusqu'à une vieillesse avancée[2].

Faut-il aller jusqu'à dire que l'alcoolisme ne se contente pas « de faire le lit de la tuberculose[3] », mais qu'il « appelle » la phtisie et qu'il y prédispose davantage qu'à toute autre maladie infectieuse[4]? Cette opinion s'appuie encore sur trop peu

1. LAVARENNE, *Alcoolisme et tuberculose*, dans les *Annales d'hygiène*, de mars 1901.

2. LANCEREAUX, *Bulletin de l'Académie de médecine*, t. XXII, p. 42. — De même Debove, Faisans, Triboulet, Legendre, etc.

3. LANDOUZY.

4. LANCEREAUX, *Effets comparés des boissons alcooliques chez l'homme et leur influence prédisposante sur la tuberculose*, dans la *France médicale* du 8 mars 1895.

de faits, elle est en contradiction avec un trop grand nombre d'observations pour qu'il y ait lieu de s'y arrêter. L'alcoolisme n'appelle pas plus la tuberculose qu'il ne la produit, livré à ses seules forces.

En effet, le buveur ne devient pas autrement tuberculeux que l'homme sain. Pour qu'il le devienne, il faut que le bacille, transporté par les poussières qui se dégagent des crachats ou des mucosités, ou passant par le lait, la viande ou le sang d'animaux tuberculeux, ait été amené dans son organisme par le poumon ou par l'intestin. Comme l'homme sain, il faut que le buveur ait respiré ces poussières contagieuses, qu'il ait été en contact avec du linge souillé, surtout[1] qu'il se soit nourri de chairs ou qu'il ait absorbé des liquides empoisonnés. — Mais ce qui est exact aussi, et d'une terrible vérité, c'est que l'alcoolique s'infecte plus rapidement que tout autre et que la phtisie affecte chez lui, en peu de temps, quelques-unes de ses formes les plus graves. — Dès que le bacille est entré en lui, soit par la respiration, soit par la grande porte d'entrée du tube digestif, il a vite fait de s'installer dans un appareil viscéral ou dans un système nerveux déjà affaiblis et plus

1. CALMETTE, *L'infection tuberculeuse et l'immunisation contre la tuberculose par les voies digestives,* p. 7.

vulnérables. Notamment, l'alcool a engourdi l'activité des milliers de petits cils, toujours en mouvement chez l'homme sobre, qui garnissent les premiers conduits aériens du poumon et qui, pareils à des balais, saisissent, pour les expulser sans cesse au dehors, les poussières et les bactéries. Le virus trouve dans ces poumons, où la défense naturelle est ruinée, des demeures toutes prêtes. Il évolue dans tous les sens, librement, sans se heurter aux résistances qui, dans les corps sains, arrêtent ses progrès. Il n'a pas à redouter la mort par étouffement dont il est menacé dans les organismes robustes. Il pullule à l'aise. Et, non seulement sa victime ne se défend pas contre l'invasion, mais elle se trahit elle-même et, en continuant à boire, avive l'infection et précipite la victoire de l'ennemi.

Ces localisations, cette évolution rapide, souvent vers la phtisie galopante, l'extension et la dissémination accélérée des tubercules qui, parfois, se généralisent d'emblée, l'envahissement parfois simultané des poumons, du péritoine et des méninges, l'aggravation brutale des formes cliniques de la phtisie qui réduit le traitement à l'impuissance, la fréquence de la forme granulique, ont été établis par Lancereaux, par Letulle, par d'autres encore[1]; les statistiques, surtout celles de Lavarenne et de Jacquet, en précisent les conséquences.

Nous ne retiendrons les statistiques relatives aux départements, sans la distinction des villes et de la campagne, que sous les réserves imposées par l'emploi des moyennes qui confondent ce qui devrait être séparé. La morbidité tuberculeuse ressort, d'après M. Maurel, à 3 0/000 dans les campagnes et dépasse 5 0/000 dans les villes, où il se consomme de deux à trois fois plus d'alcool, mais où intervient, en outre, le facteur de l'aération impure et viciée. D'après Baudran, 30 à 40 décès pour 1.000 habitants correspondent à une moyenne de 12 litres par tête, 50 à 60 décès à une moyenne de 14 litres, 80 à 90 décès à une moyenne de 17 litres[2]. — Si, au lieu de comparer aux populations sédentaires des villes celles des campagnes, rapprochement qui ne comporte pas, de part et d'autre, les mêmes éléments, ce sont les campagnes et les villes que l'on compare respectivement entre elles, la mortalité tuberculeuse suit ici aussi une ligne sensiblement parallèle à la consommation de l'alcool, mais sans que les mêmes objections puissent être

1. Voir TRIBOULET, *loc. cit.*, p. 266 et suiv., et l'article *Tuberculose*, du Dr Plicque, dans la *Grande Encyclopédie*.
2. LAVARENNE, *loc. cit.*, et TRIBOULET, p. 269.

valablement soulevées. Ainsi le taux de la morbidité, qui varie de 2 à 3 pour les populations rurales de l'Ain, du Gard et du Gers, dépasse 4 pour celles de la Mayenne et de la Seine-Inférieure où fument par milliers les chaudières des bouilleurs de cru[1]. Pareillement, les villes où la phtisie fait le plus de victimes, Paris avec 378 décès, Rouen avec 406, le Hâvre avec 408 par 100.000 habitants, ce sont celles où pullulent le plus grand nombre de débits[2].

Plus probantes encore sont les observations faites dans les hôpitaux et dans les dispensaires, sur une même classe de la population. Quand, dans leurs services respectifs, Lavarenne compte 28 alcooliques sur 50 tuberculeux, Jacquet 150 sur 252, soit 70 %, et Letulle 560 sur 717 (tous ouvriers parisiens), soit 80 %[3], il n'y a pas lieu de chercher à déterminer une moyenne qui serait également fausse pour le dispensaire de l'un et pour les hôpitaux de l'autre; leurs constatations suffisent et valent par elles-mêmes. Enfin, les relevés statistiques de Tatham et d'Ogle sur la mortalité tuber-

1. MAUREL, *loc. cit.;* BRUNON, *L'alcoolisme en Normandie,* etc.

2. BERTILLON, *L'alcool et la phtisie;* et rapports des Drs Aubry-Dubois, Carrière, etc.

3. LAVARENNE, *loc. cit.;* JACQUET, *Rapport à la Société médicale des hôpitaux;* LETULLE, communication au Congrès de Vienne, 9 avril 1901, p. 25.

culeuse parmi les diverses professions en Angleterre, ne sont pas moins décisifs. Tandis que la mortalité par phtisie pulmonaire chez les clergymen, cultivateurs, pêcheurs, médecins et maîtres d'école ne dépasse pas 100 à 120 cas par an sur 1.000 décès, elle atteint pour les cabaretiers, garçons de cabaret et manouvriers le taux énorme de 314 à 354, taux qui s'élève à Londres jusqu'à plus de 600.

Ainsi, ce sont les professions les plus alcoolisées qui sont les plus ravagées par la phtisie[1]. Et les cabaretiers, qui boivent pour faire boire, sont les premières victimes du poison qu'ils versent.

---

1. *Supplements to the 45th. and 55th. annual report of the Registrar General.* — Les statistiques de Ogle portent sur les années 1880 à 1882 ; celle de Tatham sur les années 1890 à 1892. Les chiffres sont à peu de chose près les mêmes. Nous donnons ceux de Tatham. Les statistiques belges de Destrée et Gallemaërts conduisent aux mêmes conclusions : sur 169 décès par tuberculose relevés par eux à Bruxelles, 66 de garçons de café et 45 d'employés, tous alcooliques.

IX

Nous ne sommes pas au bout. Bien plus, il n'est
pas certain que le « crime social » le plus funeste de
l'alcoolisme soit d'augmenter, d'année en année, le
contingent des homicides, des aliénés et des phtisiques. Peut-être en commet-il un pire quand il
« fait de la misère », quand il décuple celle d'où il
naît et qu'il la fait, à son image, abjecte et brutale. Peut-être aussi la diminution, sous l'influence de l'alcool, de quelques-unes des forces
vives de la nation est-elle chose plus grave que
l'accroissement même de la folie ou de la tuberculose.

Les soldats qui roulent au fossé ne gênent pas les
mouvements d'une armée en marche; ce sont ceux
qui restent dans la colonne, débiles ou poussifs ou
éclopés, et qui, traînant la jambe, vite harassés,

sans résistance morale contre la fatigue, pèsent sur l'allure de camarades plus alertes et plus braves et obligent à des haltes plus fréquentes et plus longues la troupe qui aurait brûlé les étapes. On s'inquiète de la progression constante des réformés dans les régions où sévit l'alcool; les rachitiques et les malingres qui ne sont pas rejetés par le conseil de revision inquiètent bien davantage les chefs avisés pour la solidité et l'endurance de leurs troupes.

Pareillement, la société et l'État, c'est-à-dire la nation, sont tantôt embarrassés, tantôt obérés, tantôt embarrassés et obérés à la fois, par des milliers d'alcooliques et d'alcoolisés dont la boisson n'a pas encore fait des déchets d'humanité, bons pour la prison et pour l'asile, mais dont la décadence intellectuelle et physique est commencée ou très avancée sous l'action continue du poison.

Ce ne sont ni des tuberculeux ni des fous ou, même, des demi-fous, et le hasard ou un reste de conscience les a préservés des impulsions meurtrières. Mais ce sont, en plus grand nombre de beaucoup, des « amoraux », des « abouliques », des candidats à la tuberculose. On les trouve dans toutes les classes, chez les bourgeois comme chez les gens du peuple, mais surtout parmi les travailleurs manuels, urbains ou ruraux. Les uns sont encore valides, du moins d'apparence; la part de

leurs salaires qui ne va pas au cabaret suffit encore
à assurer leur existence; ils labourent et ils bâ-
tissent, ils plantent et ils forgent. Les autres sont
affligés déjà de tant de tares, le plus souvent héréditaires; ils sont si profondément usés et minés, si
parfaitement incapables d'effort qu'ils ne trouvent
plus à s'employer, par raccroc, qu'aux métiers les
plus bas et les plus mal rétribués, ou qu'ils tombent
à la mendicité professionnelle et au vagabondage.
Pour la plupart, ils mourraient de faim ou de froid
si la bienfaisance privée ne leur venait en aide ou si
l'assistance publique ne les prenait à sa charge.
C'est toute la pitoyable cohue du paupérisme et
de la misère alcoolique.

Nous savons ce que l'alcool rapporte à l'État.
Faute de statistique, nous ne savons pas ce que
l'alcoolisme lui coûte rien que par l'accroissement
de la misère à reconnaître officiellement ou à hos-
pitaliser. L'assistance aux vieillards, aux infirmes
et aux incurables est inscrite au budget de l'État
pour cinquante millions, aux budgets des départements et des communes pour la même somme,
soit ensemble cent millions. Sur ces cent millions,
combien s'en vont à des misérables qui ne seraient
pas arrivés sans ressources à la vieillesse s'ils
avaient fait l'économie de l'argent qu'ils ont porté

pendant quarante ou cinquante ans au cabaret! Combien ne sont usés avant l'âge, atteints d'infirmités incurables, que sous l'action continue de l'alcool!

Les Anglais, les Suisses et les Américains se sont préoccupés, il y a plus de vingt ans, de faire le dénombrement des indigents, secourus et recueillis, qui « devaient leur misère à la boisson ». Il a été établi, assez facilement, que le nombre de ces assistés était en Angleterre de 60 à 75 % sur le nombre total des nécessiteux secourus, de 14 % en Suisse et de 24 % aux États-Unis[1]. A ce compte-là, « rien que la perte sèche qui résulte de la misère alcoolique pour le Trésor », c'est-à-dire pour la fortune publique et pour les contribuables (près de 120 millions en Angleterre)[2], a paru un argument de plus en faveur d'une réglementation plus sévère du commerce des spiritueux. La Suisse a prohibé l'absinthe. Les principaux États de l'Amérique du Nord ont limité législativement le nombre des débits. Les licences et les droits sur l'alcool ont été surélevés en Angleterre. L'effet de la dernière surtaxe votée par les Communes a été de faire fléchir immédiatement d'environ dix millions de gallons

1. En 1887. — A. JACQUET, *L'alcoolisme*, p. 14 et 15.
2. Les frais de l'assistance s'élevaient, en 1887, à 8.176.768 livres, soit à plus de 204 millions de francs.

la consommation des boissons hautement alcoolisées, comme il avait été assez aisé de le prévoir;
mais ce qui semblera à peine croyable sur la côte
française de la Manche, le Ministre des Finances
a été le premier à s'en féliciter. Étrange pays que
celui où l'on peut lire dans l'exposé des motifs du
projet de budget : « En présence du bénéfice que
« la santé publique retirera de cette diminution,
« je dis qu'un chancelier de l'Échiquier qui, pour
« répondre à l'appel de certains intérêts, modi-
« fierait une taxe aussi bienfaisante dans ses résul-
« tats, commettrait un crime contre la société![1] »

Comme la quotité de la consommation de l'alcool
par habitant est inférieure de plus d'un litre en
Angleterre à ce qu'elle est chez nous[2], non com-
prise la consommation des eaux-de-vie vendues en
fraude, et comme nous comptons *un* débit pour
82 habitants contre *un* pour 430 en Angleterre, il
est vraisemblable que, si nous avions les statistiques qui nous font défaut, notre pourcentage d'alcooliques secourus et recueillis y serait supérieur au
pourcentage anglais qui était, en 1887, de 60 à 75.
« La perte sèche » qu'éprouve le Trésor du seul fait

---

1. Exposé financier présenté par M. Lloyd George à la Chambre
des Communes, août 1910.

2. 2 litres 39 en Angleterre, 3 litres 84 chez nous en 1887, l'année
des statistiques anglaises, citée plus haut, sur la misère alcoolique.
La proportion n'a pas sensiblement varié.

de la misère alcoolique doit dépasser, en conséquence, les deux tiers des sommes inscrites au budget de l'assistance.

Alcooliques ou non, ce sont des misérables; comme ils sont incapables de gagner leur pain, il faut bien qu'on leur en donne; comme ils n'ont plus un toit où abriter leur détresse ou leur fièvre, il faut bien qu'on leur en prête. C'est donc par centaines qu'on les trouve dans les dépôts de mendicité et les hôpitaux, par centaines encore qu'ils se pressent aux portes des bureaux de bienfaisance. Pourtant, s'ils ne s'étaient pas brûlés d'alcool, s'ils n'avaient pas eux-mêmes empoisonné leur cerveau et débilité leurs bras, ce morceau de pain irait à d'autres qui ne sont pas tombés par leur seule faute dans l'indigence et le dénuement, et la part du pauvre qui n'a pas à rougir de sa misère serait moins parcimonieusement mesurée. Ils n'ont pas eu pitié d'eux-mêmes[1]; d'autant plus faut-il avoir pitié d'eux, cela est entendu. Mais il faut qu'on sache aussi à combien de millions la misère alcoolique revient à l'État, de combien de millions elle pèse sur les contribuables, de combien de millions surtout elle appauvrit des œuvres d'assistance et de solidarité qui permettraient de sauver des exis-

1. « Tu n'as pas eu pitié de toi; c'est Dieu qui aura pitié de toi. » (TOLSTOÏ, *La puissance des ténèbres*, acte 4, scène 2.)

tences utiles, au lieu de servir seulement à conserver des existences inutiles ou nuisibles.

Avec les millions que nous dépensons à entretenir des criminels alcooliques dans les prisons et les bagnes, des fous alcooliques dans les asiles, des miséreux alcooliques aux frais de l'assistance publique, nous aurions engagé plus efficacement la lutte contre la tuberculose, rasé des centaines de taudis et de bouges, aéré et ensoleillé de vastes quartiers, sauvé des milliers d'existences.

Élevons-nous au-dessus de cette tourbe que le vice et le rachitisme ont chassée depuis longtemps du travail utile, dont la dégénérescence est accomplie, où la misère économique est égale à la misère physiologique : nous allons rencontrer à des échelons différents ceux qui sont en train de descendre la pente, qui eux-mêmes ne glisseront peut-être pas jusqu'au bout, mais dont les fils certainement achèveront la descente avec la vitesse accélérée qu'ils tiendront de l'hérédité alcoolique. Une constitution plus robuste, ou des conditions meilleures de travail et d'hygiène leur ont permis de résister plus longtemps à une intoxication peut-être moins intense ; mais ils sont atteints déjà, et très gravement.

Ils n'en sont qu'à la parésie, mais toute parésie

dont on ne se hâte pas de guérir évolue plus ou moins rapidement vers la lésion. Ce ne sont pas encore de mauvais ouvriers, mais ce ne sont plus de bons ouvriers, ayant la fierté de leur métier et le goût de bien faire. Ils ne travaillent déjà que pour boire. Ils chôment davantage, et, nécessairement, au lendemain des chômages prolongés, des stations de vingt-quatre heures dans les débits, fournissent moins de travail et un travail plus médiocre[1]. En conséquence, le travail de toute la machine industrielle s'en ressent; il y a trop de rouages, mal huilés, qui ne fonctionnent plus avec la vigueur et la puissance voulues et qui grincent; il y a trop de fêlures et de « pailles » dans des pièces importantes, trop d'articulations se sont dessoudées; et, dès lors, si bien montée, si bien combinée qu'ait été la machine, quelque vigueur et quelque puissance qu'aient conservées ses principaux organes, quels que soient le zèle et l'activité, quelle que soit l'intelligence vive et ingénieuse des travailleurs sains de corps et d'esprit, qui répugnent aux besognes mal faites comme à une improbité et à une trahison, elle a subi trop de brusques arrêts et trop de secousses convulsives pour donner, comme autrefois, tout son rendement et n'être pas menacée par les con-

---

1. *L'alcoolisme ouvrier en Normandie*, par le Dr RAOUL BRUNON.

currences étrangères. — En conséquence, aussi, l'activité du travail agricole se ralentit ; le sol, mal cultivé, produit moins ; la ferme, témoin quotidien de « la consommation familiale de l'alcool », tombe en ruines ; ce n'est plus le blé ou l'orge ou l'avoine dont la vente honnête assurera l'existence du paysan, mais le trafic clandestin et frauduleux du jus distillé de la pomme ou de la cerise ; pendant que l'alambic s'allume, la charrue se rouille ; en Normandie, surtout dans la haute Normandie, d'admirables terres, hier fécondes entre toutes, tombent en friche ou sont abandonnées.

Il n'y a pas de doute que, dans nos villes, dans nos régions les plus alcoolisées, l'ouvrier manuel, agricole ou industriel, vaut moins aujourd'hui qu'il y a un demi-siècle et que, s'il vaut moins, c'est, pour une très large part, à raison de l'action, tantôt stupéfiante, tantôt irritante, des spiritueux. Propriétaires terriens, usiniers, fabricants, entrepreneurs de transports font entendre la même plainte : « Le niveau intellectuel baisse comme la taille » et les qualités professionnelles diminuent. Des emplois qui nécessitent du soin et de l'attention, les ouvriers descendent, dans l'espace d'une génération, à de plus grossiers où il suffit d'un peu de force. Les patrons sont éprouvés à tel point par cette moins-valeur qu'ils préfèrent avoir recours à la main-d'œuvre étrangère[1].

Souvent ils n'en trouvent pas d'autres. Dans cinq ou six grands départements de l'Ouest, l'ouvrier agricole exige, en sus de son salaire, le demi-litre quotidien d'eau-de-vie; le fermier qui refuse fera sa moisson lui-même, ou bien il embauchera des Belges. Dans nombre de grandes villes, l'ouvrier ne se contente pas du repos dominical; il lui faut la « Saint-Lundi », ou il ne s'embauche pas. A Rouen, pour les terrassiers, « le nombre des journées perdues » a doublé depuis trente ans et la moyenne des manquants a triplé au lendemain des jours de paye[2]. — Partant, le sobre et frugal Danemark, devenu le grand exportateur d'œufs et de lait, remplace la Normandie et la Bretagne pour l'alimentation du déjeuner anglais. Partant encore, les économistes considèrent que le moindre rendement des ouvriers alcoolisés est l'une des causes du développement relativement médiocre de nos industries par comparaison à l'essor qu'ont pris au dehors, pendant les mêmes années, les industries similaires.

Au surplus, n'est-ce pas seulement dans ses qualités professionnelles que l'ouvrier alcoolisé est

1. BRUNON, *loc. cit.*
2. *Ibid.*

atteint. Ses ambitions, sa fierté ont fléchi ou se sont altérées. A peine affranchi des plus dures servitudes qui pesaient sur lui, il s'est assujetti à une servitude volontaire qui est pire par cela seul qu'il s'y complait, alors que celles d'autrefois l'excitaient à s'élever vers plus de dignité personnelle et de liberté. Nous avions pensé que « tout homme qui saurait lire serait un homme sauvé »; nous avions compté sans l'absinthe et sans l'alcool. Des décadences semblables se sont produites dans tous les pays où l'usage des boissons spiritueuses s'est généralisé. Cependant le Français a été plus gravement atteint que l'Allemand ou le Slave, parce que l'alcool s'attaque essentiellement aux qualités qui le distinguent, à la clarté et à la vivacité de l'intelligence, à la volonté, à cette souplesse et à cette activité qui font la marche de notre fantassin plus alerte et plus vive que dans les autres armées.

Dès le début de la crise qui a suivi la vulgarisation de l'alcool industriel et l'affranchissement du commerce des boissons, les bons observateurs que sont les Suisses en avaient fait la remarque : « Grâce au tempérament français, écrivait l'auteur d'un rapport officiel, il a suffi en France d'une consommation d'alcool assez faible, comparativement à celle des autres pays, pour produire des perturbations relativement très sensibles dans la vie individuelle comme dans la vie sociale[1]. » Cela, en 1884. Or, nous sommes aujourd'hui le pays le plus alcoolisé du monde, et les plus alcoolisés parmi nous, ce sont les ouvriers.

Corruption morale d'abord, puis décadence cérébrale et dégénérescence physique, selon le *processus*, scientifiquement établi, de l'empoisonnement par l'alcool[2]. Comme il ne se contrôle plus, comme l'alcool a détruit d'abord le frein moral, le buveur laisse jouer « ses réflexes impulsifs », sans en éprouver ni gêne ni confusion. C'est « le gorille » qui remonte, méchant, brutal et lubrique. — En effet, le cabaretier ne donne pas seulement à boire. Sur notre demi-million de débits, un dixième fournit à la fois l'alcool et la femme[3]. Quand l'homme a bu, il passe dans l'arrière-boutique où la servante l'appelle. A Lille, à Rennes, dans nos grands ports de mer, dans les villes de garnison, la moitié au moins de ces servantes ne sont pas majeures. Ce sont, pour la plupart, des petites filles venues de la campagne, encore innocentes, que le cabaretier présente d'ordinaire comme des parentes pauvres,

---

1. *Exposé comparatif des vins et des expériences des autres États étrangers*, utilisé en 1884, par le bureau fédéral suisse de statistique.

2. Triboulet, *loc. cit.*, 120.

3. Article du journal *Les Nouvelles*, décembre 1909 et janvier 1910, d'après des enquêtes personnelles et des rapports de police.

qui ne s'attendaient pas à ces exigences spéciales du métier, résistent, puis cèdent, parce que le tenancier a fait déjà de menues dépenses pour elles et qu'il les menace de la rue. Mieux vaut encore la maison où le pain est assuré. C'est l'esclavage, dans toute son horreur, des maisons closes. Beaucoup de ces servantes ont vite fait de devenir « malades ». Les rapports des polices locales confirment cette affirmation d'un spécialiste : « L'alcoolisme est partout le complice de la syphilis[1]. » Quand le cabaret est bien achalandé, le tenancier s'assure la clientèle de « filles en carte » et son débit communique « avec des garnis à l'heure ».

Il y a aujourd'hui, répandus dans toutes les villes et dans de nombreux villages, près de 50.000 de ces « cabarets à femmes », fréquentés ordinairement par des ouvriers et des soldats. Comment l'ouvrier résistera-t-il à ce double empoisonnement? Depuis longtemps, il ne subsiste plus en lui beaucoup de religion; il ne lui a pas été enseigné beaucoup de morale sur les bancs de l'école. Il avait son honnêteté naturelle; l'alcool l'a refoulée et endormie. Il reste avec ses instincts et il les subit. Il ne sent ni le mal qu'il fait ni celui qu'il se fait. Le « plaisir » n'a pas été inventé seulement pour

---

1. Barthélemy, *Syphilis et santé publique.*

les riches. S'il a une femme et des enfants, c'est la ruine et l'infamie qu'il rapporte à son foyer. Les femmes de ces malheureux sont souvent admirables ; elles « se tueront pour faire vivre le ménage et la famille » quand l'ivrogne n'y sera plus qu'une charge. D'autres seront plus faibles. Elles aussi, le cabaret les guette, puis la rue. C'est le « sublime » lui-même qui les y fera tomber. « Elles avaient ce fond d'éducation qu'on reçoit dans les villages. Elles ne sont pas descendues ; c'est le mari qui les a descendues. » Et « si la femme est trop vieille ou trop laide, c'est sa fille...[1] »

Nous n'apprenons rien à personnne ; il n'y a personne, depuis longtemps, qui ne connaisse ces hideuses résultantes de l'alcoolisme. Mais il est plus commode de n'y point penser et l'homme est ainsi fait qu'il en veut à quiconque le rappelle à la réalité. On nous en voudra. Ce n'est point que la délicatesse s'offusque de ces tableaux ; c'est la conscience qui en éprouve quelque trouble. L'homme, surtout l'homme politique, n'aime pas à se demander, fût-ce l'espace de quelques minutes, s'il n'y a pas quelque chose à reprendre dans un ordre social qui ne réagit point contre tant de périls ou

1. DENYS POULOT, *Le sublime*, p. 195 et suiv. — Le chapitre est intitulé : *Les femmes du travailleur.*

13.

dans des lois qui facilitent ces hontes sous prétexte de liberté.

Assurément, c'est une minorité qui est à ce
point tarée et gangrenée, et elle ne se rencontre
encore que dans quelques régions ou dans quelques
villes, particulièrement intoxiquées; mais telle
qu'elle est, vingtième ou dixième de la population
ouvrière, cette minorité est plus redoutable pour
l'avenir des classes laborieuses que tous les excès
dont elles accusent le capitalisme, fussent-ils tous
réels, et toutes les concurrences de la main-d'œuvre
étrangère, fût-elle partout aussi peu coûteuse qu'au
Japon ou en Chine. Aussi bien n'est-ce pas seulement l'Académie de médecine ou la Ligue contre
l'alcoolisme ou la Société d'économie politique de
Paris ou de Lyon qui signalent le danger; mais les
ouvriers eux-mêmes s'en inquiètent, et non seulement ceux qui ont eu la force de demeurer sobres et
sains, mais les malades, eux aussi, qui ne sont pas
sans souffrir du dommage qu'ils se font. Les paysans de la Brie s'estiment heureux d'être nés sur
un sol salubre; les habitants des terres paludéennes
appellent de leurs vœux le jour où une administration intelligente et consciente de ses devoirs dessé-
chera les marais qui les empestent.

Les descriptions les plus cruelles de l'abrutissement intellectuel et des déchéances morales de l'ouvrier sous l'action continue de l'alcool, les exhortations les plus vigoureuses à engager « une lutte sans merci contre l'alcoolisme », « parce qu'il amène, par l'affaiblissement de l'individu, un formidable déchet dans l'armée du prolétariat[1] », portent des signatures d'ouvriers, de syndicalistes et de socialistes. Mieux que tous autres, les ouvriers savent « quelle terrible déperdition d'énergie physique et morale » est la conséquence de l'alcool. — Dès lors, pas plus chez nous qu'en Angleterre et en Belgique ou dans les pays scandinaves ou dans ceux de race germanique, les chefs des différents partis socialistes n'ont vu diminuer leur autorité politique ou leur force électorale pour avoir été des premiers à s'engager dans la propagande contre l'alcoolisme. Menacés de la colère des buveurs, ils ont passé outre avec beaucoup de fermeté. Si quelques cabaretiers ont déserté, la masse des femmes ouvrières leur a apporté une adhésion qui, pour ne pas se traduire encore par le bulletin de vote, n'en a pas moins été efficace. « Avec les femmes ouvrières, a pu dire l'un d'eux, nous nous sommes créé des alliés d'une incomparable puissance[2] ».

---

1. Déclaration du comité anti-alcoolique ouvrier.
2. VANDERVELDE, *loc. cit.*

En dehors des considérations d'ordre général qui ne peuvent pas plus varier d'une classe à l'autre que les phénomènes eux-mêmes, les socialistes invoquent des considérations, les unes économiques, les autres politiques, qui ne sont pas moins fortes.

Si les patrons, comme on l'a vu, accusent à bon droit l'alcoolisme d'avoir, par la diminution des qualités professionnelles à l'ouvrier, diminué le rendement de leurs industries, les ouvriers ne l'accusent pas à moins bon droit, avec des arguments et des chiffres encore plus probants, de détourner une énorme partie de leurs salaires tant des budgets familiaux que des œuvres d'émancipation sociale[1].

A 300 francs l'hectolitre chez les débitants, notre consommation annuelle de l'alcool, 2 millions, en chiffres ronds, d'hectolitres taxés et un demi-million d'hectolitres d'eau-de-vie des bouilleurs à 50 degrés, représentent près d'un milliard de francs. Les ouvriers, industriels et agricoles, qui sont les grands consommateurs de l'alcool, entrent pour les trois quarts, au bas mot, dans cette effrayante dépense[2]. Appliquez aux besoins réels de la vie

1. VANDERVELDE, *La campagne anti-alcoolique et l'intérêt électoral.*

2. En 1882, une commission spéciale de la *British Association* aboutissait à cette conclusion que, dans la somme globale dépensée

quotidienne, versez aux mains de la ménagère le quart de cette somme exactement représentative de la transformation de 15 à 20 % des salaires en « petits verres », quelle modification dans l'existence de l'ouvrier, même du plus pauvre, quelle amélioration presque immédiate dans sa nourriture, dans son logement, dans son hygiène, sans même tenir compte du surcroît des forces productrices que lui vaudrait une sobriété relative! Capitalisez la moitié, le tiers, même le quart ou le cinquième du reste, et calculez ce que les salariés de toutes les professions réaliseraient d'économies pour leurs vieux jours! A s'abstenir d'alcool ou d'absinthe, à ne consommer généralement que des boissons hygiéniques, des milliers d'ouvriers pourraient, tous les ans, devenir de petits propriétaires fonciers, achever dans la sécurité leur existence vers l'époque où leurs forces physiques commencent à décroître. — Les 20.000 mineurs de Saint-Étienne consomment, par tête et par an, environ 25 litres d'alcool taxé qui font à peu près 150 francs, soit, au total, 3 millions de francs. La compagnie des Houillères est constituée au capital de 80.000 actions qui valent actuellement 35 millions. Que les ouvriers portent

en boissons fortes, la dépense de la classe ouvrière, qui représentait les trois quarts de la population, entrait approximativement pour les deux tiers. (Nonwtree et Sherwell, *The temperance problem*, p. 7.)

au syndicat les deux tiers des économies obtenues
sur la consommation des boissons spiritueuses et
que le syndicat achète tous les ans pour 2 millions
d'actions de la compagnie, et voilà le syndicat
ouvrier, au bout de quelques années, le plus fort
actionnaire de la compagnie, le maître du Conseil
d'administration où il réglera, à son gré, les heures
de travail et les salaires[1]. — Élargissez l'hypothèse,
étendez-la au milliard et demi de salaires qui s'en
vont annuellement aux débitants de boissons;
ajoutez-y près d'un milliard pour les journées de
travail perdues par l'ivresse, un demi-milliard pour
la mortalité tuberculeuse d'origine alcoolique[2];
faites ce rêve, plus beau assurément que tous ceux
qui tremblent dans les fumées de l'alcool, que, dans
toutes les industries où ils sont employés, les ouvriers vont renoncer aux boissons spiritueuses; et
voilà, en moins d'un demi-siècle, sans le coût d'une
goutte de sang, le prolétariat devenu la plus puissance des collectivités « capitalistes », le maître souverain de son propre travail, le co-propriétaire de

1. Comte, *L'alcoolisme et les ouvriers.*
2. En 1856 : Prix de l'alcool consommé, 90.981.800 francs; journées de travail perdues, 962.771.000 francs. (Évaluation du Dr Rochard dans la *Revue des Deux-Mondes* du 15 avril 1886.) En 1903 :
Prix de l'alcool consommé, 1.200.000.000 francs; journées de travail perdues par l'ouvrier, 960.000.000 francs; mortalité par tuberculose d'origine alcoolique, 400.000.000 francs. (Évaluation de
M. Riemain, secrétaire général de la Ligue nationale contre
l'alcoolisme.)

toutes les grandes forces dont il n'est aujour-
d'hui que le serviteur à gages[1].

Mais les écrivains socialistes ne s'en tiennent pas
aux constatations économiques; si efficace que
serait la sobriété pour le bien-être individuel ou
collectif des ouvriers, la question d'argent « n'est
rien auprès du surcroît d'énergie » qui viendrait à
des travailleurs libérés de l'influence déprimante
des boissons spiritueuses[2]; et, quoi que vous pen-
siez du socialisme, prenez garde de ne pas rendre
justice à cet argument d'une incontestable noblesse. Car cet argument se retournerait avec une
terrible violence contre l'ordre social qui se donnerait l'apparence de préférer à un prolétariat
assaini et fortifié par son émancipation de l'alcool
un prolétariat abruti et dégradé par l'intoxication
chronique de la boisson. Car vous donneriez toute la
force de la vérité à l'accusation, encore actuellement imméritée, que la bourgeoisie, « tout en professant une indignation pharisaïque » contre l'alcoolisme[3], sait bien ce qu'elle fait en n'entreprenant
rien de sérieux pour le faire disparaître; elle aurait

1. On a calculé que, si les ouvriers anglais renonçaient aux boissons alcooliques, ils pourraient, en vingt ans, acquérir toutes les
manufactures où ils ne sont que salariés. (ÉMILE DE LAVELEYE,
dans la *Revue Politique et Littéraire* du 10 avril 1886.)
2. VANDERVELDE, *Le socialisme et l'alcool*, p. 89.
3. *Ibid.*

entrevu que les travailleurs se résignent d'autant plus à leur misère qu'ils l'oublient davantage dans l'alcool. Ainsi l'alcool n'enrichit pas seulement les grands distillateurs et il n'est pas seulement la principale ressource du budget, mais il serait, en effet, « l'un des éléments du régime social actuel », parce que, sans lui, ce régime serait devenu intolérable pour les déshérités, « et parce que l'opium du prolétariat, c'est l'alcoolisme[1] ».

De fait, l'action « politique » de l'alcool sur les ouvriers, « sur le prolétariat », ne diffère pas de son action physique sur le premier buveur venu, excitante d'abord, puis déprimante. L'alcool porte tour à tour dans la politique la brutalité et la résignation, la veulerie des énergies engourdies et la grossièreté des appétits déchaînés. Son rôle dans les commotions populaires, les émeutes, les révoltes a été souvent marqué par les historiens; il allume les instincts meurtriers[2]; à l'eau-de-vie versée à flots le sang ne tarde pas à se mêler; les tueries qui dés. honorent les révolutions, tant de destructions atroces et stupides, tant de sauvageries ont pour auteurs principaux des tape-durs ivres, des manœuvres et des débardeurs que la boisson a transformés en bêtes féroces; la violence de cer-

---

1. VANDERVELDE, *Conférence sur l'alcoolisme.*
2. LOMBROSO, *Le crime politique et les révolutions,* t. Ier, p. 125.

taines grèves a été excitée et entretenue par l'alcool. Les socialistes n'en disconviennent pas, mais ils insistent, sans qu'on puisse leur faire grief de cette habileté, sur l'influence « paralysante » des spiritueux. L'alcool endort les énergies; « tous ceux qui s'occupent d'organisation ouvrière savent qu'un militant ou administrateur ou secrétaire de groupe qui se met à boire est un homme perdu pour sa cause »; « c'est une des forces du *Trade-Unionism* anglais que la plupart de ses *leaders* sont des abstinents ». Le grand créateur « d'illusions » qu'est l'alcool joue « le même rôle social que les religions d'autorité »; les paradis artificiels où il emporte le buveur le détournent de la conquête d'un bien-être plus solide; les propagandes deviennent plus molles. « On peut avec des alcooliques faire des émeutes; on ne fera jamais avec des alcooliques une révolution libératrice. » « Si nous voulons que le prolétariat, au lieu de chercher dans l'alcool l'oubli de sa misère, poursuive l'abolition de sa misère, nous devons lutter contre l'alcoolisme[1]. »

---

1. Vandervelde, *L'alcoolisme et le problème social; Essais socialistes*, p. 88 et 100. — De même Richard Fröhlich, Gruber, etc.

X

Nous inquiéterons-nous à la pensée d'un prolétariat qui, ayant eu le courage de se libérer de l'alcool, aurait conquis la puissance matérielle et la force morale? Il faudrait avoir l'âme bien basse et l'intelligence bien étroite. C'est l'évidence que le monde ouvrier qui aurait donné un aussi magnifique exemple, qui, sur les ruines de l'alcoolisme, aurait édifié sa richesse et assis sa domination politique, ne serait plus secoué périodiquement par les mêmes agitations qu'aujourd'hui et cesserait d'être la dupe et la victime des démagogues. Il aurait les vertus qui sont, pour ainsi dire, à l'antipode des vices et des tares qu'il tient aujourd'hui de l'alcoolisme. Il pourrait continuer à s'appeler le « prolétariat »; le nom ne répondrait plus à la réalité. Le salariat aurait évolué pacifiquement vers la copropriété des grandes industries avec participation aux bénéfices comme aux risques. — Mais, alors même qu'il n'en serait pas ainsi et que, libérés de l'alcool, les ouvriers poursuivraient encore la simple destruction de l'ordre social, dont ils seraient devenus les maîtres, et la suppression du capital, dont ils seraient devenus les principaux détenteurs, nous n'en continuerions **pas** moins à crier que l'alcoolisme est le pire ennemi du peuple et que, si la question alcoolique n'est pas toute la question sociale, elle est la plus redoutable et la plus grave des questions sociales.

Aussi bien, s'il n'était pas un formidable ennemi du peuple, l'alcoolisme ne serait pas le terrible péril national qu'il est devenu. Nous avons montré que l'alcool s'attaque d'abord à certaines parties de l'organisme d'où il étend ensuite son empoisonnement aux sources profondes de la vie. Pareillement, il pousse ses ravages de l'individu à la classe, puis de la classe au corps social. Quand l'alcool a démesurément développé la criminalité violente, la folie, la tuberculose, la misère; — quand il a diminué la valeur physique et la valeur morale d'une notable fraction des classes laborieuses; — quand cette moins-value ralentit, dans de nombreuses et vastes régions, l'essor de la prospérité publique; — quand

le recrutement de l'armée est affaibli par le nombre
toujours croissant des réformés pour tares alcooliques[1]; — quand la longévité est notoirement plus
rare chez les buveurs; — quand l'hérédité alcoolique a « joué » déjà assez longtemps pour constituer
tout un peuple de dégénérés, tarés dès la naissance,
ataxiques et aliénés, épileptiques et hystériques,
vagabonds et prostituées; — quand 80 % des criminels juvéniles sont issus de parents alcooliques;
— quand la troisième et même la deuxième génération issue d'alcooliques est frappée fréquemment
d'impuissance; — quand l'alcoolisme, « cause effi-
ciente ou aggravante de morbidité », est, par cela
même, « une cause de paucinalité et de mortalité
infantile[2] »; — quand l'intensité de la dépopulation
est, dans un grand nombre de villes et dans plusieurs départements, en raison presque directe de
celle de l'alcoolisme[3]; — quand l'alcoolisme coûte,
en boissons consommées, en journées de travail perdues, en morbidité tuberculeuse, en frais d'assistance aux malades et aux aliénés, en frais de répression des crimes et délits et en frais de chômage une
somme qui a été évaluée à près de trois milliards par

1. 55 % dans le canton de Lillebonne. (A. DUMONT, *La morale
basée sur la démographie*, p. 135.)

2. TRIBOULET, *loc. cit.*, p. 289.

3. BARTHEZ, *Revue générale de médecine et de thérapeutique*,
1895, cité par Triboulet.

an[1]; — quand la proportion des électeurs alcooliques, d'une part, des impulsifs, des névrosés, des imbéciles, des demi-fous, « incapables de se conduire eux-mêmes », d'autre part, des mendiants, des souteneurs, des « apaches », de toute une tourbe limitrophe de la criminalité, va sans cesse croissant « dans une démocratie de suffrage universel[2] »; il ne suffit pas d'enregistrer chacune de ces conséquences directes ou indirectes de l'alcoolisme, il faut en faire l'addition, — et le résultat de l'addition, c'est le pays lui-même atteint « dans sa vitalité » et dans l'ensemble de ses forces. Le germe de « la dégénérescence physique et intellectuelle » de la race a été introduit dans la nation[3].

Ce n'est donc pas seulement dans la chair et dans le cerveau de dix mille aliénés, d'autant de malfaiteurs, des trois quarts de la criminalité juvénile, de quarante mille tuberculeux, de deux à trois cent mille indigents et miséreux, de plusieurs centaines de mille de rachitiques et de dégénérés que sont inscrites les conséquences de cet immense empoisonnement, mais c'est dans la chair même de la

---

1. RIEMAIN, *loc. cit.*

2. Ligue française pour la défense des Droits de l'homme et du citoyen, Congrès de 1910, rapport du Dr SICARD DE PLAUZOLES.

3. Académie de médecine, séance du 11 juin 1895, considérants du vœu présenté par les Drs Bergeron et Laborde; voir p. 308; — Léon SAY, *loc. cit.*, p. 45.

11.

nation et dans son cerveau. La nation n'est pas moins malade que l'individu dont l'alcool n'a attaqué encore que l'intestin, ou les poumons, ou le rein. Elle aussi, elle n'en est encore qu'à la parésie qui évolue vers la lésion. Comme elle éprouve périodiquement des malaises, des vertiges et des angoisses, une comparaison inquiétante évoque les troubles et les accidents nerveux survenus à un illustre biologiste qui, poursuivant des recherches sur les effets toxiques des essences et des bouquets artificiels, s'était imprégné des aldéhydes répandus, à l'état volatil, dans l'atmosphère du laboratoire[1]. Elle aussi, elle respire un air chargé de trop de molécules empoisonnées.

Michelet a raconté comment « l'avènement du café », la vulgarisation de « la sobre liqueur, puissamment cérébrale », lave volcanique de Bourbon et de la Martinique, a contribué à la chaleur et à la lucidité du XVIIIe siècle, du « siècle de l'esprit », qui fit l'Encyclopédie d'où sortit la Révolution. Après le règne du café, le règne de l'alcool. Déjà, il semble parfois que la température baisse et que la clarté diminue.

---

1. LABORDE, *Bulletin de l'Académie de médecine*, 1888, p. 534.

XI

« Il n'est pas possible que de si grands maux,
qui sont capables d'abîmer l'État, soient sans remède ; autrement, tout serait perdu sans ressource[1]. »
— Si les maux d'aujourd'hui sont tout différents
des « excès incroyables » que Bossuet dénonçait
à Louis XIV, ils ne sont pas moins graves et ils
ne sont pas davantage sans remède ; et ce que,
nous aussi, nous savons « très certainement », c'est
que, si les pouvoirs publics, qui ont remplacé le
Roi, veulent « invinciblement », « malgré la diffi-
culté qui se trouvera dans le détail », conjurer
pendant qu'il en est temps encore, de tels périls,
ce ne sont pas « les expédients praticables » qui font
défaut ; les remèdes sont connus et éprouvés.

1. Bossuet, *Lettres à Louis XIV* (juillet 1675).

L'action privée, qui a fait beaucoup, peut encore beaucoup. Il n'est pas douteux que la propagande anti-alcoolique, les efforts continus des hommes de science, des ligues et des sociétés de tempérance, des mutualités, de quelques journaux, n'ont pas été inutiles. Tant d'avertissements n'ont pas été perdus ; le mal aurait pu grandir encore davantage ; depuis quelques années, il gagne plus en profondeur qu'en étendue. La bourgeoisie, les classes moyennes dans leur ensemble, le monde des professions libérales, sont à peu près désintoxiqués et prêchent d'exemple. La « bonne parole » des savants, des médecins, des orateurs socialistes, des divers clergés, a été souvent écoutée. La semence pousse quand elle ne tombe pas dans un terrain où elle est étouffée par la misère. — Il n'est pas douteux non plus que le Gouvernement a pris, puis appliqué avec persévérance, deux mesures qui se sont trouvées solides et efficaces. L'éducation anti-alcoolique dans les écoles prémunit tous les ans des milliers d'enfants contre la tentation ; l'interdiction de débiter des boissons spiritueuses dans les cantines des casernes et des quartiers préserve, dans une large mesure, la santé physique et morale du soldat. — Il est certain aussi que les surtaxes sur les boissons spiritueuses, bien qu'inférieures de beaucoup aux surtaxes anglaises[1], que le dégrèvement des boissons hygiéniques ont servi la cause de la santé publique. — Mais ce qui, par malheur, est plus certain encore, c'est que rien de tout cela n'est suffisant, même pour enrayer le mal. Propagande, enseignement, interdictions partielles, fiscalité, n'ont d'autre résultat que d'en ralentir un peu le développement. Et c'est le contraire qui serait surprenant, qui, à vrai dire, tiendrait du miracle, puisque ce sont les lois qui ont détruit les digues, ouvert les écluses, et que les pouvoirs publics n'ont pas encore eu le courage de toucher à ces lois, complices et associées du fléau. — Quand l'oïdium et le phylloxéra, en dévastant les vignobles, laissèrent le champ libre à l'alcool d'industrie, les vignerons ne se contentèrent pas de pleurer sur leurs ceps desséchés, ils les arrachèrent, en plantèrent de nouveaux plus robustes et plus forts, et l'on a vu l'alcool reculer partout devant le vin. Pareillement rien ne sera fait tant que le législateur n'aura pas déchiré les textes qui ont permis aux débits de pulluler, sous prétexte de liberté; aux bouilleries de foisonner au mépris du principe de l'égalité devant l'impôt; aux uns comme aux

---

1. 489 fr. 20 centimes par hectolitre d'alcool pur en 1909; depuis le budget de Lloyd George, il faut y ajouter une surtaxe de 3 shillings 9 pence, soit 4 fr. 65.

autres d'accélérer les progrès de l'intoxication et de porter ainsi à la santé et à la moralité publiques des atteintes qui seraient demain irréparables. Aussi bien « ces destructions nécessaires » ne seront-elles pas elles-mêmes suffisantes. Le mal est si grand, il s'est infiltré, depuis plus d'un quart de siècle, à de telles profondeurs, qu'il faudra avoir recours encore à bien d'autres mesures. Mais, à tout le moins, il faut commencer par là « ou tout serait perdu sans ressource ».

Si nous ne vous soumettons aujourd'hui qu'une loi sur la limitation du nombre et la réglementation des débits de boissons, ce n'est pas, comme on s'est plu à le dire, que nous la tenons pour la plus décisive de toutes celles que nous serons appelés à voter, dès que nous serons résolus à faire notre devoir; c'est pour deux raisons plus modestes, mais qui, à la réflexion, paraîtront très fortes.

D'abord, parce que la limitation des cabarets, la disparition progressive des établissements en excès où se débitent les boissons spiritueuses, est la condition indispensable d'une application efficace de toutes les autres lois que nous aurons à dresser devant l'alcool. Ou la législation anti-alcoolique aura cette base, cette infrastructure solide, ou elle ne tiendra pas, elle se lézardera du premier jour comme un édifice trop lourd qui serait construit sur du sable.

En effet, qu'il s'agisse d'alcool d'industrie ou d'eau-de-vie naturelle, ou encore d'absinthe, c'est dans notre demi-million de débits, ouverts dans trente-six mille communes sur toute l'étendue du territoire, que se consomme la plus grande partie des 1.500.000 à 1.800.000 hectolitres qui sont absorbés annuellement par la masse des buveurs. Ni notre paysan, ni notre ouvrier, au contraire de l'ouvrier anglais ou du paysan russe, ne s'enivre volontiers à domicile. Son goût de la boisson, alors même qu'il est devenu un besoin et une passion, s'accommode mal de la solitude. Sa sociabilité subsiste jusqu'aux extrêmes limites de la maladie, le *delirium tremens*, ou la folie, ou le crime. Depuis l'*assommoir* des grandes villes jusqu'au dernier débit clandestin des campagnes à bouilleries, le cabaret est le siège principal de l'alcoolisme. Et, dès lors, à quelque régime que soit soumis le trafic des boissons, il « aboutit » le plus souvent au cabaret[1]; c'est le cabaret qui est le principal client du producteur d'alcool; c'est, par conséquent, au cabaret que se trouvera, dans la très grande majorité des cas, le *corps du délit* d'où résultera la

---

1. Discours de M. Caillaux à la Chambre des Députés, séance du 11 juin 1907.

preuve soit des fraudes au détriment du fisc, soit
des infractions aux lois qui règlent ou qui régleront
la vente ou la fabrication des spiritueux.

Si l'on avait un doute à cet égard, si la simple
raison ne découvrait pas que la législation sur l'alcool, quelle qu'elle soit, ne remplira pleinement
son objet qu'autant que les délits seront effectivement surveillés, il suffirait de rappeler que, la
première fois où le Gouvernement se décida, après
y avoir été longtemps hostile, à proposer lui-même
la limitation du nombre de cabarets, ce fut pour
en assurer la surveillance en vue de l'application de
la loi de 1907 sur le commerce des vins.

Les principales dispositions de cette loi offrent
une analogie intéressante avec quelques-unes de
celles qui sont réclamées contre l'alcoolisme.

Le Ministre des Finances proposait que, « chaque
année, après la récolte, tout propriétaire récoltant »
fût tenu de déclarer, à la mairie de sa commune,
la superficie de ses vignobles, la quantité de sa
récolte et « celle des stocks provenant de récoltes
antérieures[1] »; nous demandons que « des déclarations préalables soient exigées de tous les distillateurs industriels et agricoles[2] ». M. Caillaux pro-

1. Article 1er du projet de loi tendant à prévenir le mouillage
des vins et les abus du sucrage, déposé, le 23 mai 1907, par M. Caillaux, Ministre des Finances.
2. Léon Say, *loc. cit.*, p. 123.

posait « l'interdiction de toute fabrication de vin de sucre[1] »; nous réclamons l'interdiction de la fabrication et de la vente de l'absinthe. — Suffit-il pourtant, demandait le Ministre, d'édicter des mesures législatives, déclaration préalable et interdiction, et de les étayer de sanctions particulièrement sévères? Il faut encore, ou il n'y a qu'une loi de plus sur le papier, en assurer l'application effective par la surveillance étroite des établissements dont les propriétaires ont le plus grand intérêt pécuniaire à se faire les complices des contraventions et des délits, des fraudes et des voleries, ou à les commettre eux-mêmes.

Ces établissements, ce sont les débits. Talonnés par une concurrence tous les jours plus nombreuse et plus âpre, enserrés par elle, à droite et à gauche, dans la même rue, souvent dans le même immeuble, les cabaretiers sont presque incapables de résister à la tentation[2] soit d'adultérer eux-mêmes les boissons, soit de vendre des boissons dont la loi a interdit le commerce. Il faut bien vivre, tâcher d'augmenter un peu son gain, retarder l'échéance de la liquidation judiciaire ou de la faillite qui ne sont plus fréquentes dans aucune autre branche

---

1. Article 2.
2. « La tentation est alors bien forte... ». (Discours de M. CAILLAUX, 11 juin 1907.)

du commerce. Mais, déjà le nombre démesuré des « assujettis » rend la surveillance très difficile; s'il s'accroît pendant quelques années encore selon la même progression, s'il continue à augmenter de cinq ou six unités par jour, tout contrôle deviendra impossible.

Argument d'une grande force, comme l'a montré l'événement, la persistance des fraudes, quand il s'agit du mouillage ou du sucrage des vins. Si le fisc peut s'assurer, sans rigueur excessive, « que la récolte qui sortira du chai du vigneron sera bien une récolte naturelle », et si, pareillement, « il la peut suivre dans ses pérégrinations à travers les caves du marchand de vins en gros[1] », « son pouvoir expire » quand, au moment d'entrer plus avant dans le détail des opérations, il se trouve en présence d'un nombre si considérable de débits que la surveillance devient illusoire. Mais combien l'argument sera plus fort quand il s'agira d'appliquer, soit la loi qui réservera à l'État la fabrication ou la rectification des matières industrielles ou agricoles, propres à être distillées, qui ne pourront pas être traitées par leurs propriétaires et qui ne pourront être vendues aux débitants que par l'État; soit la loi qui supprimera le privilège des

---

1. Même discours.

bouilleurs de cru, soit celle qui interdira la fabrication et la vente de l'absinthe!

Nous sortirions de notre cadre en examinant à présent ces diverses solutions. — Nous avons, dès le début de la précédente législature, réclamé la proscription absolue de l'absinthe. — Nous nous proposons de demander au Gouvernement de faire de la suppression du privilège des bouilleurs l'un des articles de la prochaine loi de finances; il y trouvera la presque totalité des ressources qui lui seront nécessaires pour commencer l'application de la loi des retraites ouvrières et paysannes. — Le jour où il serait démontré que le monopole de l'alcool est la seule solution qui permettrait de triompher définitivement de l'alcoolisme, nous n'hésiterions pas à consentir une exception de plus à la doctrine de la libre concurrence des transactions et des industries, telle que l'avaient formulée Turgot et, d'après lui, la Révolution. Le monopole rencontrerait, sans doute, de plus grandes difficultés qu'en aucun autre pays, parce que la consommation française est alimentée par deux sortes de spiritueux « dont le mode de production diffère essentiellement et qu'il est à peu près impossible de les soumettre aux mêmes règlements et aux mêmes lois[1] »;

1. Léon Say, *loc. cit.*, p. 31.

cependant on pourrait tâcher d'accommoder le système russe ou le système suisse. — Mais, quel que soit le projet où s'arrêteront les pouvoirs publics, et alors même qu'ils attaqueraient le mal de tous les côtés à la fois, la limitation des cabarets reste le préambule indispensable, puisqu'elle est la condition d'une surveillance d'autant plus nécessaire que la loi elle-même aura accru l'importance des bénéfices escomptés par les commerçants malhonnêtes.

C'est mécaniquement, pour ainsi dire, que les portes s'ouvrent devant la fraude, chaque fois que la loi proscrit certaines denrées, comme elle ferait pour l'absinthe, ou qu'elle les frappe de droits tellement élevés qu'ils en deviennent prohibitifs. Ne limitez pas le nombre des débits; qu'il continue à s'augmenter annuellement de plusieurs milliers; décidez que les débitants resteront sous la pression des concurrences ruineuses et des tentations délictueuses; résignez-vous à une surveillance insuffisante: et, par cette fissure sans cesse élargie, s'écoulera une partie toujours croissante des avantages fiscaux ou moraux que nous serions en droit d'attendre des lois anti-alcooliques. Ni l'interdiction de l'absinthe ni le monopole lui-même ne pourraient être autre chose que des lois de façade.

C'est pour obéir ensuite à cette vérité de bon sens qu'il faut commencer par préserver les parties saines, par arrêter les progrès croissants de l'intoxication.

Ni l'Académie de médecine ni aucune ligue ou association anti-alcoolique, ni personne parmi les promoteurs des législations étrangères même les plus sévères, n'a prétendu, à aucun moment, que la limitation des débits aurait pour résultat de diminuer instantanément la consommation de l'alcool. C'est en leur prêtant une ambition aussi désavouée par les faits que les partisans déclarés ou hypocrites des lois existantes ont réussi, depuis tant d'années, à les maintenir et à empêcher la pose de la première pierre de la législation anti-alcoolique. Quand on a fini d'invoquer le principe devenu tout à coup sacré de la liberté du commerce, on produit des statistiques d'où il ressort que, ni en Angleterre ni aux Pays-Bas, la limitation des débits n'a réussi à diminuer notablement la consommation des boissons spiritueuses, à supprimer ou à réduire le prétendu « danger public que serait devenu l'alcoolisme[1] ». Il est donc inutile de limiter, ou, même, de réduire le nombre des cabarets. Le

1. Rapport de la Fédération nationale du commerce de détail de boissons, des restaurateurs et hôteliers, présenté, en décembre 1910, à la Chambre de commerce de Paris.

« sacrifice de la liberté d'une partie des citoyens » ne serait profitable qu'aux riches industriels qui, sur les ruines des petits débits, installeraient aussitôt de vastes « palais de l'alcool ». Au surplus, on s'indignerait à tort de ce que l'alcoolisme conduit au suicide, à la folie et au crime. L'aliénation mentale peut coïncider avec l'alcoolisme, mais pas autrement que le strabisme ou la rougeole. Surtout, « il ne faut pas avoir habité certains faubourgs » pour ne pas savoir que les malfaiteurs professionnels, les spécimens les plus répugnants de «la basse pègre», font «de café au lait, pendant l'hiver, et, pendant les chaleurs, de petite bière leurs boissons habituelles[1]».

Il n'y a point de procédé plus commun, surtout dans les discussions parlementaires, que d'imputer à l'adversaire une opinion qui n'est point la sienne. C'est « le sophisme de confusion » de Bentham[2]. Il s'applique plus particulièrement, « à tout argument tendant à faire naître une opinion fausse pour entraîner ou maintenir dans quelque résolution funeste[3] ». Ce n'est pas le moins « laid des simulacres politiques[4] ». — Si les partisans de la li-

---

1. Rapport de la Fédération nationale du commerce de détail de boissons, des restaurateurs et hôteliers, présenté, en décembre 1910, à la Chambre de commerce de Paris.
2. *Traité des sophismes*, p. 39.
3. *Le sophisme parlementaire*, p. 150.
4. PLATON, *Gorgias*, p. 171 de la traduction Saïsset.

mitation avaient prétendu qu'elle pourra suffire, à elle seule, à détruire le mal, ils auraient jeté à la vérité le même défi que les bouilleurs de cru quand ils protestent que les produits de leurs alambics sont absorbés « par la seule consommation familiale ». Mais ils n'ont dit rien de tel dans aucun de leurs écrits ou de leurs discours. C'est l'opinion exactement contraire qu'ils n'ont pas cessé de professer. Quand l'alcoolisme, ont-ils dit, a pris racine dans un pays, il n'en saurait être extirpé en un jour. Le peuple qui souffre d'un aussi grand mal n'en guérira que par de nombreux remèdes. Les uns seront dans les lois; les autres, plus nombreux, dans les mœurs

Ce seront d'une part des surtaxes sur les boissons spiritueuses, des licences graduées, la suppression du privilège des bouilleurs, l'interdiction des boissons à essences convulsivantes, le monopole de la rectification ou de la fabrication ou de la vente de l'alcool. Ce sera, d'autre part, tout un vaste ensemble de réformes sociales : éducation morale de l'enfance et de la jeunesse, organisation de l'apprentissage, amélioration de l'hygiène des paysans et des travailleurs de l'industrie, aération des grandes villes, construction de vastes cités ouvrières, de bibliothèques et de théâtres populaires, relèvement des salaires, développement des mutualités et des œuvres de coopération. Alors seulement, dans tout l'ordre fiscal et dans tout l'ordre moral, l'alcoolisme sera refoulé et vaincu.

Mais, d'abord, et sans perdre une heure, il faut empêcher de nouveaux progrès de l'alcoolisme. Nous n'avons pas d'autre ambition, en proposant d'abord la limitation du nombre des débits, que de dire au flot alcoolique qu'il est monté assez haut et qu'il n'ira pas plus loin.

On a vu, dans les premières pages de notre étude, ce qu'a été le lendemain de la loi sur la liberté du commerce des boissons ; la relation de cause à effet entre le nombre des débits et l'abus de la boisson éclate dans les statistiques du Ministère des Finances comme dans celles du Ministère de la Justice. La contre-épreuve n'est pas moins formelle.

D'abord, dans les quelques pays où le législateur s'est reconnu le droit, non seulement de limiter, mais de réduire considérablement le nombre des débits, la consommation de l'alcool a fléchi aussitôt, puis n'a point cessé de diminuer.

Il y a cinquante ans, les pays scandinaves étaient les plus alcoolisés du monde. Le mot même d'*alcoolisme* y fut inventé. Nous avons rappelé déjà les admirables travaux de Magnus Huss. Il écrivait en 1850 : « Les choses en sont arrivées à un tel point que, si des remèdes énergiques ne sont pas employés contre une habitude aussi fatale, la nation suédoise est menacée de maux incalculables. Il n'y a plus à reculer devant l'application des mesures à prendre, dussent ces mesures léser bien des intérêts. » Ni la Suède, ni la Norvège, qui ne voulaient pas mourir, n'hésitèrent à recourir aux remèdes préconisés par Huss. Le système, dit de Gothembourg, donna aux municipalités le pouvoir de fixer elles-mêmes le nombre des débits et d'accorder licence d'en ouvrir; il leur donna également le droit d'exproprier, contre indemnité, les cabarets existants et de concéder le commerce des spiritueux à des sociétés spéciales (*bolag* en Suède, *samlag* en Norvège), vendant, à des prix assez élevés, des boissons épurées. Les municipalités ne se laissèrent intimider ni par les criailleries des débitants, ni par les menaces des politiciens. Elles appliquèrent la loi dans toute sa rigueur. — Il y avait, en Suède, *un* débit par 100 habitants et, en Norvège, *un* débit par 200; il n'y a plus, aujourd'hui, qu'*un* débit par 5.000 habitants en Suède et par 9.000 en Norvège[1]. En conséquence, et malgré que les ouvriers pourraient invoquer la double excuse de la température et de travaux particulièrement pénibles,

---

1. Cн. GIDE, *loc. cit.*

la consommation de l'alcool qui était en Suède, par tête d'habitant, de 28 litres 56, descendit à 13 litres 10 en 1876, à 6 litres 8 en 1892, à 4 litres 97 en 1900, à 3 litres 53 en 1905 ; et elle tomba de même en Norvège de 16 litres à 4 litres 8, 3 litres 3, 2 litres 60 et 1 litre 33[1]. A Stockholm, en vingt années[2], le nombre des débits ayant été réduit de 193 à 87[3], la consommation des boissons spiritueuses est descendue de 4 millions de litres à 1 million et demi. En Norvège, toute autorisation communale de vendre des spiritueux dans les *samlag* est précédée d'un *referendum* où les femmes peuvent prendre part au vote ; partant, le taux de la consommation alcoolique a baissé encore davantage qu'en Suède, et des 15.000 distilleries agricoles qui existaient en 1850, il n'en subsiste plus qu'une seule[4]. — Pareillement en Finlande : un débit par 100 habitants et 20 litres de consommation alcoolique par tête d'habitant en 1850 ; un débit par 9.000 habitants et 2 litres de consommation alcoolique par tête d'habitant en 1900[5]. — Pareillement encore aux États-Unis où les communes ont le

---

1. *Proposition Siegfried* et *Note du Ministère des Finances.*
2. 1877 à 1897. (*Rapport Guérin.*)
3. De *un* débit pour 750 habitants à *un* débit pour 1.695 habitants. (*Note du Ministère des Finances.*)
4. *Rapport Guillemet* (Chambre des Députés, 19 janvier 1897).
5. Ch. Gide, *loc. cit.*

droit tantôt d'interdire toute concession de débit, si le voisin de l'immeuble s'y oppose, tantôt de n'accorder l'ouverture d'un nouveau débit « que sur la justification de la fermeture d'un ancien débit[1] », tantôt même de prohiber tout débit de boissons spiritueuses. Dès lors, à New-York, où, dans l'espace de dix-huit mois[2], le nombre des débits est descendu de 8.219 à 7.310; à Boston, où, dans l'espace d'une seule année, il est tombé de 1.658 à 780[3]; à Chicago et à Philadelphie, où il n'y a respectivement que 4 et 2 débits par 1.000 habitants[4], le taux moyen de la consommation de l'alcool par habitant est de 3 litres d'alcool pur, alors qu'il est de 12 à Rouen et au Hâvre.

Si nous passons maintenant aux pays où le législateur n'a pas osé porter la main sur les débits existants, mais s'est contenté de soumettre à des conditions plus ou moins rigoureuses l'ouverture de nouveaux débits, la limitation évidemment ne peut donner les mêmes résulats que la réduction, mais elle arrête net l'accroissement de la consommation alcoolique et, au bout de quelques années,

1. *Note du Ministère des Finances.*
2. 31 décembre 1887 au 5 juillet 1889.
3. *Proposition Siegfried.*
4. *Annales d'hygiène.*

la contraint à fléchir. — Aux Pays-Bas, depuis la loi de 1871, qui limite le nombre des débits à *un* par 500 habitants dans les villes de 50.000 âmes et plus, par 300 dans les villes de 20 à 50.000 habitants et par 250 dans les villages, le nombre des débits est tombé de 43.000 à 25.000 et la consommation de l'alcool a baissé en conséquence de 4 litres 71 par tête d'habitant à 3 litres 75 en 1905, soit environ de 12 %[1]. — De même en Belgique où les débits de boissons alcooliques ont été grevés d'une surtaxe dont sont exemptés les cabarets qui vendent uniquement de la bière[2]. Le nombre des débits d'alcool étant tombé de 185.000 à 129.000 en 1900, pendant que les débits de bière s'élevaient de 7.000 à 70.000[3], la consommation des spiritueux est restée à peu près stationnaire, de 4 à 5 litres par tête d'habitant, avec, cependant, une tendance au fléchissement, qui s'accentue depuis l'interdiction de l'absinthe[4], et malgré la fraude, malgré la vente clandestine de l'alcool dans les débits de boissons hygiéniques[5].

1. *La limitation des débits dans les Pays-Bas,* discours de MM. Van der Meulen et Malleru, de Westkerke au Congrès de 1899 contre l'abus des boissons alcooliques.
2. Loi du 19 août 1889.
3. *Note du Ministère des Finances.*
4. Loi du 25 septembre 1906.
5. Circulaire du Ministre des Finances, du 30 mars 1895. — Le roi des Belges, dans le discours du trône du 8 novembre 1910, se félicite des résultats obtenus par la lutte contre l'alcoolisme.

Surtout il y a l'exemple de l'Algérie, plus probant, surtout plus pertinent que les autres, car il y a toujours des objections, et très fortes, à opposer aux enseignements offerts par les législations étrangères ; la différence des climats et des mœurs ne force jamais assez notre attention. — L'Algérie, c'est notre prolongement africain, terre peuplée de Français, soumise aux mêmes lois, sauf d'assez rares exceptions, lorsque le législateur a cru plus sage de ne pas les étendre aux colonies. Comme les Chambres de 1880 n'avaient pas rendu la loi sur la liberté du commerce des boissons applicable en Algérie, il fallut, l'année d'après, un décret pour appeler les Algériens à en bénéficier[1] ; les politiciens avaient réclamé et la multiplication des débits ne pouvait rester apparemment le privilège électoral de la métropole. Mais, dès lors, aussi, ce qu'un décret avait fait, un décret suffirait à le défaire, le jour où il se trouverait un ministre et un gouverneur général qui auraient ce courage. Ils se rencontrèrent en 1901. D'une part, le décret du 25 mars[2] rétablissait pour l'Algérie le régime de l'autorisation préalable et étendait les cas d'incapacité.

---

1. Décret du 5 mai 1881.

2. Décret rendu sur le rapport de M. Waldeck-Rousseau, président du Conseil et ministre de l'Intérieur, et sur les propositions de M. Jonnart, gouverneur général de l'Algérie.

D'autre part, il limitait le nombre des débits à *un*
pour 300 habitants européens agglomérés. En conséquence, le nombre des débits baissa en moins de
dix ans, rien que par le jeu naturel des décès, des
faillites, des changements de métiers, de plus de
mille, soit d'un peu moins de 20 %[1], et la consommation de l'alcool fléchit, après quelques oscilla-
tions, malgré l'énorme accroissement de la population[2], de 44.000 à 42.000 hectolitres.

L'expérience algérienne est d'autant plus décisive que la multiplication des débits avait conduit
à de plus grands excès et que la limitation apparut
à ce point comme une mesure de salut que les distillateurs eux-mêmes n'osèrent protester publi-
quement. On ne saurait objecter que le remède a
été essayé sur des populations dont les coutumes
et les disciplines, comme la race, sont différentes
des nôtres. Comme la très grande majorité des indigènes s'abstient, par obéissance aux lois religieuses,
des boissons alcooliques, le décret s'applique surtout à des Français, venus en Afrique de toutes les
parties de la France, n'ayant presque rien perdu,
même à la deuxième ou à la troisième génération,
de leurs habitudes d'esprit et de leur caractère. On

----

1. 4.824 en 1900; 3.974 en 1905; 3.549 au 1ᵉʳ juillet 1870, soit
1.276 débits en moins. (*Lettre de M. Jonnart.*)
2. 39.008 Européens; 7.469 israélites; 352.543 indigènes.

peut donc, en pleine sécurité, conclure ici du particulier au général. La limitation ne s'appliquera pas autrement en France qu'en Algérie. Elle n'y rencontrera pas plus d'obstacles. Elle y conduira aux mêmes résultats.

Dira-t-on que notre ambition est modeste? Nous avons avoué notre modestie. Nous voulons empêcher d'abord de nouvelles ruines. Nous déblayons le terrain où nous construirons plus tard. Si nous avions été entendu, il y a quinze ans, lorsque nous avons proposé pour la première fois la limitation[1], nous ne compterions pas aujourd'hui 30.000 débits en plus des 424.000 qui existaient alors. Il y aurait, en moins, 30.000 sources d'alcool, de crime et de folie. Peut-être, même réduite momentanément à cette seule loi, notre ambition est-elle moins modeste qu'elle ne le parait. La machine, surchauffée, affolée, descend la pente avec une rapidité qui croît d'instant en instant. Elle court vers les déchéances les plus terribles qui puissent frapper un peuple. Nous avons serré le frein avec force, il a fonctionné. La machine ne remonte pas encore, mais elle ne roule plus, elle ne se précipite plus vers l'abîme.

1. Propositions du 14 juin 1895 et du 27 octobre 1896.

XII

La limitation des débits peut être appliquée selon des modalités diverses. L'ouverture des nouveaux débits peut être subordonnée à l'autorisation préalable soit de l'Administration, soit d'une commission spéciale, soit des municipalités. L'ouverture de nouveaux débits peut être interdite purement et simplement, sauf sur des points distants d'une certaine étendue, déterminée par la loi, de tout autre débit, ou dans des communes possédant moins d'un débit pour un nombre d'habitants également déterminé par la loi.

Le premier système présente de multiples et graves inconvénients.

Si c'est l'Administration préfectorale qui délivre l'autorisation préalable, comme sous le régime du décret de 1851, elle sera assaillie de recommandations, accusée, quoi qu'elle fasse, de favoritisme et de complaisance, portée, même à son insu, à subir des influences politiques, à se préoccuper moins de la probité professionnelle que de l'opinion du candidat au débit. Ce serait une monnaie électorale de plus.

Si c'est une commission spéciale, difficile d'ailleurs à bien composer[1], elle offrira peut-être, en fait, des garanties supérieures d'indépendance, mais elle n'en restera pas moins l'objet du soupçon. Nous avons cessé de croire, et c'est un grand mal, surtout dans une démocratie, à l'impartialité des fonctionnaires et à celle des élus qui dépendent de leurs mandats.

Si c'est la municipalité, elle subira les mêmes assauts, les mêmes sollicitations, elle y résistera encore moins, se décidera par des motifs encore plus fâcheux, soulèvera à la fois les rancunes des candidats qu'elle agréera et celles des débitants existants qui l'accuseront d'aggraver pour eux la concurrence. Nul cadeau plus dangereux à faire à nos municipalités. Nous ne sommes ni des Suédois, ni des Norvégiens, ni des Finlandais. Les pays scandinaves eux-mêmes ont subordonné les déci-

1. Voir le texte de notre première proposition, p. 223.

16.

sions des assemblées communales à un *referendum* auquel participent les femmes. Même dans ce pays si merveilleusement décentralisé qu'est la République des États-Unis d'Amérique, la réglementation des débits est affaire d'État. La dispersion sur toute la surface d'un énorme territoire, du corps électoral d'où émane le pouvoir central, c'est son indépendance devant les cabaretiers. Les pouvoirs locaux ne sont chargés que de l'exécution des lois[1]. — Vraisemblablement les municipalités accorderaient toutes les autorisations qui seraient réclamées, le bulletin de vote sur la gorge, par des électeurs influents et « amis ».

Même insuffisante, notre législation sur les cabarets aurait donné quelques résultats, si l'application en avait été confiée à des mains plus fermes, moins débilitées par la peur électorale. La loi de 1873 sur l'ivresse publique réprime la vente des boissons alcooliques à un ivrogne ou à un mineur de seize ans; les maires n'en surveillent pas plus l'exécution que ne font les gendarmes et les parquets. — La loi de 1884 confère aux maires des attributions qui ne sont pas inférieures à celles « des législations les plus sévères d'Amérique[2] »; ils

1. DUPRÉ-LATOUR, *Les municipalités et la réglementation des cabarets*, rapport au premier Congrès national contre l'alcoolisme.
2. DUPRÉ-LATOUR, *loc. cit.*

ont le droit de fixer les heures de fermeture et d'ouverture des cabarets dans une commune, celui de prendre toutes dispositions pour qu'ils ne deviennent pas des lieux de débauche, celui d'y interdire le service de femmes autres que celles de la famille du débitant[1], d'en proscrire les filles publiques[2], d'y prohiber les jeux de hasard[3], d'en fermer l'accès à tous les mineurs accompagnés ou non de leurs parents[4]; tous ces droits sommeillent parce que « la peur de l'urne » retient les maires qui ne seraient pas réélus si les cabaretiers et les buveurs et les joueurs n'étaient pas contents[5]. — La loi de 1880 attribue aux maires le pouvoir de déterminer les distances auxquelles les débits pourront être établis autour des églises, cimetières et écoles; c'est « la limitation municipale », qui, partout où elle a été appliquée, à Lyon, à Nimes, à Riom, a ralenti l'envahissement de l'alcoolisme. Mais, sur trente-six mille et quelques communes, il n'y en a pas *cinquante* où, depuis trente ans, une municipalité assez résolue ait proscrit le cabaret de la place où est l'école, le cimetière ou l'église. Si

1. *Cassation*, 21 juillet 1883.
2. *Ibid.*, 17 juillet 1875.
3. *Ibid.*, 31 juillet 1855.
4. *Ibid.*, 8 février 1877.
5. Dupré-Latour, *loc. cit.* — Vincelles, *La campagne anti-alcoolique et les municipalités.*

convaincus que nous soyons de la nécessité d'élargir les franchises municipales, nous ne pouvons pas ne pas reconnaître que, dans la lutte contre l'alcoolisme, l'autonomie communale est plus qu'une erreur : une hypocrisie. Attendre des maires, qui vivent d'un bout à l'autre de l'année, dans leurs communes, au milieu de leurs administrés qui sont leurs électeurs, en contact permanent avec eux, parfois dépendant d'eux pour leur existence matérielle, attendre de ces maires les vertus que les gouvernants et les députés n'ont pas encore eu le courage plus aisé de faire éclater, c'est pis qu'une sottise. Cette seule et unique brèche à une législation « traditionnellement défiante » des libertés communales, elle a été faite à peu près en vain et elle semble n'avoir été faite que par dérision.

Il faut donc que la loi opère directement, que ce soit elle-même qui substitue à la limitation municipale et facultative la limitation nationale et obligatoire. Dès lors, toute infraction au principe qu'elle aura posé ressortira des tribunaux, tombera sous le coup des dispositions pénales qui auront été édictées.

Le principe, c'est l'interdiction d'ouvrir de nouveaux débits d'alcool en plus des 480.000 qui existent actuellement. Pour les établissements où ne se débitent que des boissons hygiéniques, vin, bière, cidre, la liberté du commerce restera entière. Ils s'ouvriront où il leur plaira; la loi de limitation ne s'appliquera pas à eux.

De là, deux conséquences. — En premier lieu, la loi, qui ne vise que l'alcool, se suffit à elle-même, elle est identique pour les villes et pour les campagnes, pour toutes les parties du territoire; elle est applicable à l'Algérie et aux colonies, comme à la métropole. Elle ne dit pas, en effet, qu'il ne pourra plus y avoir désormais qu'un certain nombre de débits dans les centres ruraux et un autre nombre dans les centres urbains; elle dit seulement qu'il ne s'ouvrira plus à l'avenir aucun débit en dehors des cas qu'elle va étroitement préciser. Cette vieille terre du vin s'est assez alcoolisée. Cependant, comme des agglomérations nouvelles peuvent se constituer, des quartiers nouveaux se créer, ou encore, comme des fermetures de cabarets peuvent devenir définitives, de nouveaux établissements pourront être ouverts, « soit sur des points distants de plus de 500 mètres de tout autre débit, soit dans les communes possédant moins d'un débit par 500 habitants ». En dehors de ces exceptions, quiconque installera un nouveau débit commettra une contravention, et, en cas de récidive, un délit. Ni les maires, ni les préfets, ne sont plus, en l'espèce, chargés d'un autre soin que de signaler aux parquets les délits ou les contraventions qui parviendraient à leur connaissance. Aussitôt, la justice informe, ferme le débit, condamne le délinquant, d'abord à l'amende, puis à la prison. — En second lieu, la loi ne porte atteinte à aucun droit acquis, elle respecte tous les débits existants, elle n'en exproprie aucun. Décider que le débit sera tenu pour éteint à la mort du tenancier, ce serait léser, dans leurs droits préexistants, les héritiers; le débit continuera à se transmettre, de père en fils, comme tout autre immeuble, champ ou maison; le cabaretier pourra, à son gré, comme par le passé, vendre son débit, et dans les mêmes conditions. Ainsi, la propriété du débitant ne diminuera point de valeur; mais, bien plus, elle augmentera de valeur, « puisque l'interdiction d'ouvrir de nouveaux cabarets d'alcool constituera une manière de monopole au profit des débitants du jour, par la transformation des établissements existants en véritables offices[1] », comme sont des charge d'avoué, de greffier ou d'agent de change.

Monopole de droit, ou, si l'on veut, monopole de fait. Nous n'en disconvenons pas, et voilà l'objection théorique qu'on fait à la loi. Mais quelle en

─────────

1. Léon Say, *loc. cit.*, p. 51.

est la portée? Quelle qu'en soit la portée, que vaut-elle contre la limitation des débits? Ne suffit-il pas, au contraire, du bon sens, et même du sens commun, pour apercevoir tout de suite que ce genre de monopole, inhérent à toute limitation, ne saurait offrir aucun des inconvénients des monopoles d'autrefois ou des monopoles collectivistes[1]. Il n'y aurait là, tout juste, qu'une nouvelle application de la vieille formule : « Un petit mal pour un grand bien ». Sans la philosophie qui s'y résigne, il n'y a point de politique possible. Nous sommes dans la vie, nous légiférons pour des hommes.

Qui dit « monopole », dit « restriction à la liberté du commerce », « à la liberté du travail », d'où Proudhon conclut que « le monopole et la concurrence sont deux modes de l'échange radicalement opposés et inconciliables[2] ». Sont-ils inconciliables autrement qu'en théorie? S'il y a monopole, en pure doctrine, « dès que la concurrence est restreinte par des causes naturelles ou artificielles »[3], « il n'y a, pourtant, monopole de fait que si la concurrence ne s'exerce pas ou s'exerce mal[4] ».

1 Ce dont convient Léon Say, tout en préférant, pour les raisons qui vont être résumées, le système des hautes licences

2. PROUDHON, *Contradictions économiques*, t. Ier, p. 234.

3. GARNIER. *Traité d'économie politique*, p. 122.

4. CH. GIDE, *Principe d'économie politique*, p. 459. — Voir l'article *Monopole*, de FERNAND FAURE, dans le *Dictionnaire d'économie politique*, de LÉON SAY et J. CHAILLEY.

Quand la concurrence subsiste entre près d'un demi-million de commerçants, comme dans l'espèce, peut-on dire que la concurrence s'exerce mal? Qu'est-ce qu'un monopole à 500.000, à 400.000 têtes? La liberté du commerce et celle du travail reçoivent à peine une égratignure.

Aussi bien ceux des économistes orthodoxes qui repoussent la limitation pour cette raison qu'elle conduit ou qu'elle équivaut à une manière de monopole, proposent-ils eux-mêmes de le réaliser par une voie indirecte.

Après avoir condamné la limitation, parce que « les temps sont passés où l'on pouvait interdire aux citoyens de choisir la profession qui leur convient le mieux », ils se souviennent que « les débitants sont obligés de se pourvoir d'une licence ». Et, sans doute, ils se refusent « à transformer cette licence en une simple autorisation de police toujours révocable », « parce que l'arbitraire de l'administration pourrait s'exercer pour des besoins autres que ceux de l'hygiène et que la politique créerait entre l'administration et la population, à l'occasion du retrait des licences, des conflits fâcheux ». Mais ils se déclarent pour le système anglais des hautes licences, parce que, sans contrarier aucun des principes ou des axiomes de l'économie politique, il produirait sur le commerce des boissons une influence au moins aussi restrictive que la limitation.

« On fait trop souvent du métier de débitant le pis-aller de son activité. Rien n'est plus facile que de monter un petit débit; peu d'économies y suffisent... Dans un grand nombre de localités, le débit est devenu comme un accesssoire à la profession du mari. Le nombre considérable des débitants provient de ce que, dans les endroits où la population est très dense, la moitié des habitants fournit à l'autre moitié le moyen de se procurer les boissons dont ils ont un besoin plus ou moins factice. C'est comme si un village se constituait pour la boisson, en société coopérative de consommation... Les petits débitants sont le canal par où l'alcoolisme se répand le plus. » Dès lors, « il faut établir des licences à prix élevés et même très élevés, qui auront pour conséquence inévitable de concentrer le commerce de détail en un moins grand nombre de mains[1] ».

Il est certain que plusieurs de ces remarques sont d'une grande justesse et que la multiplicité des petits débits est deux fois désastreuse, parce qu'elle contribue, en effet, à répandre l'alcoolisme

____

1. Léon Say, *loc. cit.*, p. 50 et suiv.

jusque dans les moindres villages et qu'elle détourne
d'un travail plus profitable des milliers d'ouvriers
et de paysans. C'est même l'un des griefs les plus
vifs des socialistes anti-alcooliques contre le capitalisme. Non seulement, disent-ils, « le capitalisme
a fait de l'alcool un produit accessible à tous, en
révolutionnant les industries patriarcales de la
brasserie, de la vinification, de la distillerie, et en
déversant, à bas prix, sur le marché des quantités
toujours croissantes de boissons alcooliques »;
mais c'est lui-même qui, « pour écouler cette production surabondante », « pousse des catégories
nombreuses de citoyens, ouvriers ou petits bourgeois, à ouvrir un cabaret, pour vivre ou pour se
procurer un complément de ressources[1] ». — Les
prémisses de l'argument sont donc parfaitement
exactes, mais la conclusion qu'en tirent les économistes est à la fois contradictoire avec le principe même qu'ils invoquent contre la limitation et
avec le but qu'ils se proposent, eux aussi, dans leur
campagne contre l'alcoolisme. — En effet, du point
de vue de la pure doctrine, il n'y aurait que la
différence de la franchise à l'hypocrisie entre le
monopole étendu que serait la limitation du
nombre des débits par l'interdiction d'en ouvrir

---

1. VANDERVELDE, *Le socialisme et l'alcool*, p. 65.

de nouveaux, et le monopole « concentré » que serait la restriction du nombre des débits par l'élimination des milliers de petits cabaretiers qui « seraient obligés de fermer boutique [1] » ou qui tomberaient en faillite par l'impossibilité de supporter ou de faire supporter à leur clientèle les frais des hautes licences. Mais cette concentration du commerce des spiritueux entre les mains des débitants les plus fortunés et les plus riches n'aurait pas seulement cet inconvénient théorique, après tout bien léger, de constituer, lui aussi, un monopole indirect ; elle en aurait pratiquement bien d'autres, et qui seraient autrement graves et redoutables.

Alors que la loi de la limitation s'applique à procéder sans heurts et avec toute sorte de ménagements, à rassurer ainsi tous les droits acquis ; que son premier effet sera de stabiliser la situation des débitants actuels, de tous sans exception, des plus humbles aux plus aisés, et qu'elle attend du temps seul, de toutes les causes, naturelles ou judiciaires, de cessation de commerce, la diminution de leur nombre ; au contraire, le système des hautes licences est essentiellement brutal et dur, puisque

1. Léon Say, *loc. cit.*, p. 53 : « Ils seraient obligés ou de rejeter les frais nouveaux de la licence sur leur clientèle ou, s'ils ne le pouvaient pas, de fermer boutique. »

son principal objet est de rendre la situation de tous les petits débitants si misérablement précaire, par l'élévation de leurs frais généraux, qu'ils quitteront la partie. On ne se flatte sans doute pas que tant de négoces péricliteront et que tant de faillites s'accumuleront dans un seul corps de métier sans qu'il ne s'élève parmi les intéressés une forte clameur contre l'oligarchie de l'alcool qui, étant seule pourvue de capitaux suffisants pour supporter le coup, s'enrichira encore de la ruine des plus pauvres et des plus humbles. Il n'y aurait pas d'inconvénient, de l'aveu des socialistes eux-mêmes, à « dégoûter de la profession de petits débitants ceux qui ont des tendances à l'exercer[1] ». Il y aurait une grosse injustice à ruiner systématiquement ceux qui l'exercent déjà sur la foi des lois. Quand l'extrême gauche socialiste écrit aujourd'hui que « l'abus de l'alcool est une conséquence du système capitaliste et ne disparaîtra qu'avec le système lui-même[2] », la réponse est facile. Tout en professant, pour se couvrir, que le développement du régime capitaliste agit à la fois sur la production, le débit et la consommation des spiritueux, — comme il agit d'ailleurs sur la pro-

1. Leon Say, oc. cit., p 51. — Voir Vandervelde, loc. cit., p. 65.
2. Domela Nieuwenhuys, L'alcoolisme, t. I, p. 255.

duction et la consommation de toutes les autres denrées, — Vandervelde rappelle « qu'il y avait des ivrognes avant le capitalisme » et prédit sans peine que, « s'il venait à disparaître, il y en aurait encore ». Que répondrait-on demain, quand le plus clair des bénéfices du commerce de l'alcool irait à un nombre restreint de débitants aisés et, pis encore, à de grands distillateurs, propriétaires eux-mêmes de débits qu'ils feraient gérer par des agents salariés?

C'est ce qui s'est produit en Angleterre. Comme les licences y sont graduées de telle sorte que les débits d'une valeur imposable inférieure à 50 livres (1.250 francs) acquittent, dans chaque catégorie, entre 45 et 60 % de la valeur imposable moyenne, alors que la quotité, pour les débits d'une valeur supérieure à 200 livres (5.000 francs), oscille entre 14 et 1 % de la valeur taxable[1], la proportion des petits débits a fléchi d'un quart ou de moitié, pendant que celle des grands établissements s'est élevée entre 100 et 200 %; et la concentration du commerce des boissons a conduit dès lors à ces deux conséquences que tout le parti libéral n'a point cessé de dénoncer comme immorales, injustes et pernicieuses. — D'une part, c'est la ruine

____

1. ANDRÉ DEJEAN, *La licence des débits de boissons en Angleterre*, p. 136 et suiv.

17.

des petits et moyens débits mis hors de combat par
la construction de ces « palais de l'alcool », qui
appartiennent à de puissantes compagnies de brasserie et de distillation, dont la valeur vénale
dépasse souvent un million de francs[1] et qui main-
tiennent à son étiage, s'ils ne le font pas monter,
le flot de l'alcoolisme[2]. — C'est, d'autre part, la
pratique du « tied house system ». Même dans les
communes ou dans les quartiers où les petits débits,
« exigus et sordides », n'ont pas été remplacés par
des « gin palaces » et des « vaults », la plupart de
ceux qui subsistent ne sont pas gérés par des
commerçants autonomes; ils appartiennent, eux
aussi, ils sont « liés », « enchaînés » à des sociétés ou
à de riches industriels qui les louent moyennant
une redevance d'ordinaire assez faible, mais sous
la condition que le tenancier achètera chez eux,
à des prix fort supérieurs à la valeur courante, tout
ou partie des boissons qu'il livre à la consommation; souvent, aussi, les brasseurs et distillateurs
font simplement gérer par des agents à leurs gages

1. Prix de vente relevés par le *Daily Chronicle* et cités par
ANDRÉ DEJEAN, dans sa thèse, *Licences et débits de boissons en Angleterre* : 1.171.150 pour la « Couronne »; 1.250.000 pour « la Croix-
Rouge »; 1.400.000 pour « le Cor de Chasse »; 2.800.000 pour « les
armes de Liverpool ».

2. La consommation annuelle de l'alcool en Angleterre, par tête
d'habitant, qui était de 2 litres 50 dans la période décennale
1881-1890, s'est élevée dans la période suivante, à 2 litres 65.

les cabarets qu'ils ont fait aménager dans leurs immuables[1].

Un pareil régime, alors même qu'il serait allégé des absurdités qui alourdissent encore celui que l'Angleterre est à la veille de bouleverser, ne subsisterait pas chez nous là durée d'une législature. On aurait vite fait d'abroger la loi qui, sans réussir à diminuer d'un litre la consommation des boissons intoxicantes, aurait aidé à constituer de « grandes compagnies » de spiritueux, une oligarchie de l'alcool qui, pour défendre ses intérêts, ne reculerait devant aucune mesure de corruption ou de pression. Mais l'abrogation de la loi ne se ferait sans doute pas, après une pareille expérience, au profit des adversaires de l'alcoolisme; l'idée même du monopole d'État n'en tirerait aucun avantage : tout serait à recommencer.

Si le frein économique d'une taxation élevée ne suffit pas à restreindre la consommation des boissons spiritueuses et si la ruine brutale du petit commerce, qui en est la conséquence, n'est profitable qu'au grand commerce concentré entre les mains des producteurs d'alcool, le système des licences différentielles apparaît, par contre, comme

1. A. DEJEAN, *loc. cit.*, p. 125.

le corollaire nécessaire de la limitation. L'effet de la limitation légale est de réduire notablement, par le seul jeu des causes naturelles et judiciaires, le nombre des débits. Nous avons vu que cette diminution a été, en Algérie, en moins de dix années, d'environ 20 %. La diminution serait, sans doute, plus rapide sur le territoire de la métropole. Il n'y a guère de professions où les faillites soient plus fréquentes : 40 à 45 % sur le nombre total des faillites , près de 60 % dans les villes où la concurrence est plus âpre que dans les campagnes. La diminution s'accélèrera, en outre, du fait d'une réglementation plus sévère des débits, plus strictement observée, et des condamnations qu'entraîneront les fraudes et les voleries prévues par la loi. — Il arrivera donc une heure où les producteurs d'alcool et d'autres industriels seront tentés, en raison de la réduction du nombre des débits, de s'emparer du commerce des spiritueux. Déjà, dans la région du Nord, les distillateurs et les brasseurs ont pris l'habitude d'installer dans des immeubles dont ils sont propriétaires et qu'ils ont aménagés spécialement, des débits dont ils confient l'exploitation à des gérants qui s'approvisionnent chez eux[2]. Des capitalistes sans scrupule entrepren-

---

1. *Rapport Guérin.*
2. *Note du Ministère des Finances.*

dront demain d'élever dans les grandes villes, notamment dans les quartiers populeux, des « palais de l'alcool » à plusieurs étages, à l'exemple de l'Allemagne et de l'Angleterre. « Ne pouvant se multiplier, les débits s'agrandiront horizontalement et verticalement[1]. » — Désormais, il y aura donc lieu d'établir un système, rationnellement échelonné, de licences différentielles. Réduire les licences des cabaretiers qui ne débitent que des boissons hygiéniques, maintenir aux taux actuels celles des petits et des moyens débitants autonomes, augmenter fortement celles des tenanciers qui ne seront que de gérants au service des grands distillateurs, accroître jusqu'aux limites des taxes prohibitives celles des entrepreneurs de « palais de l'alcool », ce sont autant d'opérations longues et délicates qu'on ne pourra mener à bien qu'après des enquêtes minutieuses et avec toutes sortes de précautions contre la fraude, mais qui sont nécessaires, justes et conformes à l'intérêt social.

Il n'y a pas égalité, en effet, s'ils restent assujettis à la même licence, entre le débitant qui renonce et celui qui ne renonce pas à attirer la clientèle par l'attrait de boissons alcooliques. Il n'y a pas davantage égalité, s'ils acquittent les

---

1. *Rapport de la Fédération nationale du commerce des boissons.*

mêmes droits, entre le débitant autonome, qui supporte seul tous les frais de son établissement, et celui qui les partage avec le grand distillateur dont il est le gérant à gages pour écouler ses produits dans un immeuble aménagé à cet effet. La licence surélevée qui frappera le gérant retombera sur le propriétaire-distillateur, accroîtra ses frais généraux, diminuera ses bénéfices, rendra ce genre de commerce moins rémunérateur. Surtout, si l'État se trouve dépourvu de moyens de police pour interdire ou pour supprimer le genre d'industrie ou de commerce qui a pour objet d'intoxiquer en masse des milliers d'ouvriers et de petits bourgeois, de leur verser l'alcool à flots dans de vastes immeubles, installés avec luxe, il n'excède pas son droit quand il cherche à décourager des entreprises aussi détestables et à les ruiner par l'impôt.

C'est ce que l'Angleterre s'efforce de faire depuis quelque temps; la loi du 15 août 1904 autorise les magistrats « à mettre comme condition à la délivrance d'une licence nouvelle la prestation d'une somme égale à la plus-value qui doit résulter pour l'établissement de l'octroi même de la licence »[1].

Nombre de ces licences dépassent 50.000 francs;

---

1. DEJEAN, *loc. cit.*, p. 149.

plusieurs s'élèvent à 100, à 200 et à 250.000 francs[1]. C'est le tarissement, à bref délai, de la source principale d'où découle la fortune scandaleuse des propriétaires des « palais de l'alcool ». Quand elle s'applique à des capitaux et à des revenus d'une aussi révoltante impureté, la progressivité, si haut qu'elle s'élève, reste légitime. Il n'y a pas ici de degré où elle risque de devenir, selon le mot fameux de Stuart Mill, « de la volerie organisée ».

Comme la réduction progressive, lente assurément, mais non moins certaine des cabarets doit permettre non seulement aux agents du fisc, mais encore à ceux de la police d'exercer sur les débits une surveillance efficace, le Parlement a le devoir d'exiger du Gouvernement une application rigouresue des lois sur l'ivresse comme des lois sur les fraudes, et celle de quelques dispositions nouvelles qui les compléteront. Quelle que soit la loi que les magistrats laissent sommeiller, soit par négligence, soit pour d'autres raisons plus honteuses, le scandale est grand. Il devient de la félonie quand il s'agit des lois protectrices de la santé publique.

On a lu déjà l'aveu du Ministère de la Justice lui-

1. En 1905 : Deux licences annuelles de cabaretier à Ponty-pridd, 50.000 et 75 francs; licence à Chesterfield, 225.000 francs; licence à Aberaman, 250.000 francs. En 1906 : licence au Lower Caerphilly (Glamorgan), 100.000 francs; à Chesterfield, 162.500 fr. En 1907, à Kensington, 125.000 francs.

même que la loi sur l'ivresse est tombée à peu près en désuétude[1]. Ce sont des instituteurs qui écrivaient hier : « La loi de 1873 est encore moins appliquée que la loi sur la fréquentation scolaire, qui l'est pourtant fort mal ; les autorités poursuivront peut-être un retard de dix minutes dans la fermeture d'un café, mais personne ne songe à sévir contre un cabaretier qui ne laisse les clients tranquilles que lorsqu'ils sont tombés ivres-morts...[2]. Ces cabaretiers sans scrupules dépensent leur influence contre le maître sobre qui cherche à soustraire les jeunes gens à son action néfaste...[3]. La loi est inapplicable dans les communes rurales ; le garde champêtre ne peut sévir pour des raisons qui sautent aux yeux » — l'éternelle raison électorale. — « Les maires des communes rurales ne permettent pas à leur garde champêtre de surveiller les cafés ; il n'est pas permis au garde (dans les Deux-Sèvres) de verbaliser contre un ivrogne qui fait du bruit et qui insulte les honnêtes gens [4] ».

Un autre instituteur écrit : « L'État me paraît

---

1. Voir p. 24.
2. Articles 4, 5 et 6 de la loi du 23 janvier 1873.
3. Articles 7 et 8.
4. Articles 1, 2 et 3. — *Lettres d'un instituteur du Jura, d'un instituteur du Puy-de-Dôme, d'un instituteur des Deux-Sèvres*, reproduites dans le *Rapport au Ministre de l'Instruction publique* de M. Aubert, docteur ès sciences, professeur au lycée Charlemagne. (*Journal officiel* du 25 octobre 1910, p. 1283, col. 1.)

avoir, dans cette calamité qu'il perpétue, une terrible responsabilité. Lui qui, dans un esprit de lucre méprisable, multiplie les débits de boissons nocives, met, pour ainsi dire, le verre perfide sous le nez du travailleur et précipite la dégénérescence physique et morale de la démocratie, me semble quelque peu pharisaïque dans son instance à faire à l'alcoolisme une inoffensive guerre de parole et d'images... Ah! il y a le budget et la morale a des raisons que le budget ne comprend pas; puis, il y a la clientèle électorale des mastroquets! il y a [les puissants distillateurs!... Mais, au-dessus de tout cela, l'État oublie-t-il qu'il y a la France[1]? »

S'il est réconfortant de trouver ces pensées vigoureuses sous la plume d'un instituteur, le chef-d'œuvre de la déraison serait de les avoir publiées au *Journal officiel* et de ne pas leur opposer le prompt démenti d'une action un peu virile. La loi est-elle une enseigne menteuse? le Gouvernement n'a-t-il point de prise sur les administrations locales et les parquets qu'il doit diriger? les maires peuvent-ils s'arroger le droit d'empêcher la police et les gendarmes de faire leur devoir? la justice restera-t-elle plus longtemps inerte?

---

1. *Journal officiel*, p. 1283, col. 2.

Il n'est pas douteux qu'il eût suffi d'appliquer la loi de 1873 et les lois sur les fraudes avec quelque vigueur pour empêcher bien des progrès de l'alcoolisme. Qu'il soit nécessaire aujourd'hui de les fortifier pour réprimer des abus nombreux, cela n'est pas moins certain. La fraude s'est développée et a pris des formes nouvelles; l'alcool s'est attaqué à l'enfant, des milliers de débits sont tenus par de véritables proxénètes[1]; la vente à crédit des boissons spiritueuses fait du buveur un débiteur qui s'alcoolise tous les jours davantage pour payer sa dette; le commerce des boissons est devenu l'annexe d'autres commerces où la loi, n'exige pas les mêmes garanties de moralité chez le négociant. Apparemment, quelques-uns des actes immoraux ou pernicieux qu'il importe d'atteindre pourraient l'être par les lois existantes; mais ces lois ont été si obstinément laissées en sommeil qu'il serait difficile de tirer aujourd'hui de leur esprit ce qui n'est pas expressément dans leur lettre.

Si les pénalités ont surtout pour objet d'arrêter la répétition des délits par une crainte et des exemples salutaires, les plus efficaces ne seront pas celles qui

---

1. « Les débitants sont les adversaires des établissements mal famés et tenus par des proxénètes; ces gens-là n'ont rien de commun avec nos collègues. » (*Rapport de la Fédération nationale des débitants.*)

frapperont le débitant dans sa liberté, mais celles qui l'atteindront dans sa bourse.

En effet, les délits qu'il commet, c'est pour de l'argent; la plus redoutée des pénalités, après l'amende qui aura frappé, comme un avertissement, la première infraction, ce sera donc, à la récidive, l'incapacité, déjà prévue par la loi de 1880, d'exploiter à l'avenir un cabaret. L'incapacité n'aura pas besoin d'être prononcée par le tribunal; la deuxième condamnation l'entraînera de plein droit avec une inflexible certitude.

Nous vous proposons d'appliquer cette incapacité à tous les débitants qui auront encouru deux condamnations pour fraude fiscale ou pour fraude commerciale sur les boissons[1], pour vente clandestine de boissons spiritueuses dans des débits de boissons hygiéniques, pour avoir excité ou favorisé la débauche dans leurs établissements, ou pour avoir vendu des boissons alcooliques, soit en bouteilles, soit au petit verre, à des mineurs des deux sexes de moins de seize ans. Cette dernière innovation sera la plus importante de beaucoup, parce que l'alcoolisation de plus en plus fréquente des mineurs[2] est l'une des causes les plus certaines de

---

1. Texte proposé en 1907 par M. Caillaux, Ministre des Finances.
2. Voir rapport Aubert, p. 1284 du *Journal officiel* du 5 novembre 1910.

l'affreuse progression des dégénérés précoces et de la criminalité juvénile. Si le nombre des conscrits réformés atteint et, parfois, dépasse depuis plusieurs années le quart des contingents; « si le *maximum* de la criminalité pour les homicides et les vols, les coups et blessures et le vagabondage, se rencontre parmi les mineurs de vingt et un ans[1] », la part de l'alcoolisation de la jeunesse n'est guère inférieure à celle de l'hérédité alcoolique dans ces deux lamentables constatations des statistiques officielles.

Il importe de frapper sans pitié le vendeur d'alcool qui se fait sciemment le complice de ces déchéances.

Nous vous proposons en outre d'interdire l'adjonction d'un commerce quelconque à celui des boissons[2], et d'assimiler aux dettes de jeu, dont l'action n'est pas recevable, l'action en payement de boissons alcooliques vendues à crédit[3].

Nous ne nous dissimulons, Messieurs, ni l'oppo-

---

1. *Rapport du Garde des Sceaux sur l'Administration de la justice criminelle pendant l'année* 1909, dans le *Journal officiel* du 5 novembre 1910.

2. « Ce n'est pas faire injure aux cabaretiers d'assimiler leurs débits aux officines des pharmaciens. » (GIDE, *loc. cit.*)

3. Nous empruntons cette disposition au projet de loi sur le régime des cabarets présenté à la Chambre des Députés du grand-duché de Luxembourg.

sition que rencontreront ces propositions, si modestes soient-elles, de la part des intérêts particuliers ligués contre l'intérêt général, ni l'insuffisance de ces premières mesures pour refouler l'inondation alcoolique. Nous n'ignorons pas que nous sommes une démocratie imparfaite, dominée par des soucis électoraux. Si nous sommes persuadés que la limitation générale du nombre des débits, soumis à une réglementation sévère, sera « l'un des principaux remèdes au fléau de l'alcoolisme [1] », nous vous avons dit, avec une entière sincérité, que la proposition de loi dont nous avons l'honneur de vous saisir à nouveau, ne sera, si vous l'adoptez, que la préface d'autres mesures plus décisives, mais qui ne pourront être efficacement appliquées que si vous commencez logiquement par le commencement. A vous de juger après avoir pris connaissance du dossier que nous avons constitué et que nous joignons à cet exposé, à la fois incomplet et trop long. Déjà, un nombre considérable de débitants, non moins avisés qu'honnêtes, se sont prononcés pour la limitation qui les délivrera de concurrences à la fois ruineuses et corruptrices. — Et vous entendez bien, vous savez, si, du moins, vous avez pris la peine de nous lire, que,

---

1. *Note du Ministre des Finances.*

18.

si nous plaçons au-dessus de toute autre considération l'intérêt de l'hygiène et de la moralité
publiques, nous ne méconnaissons point, contre
toute évidence, soit l'intérêt fiscal, soit l'intérêt
économique, de cette grande question, si complexe,
des boissons spiritueuses. Sans l'immense ressource
que les spiritueux fournissent au Trésor, le budget
croulerait dans le déficit sans remède, et l'alcool
industriel, tout comme l'eau-de-vie de fruits, est
l'une des richesses du pays. Si nous sommes les
ennemis irréductibles de l'alcoolisme, nous ne
sommes pas plus les ennemis des eaux-de-vie des
Charentes que nous ne le sommes du vin, de la bière
et du cidre, et l'alcool industriel nous apparaît
comme l'un des plus merveilleux agents de
lumière et de force que la science ait découverts.
Nous demandons seulement, comme le disait un
jour M. Casimir Perier, « qu'on en remplisse de préférence les lampes, les réservoirs des automobiles,
les foyers des chaudières, et qu'on ne le verse pas
dans les estomacs », ou, du moins, qu'on ne l'y
verse que rectifié et à petites doses. Et nous demandons, nous aussi, que « le commerce de l'alcool ne
devienne pas le maître de l'État[1] ».

Laissez-nous espérer que vous pèserez toute la

1. Lord ROSEBERY.

responsabilité qui vous incombe. Permettez-nous de vous dire une fois de plus, avec la conscience profonde de ne commettre aucune exagération, que des décisions que vous prendrez dépendront, dans une incalculable mesure, et l'avenir de la démocratie, parce que l'alcoolisme « tend à diminuer l'aptitude des masses à comprendre les idées générales et à les appliquer, c'est-à-dire qu'il les rend moins aptes à gouverner [1] », et l'avenir même de la race, parce qu'un poison de la violence de l'alcool n'agit pas moins sûrement sur l'espèce que sur l'individu.

Si la France veut demeurer, et elle le veut, « la plus haute personne morale qui soit au monde », elle ne peut pas rester le peuple le plus alcoolisé de la terre.

1. LÉON SAY, *Rapport au Sénat.*

PROPOSITION DE LOI

Article premier.

L'ouverture de nouveaux débits de boissons à consommer sur place est interdite.

Ne sont pas considérés comme ouverture d'un nouveau débit pour l'application du présent article :

1° Le transfert d'un débit déjà existant, sans cession, dans la même commune et dans un rayon de 100 mètres au maximum;

2° La réouverture, sur le même emplacement, d'un débit fermé à la suite d'un sinistre, pourvu qu'elle soit faite au profit du titulaire ou de ses ayants droit, s'il est décédé ou failli;

3° La réouverture, dans le même local, d'un débit fermé depuis moins de six mois, à dater de la constatation faite par le service des contributions directes, par suite de décès ou de faillite, pourvu qu'elle soit faite au profit des ayants droit de l'ancien titulaire.

Art. 2.

Par dérogation à l'article précédent, des débits nouveaux pourront être ouverts, conformément à l'article 2 de la loi du 17 juillet 1880 :

1º Sur des points distants de plus de 500 mètres au moins de tout autre débit;

2º Dans les communes possédant moins d'un débit par 500 habitants;

3º Par l'application de l'article 10 de la loi du 17 juillet 1880;

4º A titre temporaire, sur l'autorisation du maire et dans une mesure limitée, déterminée pour chaque commune par le préfet après avis du Conseil municipal et de la Commission départementale, dans les stations balnéaires et villes d'eaux où les étrangers affluent à certaines époques de l'année et dont la liste sera établie par arrêté du Ministre de l'Intérieur.

Les dispositions ci-dessus ne pourront en aucun cas faire échec au pouvoir que confère aux maires l'article 9 de la loi du 17 juillet 1880.

Art. 3.

Aucun des débits ouverts ou transférés depuis la promulgation de la présente loi ne pourra, à l'avenir, être établi que dans des locaux sans communication directe avec ceux qui sont affectés à un autre commerce.

Art. 4.

Les dispositions de l'article 1er ci-dessus ne sont pas applicables :

1o Aux établissements où ne se débitent que des boissons hygiéniques;

2o A ceux où les boissons ne sont généralement offertes que comme complément de la nourriture.

Art. 5.

Les dispositions de l'article 3 ci-dessus ne sont pas applicables :

1o Aux débits ayant la gérance des bureaux de tabacs;

2o Aux débits temporaires établis à l'occasion des foires et fêtes.

Art. 6.

Pour les nouveaux débits visés aux numéros 1 et 2 de l'article 2 de la présente loi, et, lors de leur première ouverture, pour les débits visés au numéro 4 du même article, ainsi que pour les débits transférés dans les conditions prévues au numéro 1 de l'article 1er, une taxe égale à cinq fois le droit de licence exigible annuellement sera due par le propriétaire, l'usufruitier ou l'emphytéote de l'immeuble où s'ouvre le débit.

Cette taxe sera payée, en une seule fois, dans les huit jours de la notification faite au débitant de la catégorie dans laquelle il est rangé pour l'application du droit de licence.

Tout débit qui passera, au point de vue du droit de licence, dans une catégorie supérieure, donnera lieu au payement d'une taxe d'ouverture égale à cinq fois le complément du droit exigible et perçu dans les conditions fixées au paragraphe précédent.

Art. 7.

Il est interdit de vendre des boissons alcooliques, soit en bouteille, soit au petit verre, aux mineurs des deux sexes de moins de seize ans accomplis.

Art. 8.

Il est interdit de vendre à crédit des boissons alcooliques, soit en bouteille, soit au petit verre.

L'action en payement des boissons vendues en infraction du présent article ne sera pas recevable.

Ces dispositions ne s'appliquent pas à l'action en payement de dettes contractées du chef de logement dans les hôtels et auberges et du chef de repas comprenant à la fois des boissons et des aliments.

Art. 9.

Toute infraction aux dispositions des articles 1er, 6 et 7 de la présente loi sera punie d'une amende de seize francs (16 fr.) à deux cents francs (200 fr.). En cas de récidive, l'amende sera portée au double. Le coupable pourra, en outre, être condamné à un emprisonnement de six jours à un mois.

Toutefois, dans le cas où le débitant sera prévenu d'avoir servi des liqueurs alcooliques à un mineur âgé de moins de seize ans accomplis, il pourra prouver qu'il a été induit en erreur sur l'âge du mineur; s'il fait cette preuve, aucune peine ne lui sera applicable de ce chef.

Les mêmes peines seront applicables à tout individu qui, ayant déclaré ouvrir un établissement où il ne débitera que des boissons hygiéniques ou transformer son établissement en un débit où ne se vendront que des boissons hygiéniques, y aura vendu ouvertement ou clandestinement des boissons alcooliques.

Les articles 474 et 483 du Code pénal seront applicables aux contraventions et délits indiqués aux paragraphes précédents.

Art. 10.

Tous cafetiers, cabaretiers et autres débitants de boissons à consommer sur place, qui, en recevant habituellement dans leurs établissements, pour s'y livrer à la prostitution, des filles ou des femmes de débauche, ou des individus de mœurs spéciales, auront excité ou favorisé la débauche, seront condamnés à un emprisonnement de six jours à six mois et à une amende de cent francs (100 fr.) à deux mille francs (2.000 fr.). Ils seront déchus, pendant cinq ans, de leurs droits politiques.

ART. 11.

Ne peuvent exploiter des débits de boissons à consommer sur place les individus qui, par eux-mêmes, par leurs fondés de pouvoir ou leurs représentants, se trouvent en état de récidive pour fraude en matière fiscale, pour toute fraude sur les boissons prévue par les lois des 14 août 1889, 11 juillet 1891, 24 juillet 1894, 6 avril 1897, 1er août 1901, 6 août 1905 et 29 juin 1907, pour récidive de rébellion, de coups et blessures et d'ivresse publique, ainsi que pour les délits prévus à l'article 7, au paragraphe 2 de l'article 8 et à l'article 9 de la présente loi.

Le jugement prononçant la seconde condamnation pour les fraudes et délits prévus au paragraphe précédent contre un débitant de boissons à consommer sur place entraînera de plein droit contre lui l'interdiction d'exploiter un débit quelconque à partir du jour où le jugement sera devenu définitif.

Le débitant ne pourra être employé, à quelque titre que ce soit, dans l'établissement qu'il exploitait, comme attaché au service de celui auquel il aurait vendu ou loué ou par qui il ferait gérer ledit établissement ni dans l'établissement qui serait exploité par son conjoint même séparé.

Toute infraction aux dispositions du présent article sera punie des peines prévues à l'article 8 pour les récidives.

L'interdiction pourra être levée par arrêté préfectoral, sur le rapport du procureur de la République, cinq ans après l'expiration de leur peine, à l'égard des condamnés pour délits si, pendant ces cinq années ils n'ont encouru aucune condamnation correctionnelle à l'emprisonnement.

Toutefois, l'interdiction sera perpétuelle à l'égard des individus qui auront été condamnés par application de l'article 9.

Art. 12.

Sont abrogées toutes dispositions contraires à la présente loi.

DEUXIÈME PARTIE

DISCOURS ET PROJETS
CONTRE L'ALCOOLISME

PROPOSITION

TENDANT

A LA LIMITATION DES DÉBITS DE BOISSONS

Présentée le 11 juin 1895[1] à la Chambre des Députés par M. JOSEPH REINACH

ARTICLE ADDITIONNEL : « A partir de la promulgation de la présente loi, nul ne pourra ouvrir un débit comportant la vente de l'alcool ou des spiritueux, sans une autorisation émanée du Préfet et rendue de l'avis d'une Commission départementale ainsi composée :

Le Préfet, *président;*

Le Président du tribunal de première instance, siégeant au chef-lieu;

Les Directeurs des contributions directes et indirectes;

Et quatre Conseillers généraux élus annuellement par le Conseil général. »

1. Cette proposition était présentée comme amendement au projet de loi concernant la réforme de l'impôt des boissons; elle fut disjointe par la Commission du Budget.

PROPOSITION DE LOI

TENDANT

à la suppression du principal de l'impôt foncier
sur la propriété non bâtie
et à son remplacement par une surtaxe de 70 francs
par hectolitre d'alcool pur

Présentée le 27 octobre 1896 à la Chambre des Députés
par
MM. Joseph Reinach, Alicot, Paul Lebaudy, Adrien Lannes
de Montebello, Laurençon, Pierre de Rémusat et Louis
Berthet.

L'exposé des motifs de cette proposition, présentée
comme amendement à la loi sur les contributions directes
et aux taxes y assimilées de l'exercice 1897, comprenait
deux parties. Dans la première, M. Joseph Reinach justifiait par des considérations économiques et politiques la
transformation de l'impôt foncier sur la terre en un impôt
départemental et communal; il reprenait la forte thèse de
M. Léon Say que la raison d'être de cette taxe, sous l'ancien régime, à savoir la copropriété de l'État dans les
biens, « était contraire tant aux principes de la science mo-
derne qu'à l'article 2 de la Déclaration du 14 septembre
1791 sur les droits naturels et imprescriptibles de l'homme »,
et que, par conséquent, la suppression de la contribution
foncière serait bien moins un cadeau « qu'une restitution »
faite à l'agriculture[1]; la suppression du principal ferait dis-

1. Discours du 4 mars 1881 sur l'impôt foncier.

paraître l'insoluble question de la péréquation du cadastre ; ce dégrèvement sans précédent de 103 millions rattacherait à la terre soulagée d'un poids écrasant le paysan qui s'en éloignait ; ce serait l'arrêt immédiat de la dépopulation des campagnes, la fin de ces ventes d'immeubles ruraux qui menaçaient de devenir « une véritable liquidation de la propriété rurale ». — Dans la seconde partie, M. Reinach proposait de demander à l'alcool la compensation des 103 millions qui disparaîtraient du budget de l'État, par suite de la transformation de la contribution foncière en impôt local.

C'est cette seconde partie de l'exposé des motifs que nous reproduisons ci-après :

I

DE LA SURTAXE DE L'ALCOOL COMME TAXE DE REMPLACEMENT

La suppression du principal de l'impôt foncier coûterait à l'État 103 millions ; comment remplacer cette recette ?

Nous demanderons à une surtaxe la compensation des 103 millions qui seront donnés ou, plutôt, restitués à l'agriculture.

Nous nous adressons à l'alcool pour deux raisons principales : en raison de la théorie, aujourd'hui bien connue et classée, *des consommations vicieuses*; et parce que l'alcool est, de toutes les ressources budgétaires, celle qui peut supporter le plus facilement une surtaxe relativement élevée.

On ne prétend pas que d'autres droits ne seraient

pas susceptibles d'être surélevés ni, surtout, qu'il n'y aurait point dans notre budget des économies sérieuses à réaliser, *notamment sur les crédits, toujours et démesurément croissants, du personnel administratif.* Seulement ces réformes, qu'il faut vouloir opérer, nécessitent de longues études; celle de l'alcool, au contraire, est toute prête.

Au surplus, comme la suppression du principal de l'impôt foncier profitera exclusivement, du moins directement, aux cultivateurs, il paraîtra juste de surtaxer une denrée dont la consommation ne s'est pas moins développée, hélas! dans les campagnes que dans les villes.

Le droit actuel sur l'hectolitre d'alcool pur est de 156 francs; il produit environ 260 millions, — exactement, pour le dernier exercice, 258.927.000 francs, — en raison d'un million et demi d'hectolitres, en chiffres ronds.

La Commission du budget de 1895 avait établi que, pour combler le déficit de 167 millions provenant du dégrèvement total des boissons hygiéniques, il fallait surtaxer l'alcool de 108 ou 111 francs, et la Chambre avait voté à cet effet une surtaxe portant le droit à 275 francs.

La Commission du Sénat a réduit le dégrèvement des boissons hygiéniques de 167 à 128 millions; elle ne demande plus que 65.600.000 de francs à l'alcool; elle a proposé de le surtaxer de 43 fr. 75.

En calculant sur les mêmes bases, on trouve qu'une surtaxe de 70 francs donnerait environ 106 millions pour 103 millions réclamés par le dégrèvement de l'impôt foncier.

Le droit sur l'alcool serait donc porté, du fait du dégrèvement de l'impôt foncier, de 156 francs à 226 francs.

Une surtaxe de l'alcool, qu'on limite la réforme fiscale à la suppression du principal de l'impôt foncier ou qu'on l'étende au dégrèvement des boissons hygiéniques qui la porterait à 270 francs, nécessite une nouvelle législation des bouilleurs de cru et des bouilleurs de profession. Pour ne pas compliquer la question, nous acceptons les mesures très modérées et très justes qui ont été proposées au Sénat et votées par lui pour empêcher la fraude.

Cette surtaxe est-elle légitime? Le rendement du nouveau droit est-il assuré?

II

DES RAVAGES DE L'ALCOOLISME

M. Émile Alglave a résumé en ces termes la théorie des consommations vicieuses :

« Les substances qu'absorbent tous les hommes et qui représentent les consommations générales se divisent en deux catégories : 1º *les aliments*, comme le pain, la viande, le lait, les œufs, les légumes, le vin, la bière, etc., qui nourrissent l'homme, entretiennent et renouvellent ses forces; 2º *les excitants*, qui agissent principalement sur le système nerveux et quelquefois aussi sur la digestion, comme le sel, le poivre, le tabac, les parfums, la morphine, le thé, le café, l'alcool et les boissons qui en contiennent.

« Parmi ces excitants, certains sont modérés et utiles, comme le sel; d'autres complètement inutiles, comme le tabac; d'autres, enfin, tout à fait nuisibles, comme l'alcool et la morphine, qui agissent violemment sur le système nerveux et le désorganisent.

« C'est sur la classe des excitants qu'il faut faire porter les impôts de consommation, en se montrant d'autant plus impitoyable pour chacun d'eux qu'ils sont plus violents. On est donc conduit, s'il se peut, à concentrer tout l'impôt sur les excitants nuisibles, comme l'alcool, la morphine ou le tabac, de manière à décharger complètement non seulement toutes les substances alimentaires, mais même les excitants modérés, comme le vin, la bière, le cidre, le sel, qui sont en même temps utiles à l'alimentation et forment une catégorie intermédiaire. »

Il doit être inutile, après tant de cris d'alarme qui ont été poussés depuis un quart de siècle, d'insister longuement, une fois de plus, sur le progrès et les dangers croissants de l'alcoolisme en France. Quelques chiffres suffiront.

L'Académie de médecine a émis depuis longtemps l'avis que l'une des causes principales de l'alcoolisme dans notre pays, c'est l'augmentation démesurée et d'année en année toujours croissante du nombre de débits de boissons et de cabarets. On a prétendu que cette augmentation n'est pas la cause principale de l'alcoolisme, mais qu'elle en est l'un des effets. Évidemment, ici comme ailleurs, les effets et les causes s'enchainent, et la multiplication des cabarets a répondu, cela n'est point contestable, à de certaines prédispositions. Mais ces prédispositions, qui tenaient elles-mêmes à d'autres causes dont quelques-unes sont très profondes, il fallait essayer de les combattre; or, la loi du 17 juillet 1880 qui a rétabli la liberté illimitée du commerce des boissons, comment nier qu'elle les ait au contraire favorisées, excitées et surexcitées?

C'est, d'ailleurs, en la prenant pour point de départ, que nous apercevrons et suivrons le plus facilement le développement de l'alcoolisme. Le mal est aussi terrible que récent. En 1863, le *Dictionnaire de l'Académie* ignore encore le mot alcoolisme, et Littré, dans son premier fascicule, le définit ainsi : « Maladie caractérisée par une détérioration graduelle de la constitution et par des accidents nerveux; *elle s'observe surtout dans les pays froids.* »

Reportons-nous maintenant au *Bulletin officiel de statistique* auquel sont empruntés tous les chiffres qui vont suivre :

En 1850, à la veille du décret qui soumet à l'autorisation administrative l'ouverture des cabarets, décret dont la pensée politique était fâcheuse, mais dont l'utilité sociale était certaine, le nombre des débits de boissons était de 350.424.

L'effet du décret de décembre est de faire tomber ce chiffre dans des proportions assez considérables; puis ce chiffre se relève et, à la fin de l'Empire, nous trouvons, en 1869, 364.875 débits, soit, pour une période de vingt années, une augmentation de 14.451 débits, environ 700 débits nouveaux par an.

L'accroissement, dans la période décennale qui suit et pendant laquelle le décret de 1851 continue à être appliqué, n'est pas beaucoup plus considérable ni plus rapide. De 348.590 débits en 1873, déduction faite de l'Alsace-Lorraine, on arrive, en 1879, à 354.852 débits, soit une augmentation de 6.000 débits en six ans, environ 1.000 débits nouveaux par an.

Mais voici la loi du 17 juillet 1880 et, aussitôt, le nombre des débits s'élève, dans l'espace d'une seule année, de 356.863 à 367.823, Paris non compris, soit de 11.960, et il s'élève, l'année suivante, à 372.587.

C'est-à-dire qu'en deux ans, de 1880 à 1882, le nombre des débits s'est augmenté de 15.724, soit, avec une majoration de 1.273, du même chiffre dont s'était accru le nombre des débits, en vingt années, de 1850 à 1870.

Naturellement, la période ascensionnelle continue. *Vires acquirit eundo.* De 372.587 débits, en 1882, nous passons, en 1886, à 401.021, soit plus de 7.000 débits nouveaux par an, au lieu de 700 débits de la période 1850-1870 et des 1.000 débits de la période 1870-1880. Nous arrivons ainsi, en 1893, au chiffre formidable de 416.691 débits pour la province et de 27.000 environ pour Paris. Nous avons dépassé aujourd'hui 450.000.

Sait-on ce que représentent, par habitant, ces 450.000 débits? En 1879, à la veille de la loi qui établit la liberté du commerce des boissons, il existait, en France, *un* débit par 102 habitants; aujourd'hui, à la date du dernier recensement, il existe en moyenne *un* débit par 78 habitants, c'est-à-dire un débit par 30 adultes.

Décomposons cette moyenne :

Dans le Nord, où le nombre des débits a passé de 26.177 en 1879, à 34.800 en 1885, soit 8.000 débits de plus en cinq ans — plus de la moitié, dans un seul département, du nombre total de l'augmentation des débits dans toute la France, de 1850 à 1870 — dans le Nord, dans le Pas-de-Calais et dans la Somme, où il n'y avait, en 1879, qu'un débit par 75 habitants, il y a aujourd'hui un débit par 30 ou 40 habitants, c'est-à-dire un débit par 10 ou 15 adultes.

Dans le département de la Seine-Inférieure, il y a aujourd'hui un débit par 12 habitants.

Dans le département de Lot-et-Garonne, le nombre de débits a *doublé* dans la période quinquennale qui a suivi la loi de 1880.

Dans certains villages de la Loire et des Vosges, on trouve un débit par trois ou quatre maisons.

A Paris, un débit par 50 ou 60 habitants.

La relation de cause à effet entre le nombre des débits et l'abus de la boisson alcoolique n'est pas moins certaine.

De 1850 à 1879, la production de l'alcool s'était élevée, malgré les surtaxes qui avaient porté les droits de 37 à 156 francs, de 940.000 à 1.488.000 hectolitres, soit, en trente ans, de 548.000 hectolitres.

De 1879 à 1889, en dix ans, *sans nouvelle surtaxe*, elle passe de 1.488.000 à 2.246.000 hectolitres, soit une augmentation de 758.000 hectolitres.

C'est-à-dire que, dans les six années qui ont suivi la loi de 1880, pendant que les cabarets montent de 354.852 à 410.069, l'augmentation annuelle de la consommation de l'alcool a été plus du triple, près du quadruple, de ce qu'elle avait été pendant la période antérieure.

Si l'on considère spécialement la production des alcools de betterave, on voit que, de 1852 à 1880, elle s'est tenue entre 280.000 et 300.000 hectolitres; dans la période quinquennale qui suit la promulgation de la loi de 1880, elle passe à 600.000 hectolitres.

De même pour la consommation de l'absinthe; toujours dans la même période quinquennale, elle passe de 20.000 à 58.000 hectolitres pour atteindre, en 1892, le chiffre de 129.678 hectolitres.

Les statistiques relatives à la consommation moyenne — par habitant — sont plus saisissantes encore.

En 1830, la consommation moyenne de l'alcool est de 1 litre 12 décilitres par habitant; de 1830 à 1880, en un demi-siècle, elle passe de 1 litre 12 à 2 litres 84; de 1880 à 1890, elle passe de 2 litres 84 à 4 litres 32; c'est-à-dire que, dans la période quinquennale qui a suivi la loi de 1880, elle a augmenté d'autant que dans les cinquante années précédentes.

Mais ces 4 litres 32 ne sont qu'une moyenne pour toute la France; il faut voir quelle est cette moyenne dans les villes et les départements où la statistique officielle signale la plus rapide et la plus considérable augmentation des débits de boissons.

En 1873, il y a encore 29 départements où il a été consommé moins d'*un* litre d'alcool par habitant; en 1885, il n'y en a plus que 4, les deux Savoie, la Corse et le Gers; aujourd'hui, il n'y en a plus.

En 1873, il y a 10 départements où il a été consommé plus de 6 litres d'alcool par habitant; en 1885, il y en a 23. Dans l'Aisne, la quotité annuelle de la consommation par habitant est de 9 litres 65, dans le Calvados de 7 litres 88; dans l'Eure-et-Loir, de 7 lit. 18; dans l'Oise, de 9 litres 43; dans le Pas-de-Calais, de 7 litres 66; dans la Seine-Inférieure, de 12 litres 75; dans la Somme, de 10 litres 43.

Voici les chiffres pour quelques villes : à Paris, la quotité annuelle de la consommation par habitant est de 7 litres 29; à Marseille, de 6 litres 90; au Hâvre, de 16 litres 59; à Rouen, de 16 litres 92; à Amiens, de 10 litres 51; à Brest, de 10 litres 99; au Mans, de 11 litres 99; à Boulogne, de 12 litres 23; à Caen, de 16 litres 9, et à Cherbourg, de 19 litres 58.

Observez qu'il s'agit : 1º de la consommation de l'alcool pur, alors qu'un litre d'alcool pur ramené au degré habituel de l'eau-de-vie de commerce et des liqueurs représente environ 3 litres; 2º de la consommation par habitant, c'est-à-dire qu'on fait entrer dans ce calcul les femmes, les enfants, les malades et tous ceux, encore nombreux, qui ne sont pas alcooliques. Dès lors, à Paris, par exemple, 7 litres 29 d'alcool pur par habitant représentent de 50 à 60 litres, et 19 lit. 58 à Cherbourg représentent environ 120 litres de consommation pour les adultes.

Si vous ajoutez maintenant à la moyenne de 4 lit. 32 pour l'alcool pur, la moyenne de l'alcool absorbé dans la bière, 0 litre 69, dans le vin, 7 litres 9, et dans le cidre, 0 litre 9, vous arrivez, par personne, au total formidable de 13 litres 81.

M. Jules Denis, professeur à Genève, a établi la même statistique pour quelques autres pays. Après la France, qui tient la tête, viennent la Suisse avec 11 litres; la Belgique avec 10 litres 59; l'Italie, qui ne boit guère que du vin, avec 10 litres 22; l'Allemagne et l'Angleterre, qui boivent surtout de la bière, avec 9 litres 23. La Suède et la Norvège ont respectivement pour moyenne 4 litres 39 et 3 litres 31.

Si l'on tient compte de la consommation antérieure de chacun de ces pays, on voit que la consommation est à peu près stationnaire en Italie et en Suisse; qu'elle a diminué, dans l'espace de soixante-dix ans, de 1829 à 1889, en Suède, de 22 litres à 4, et en Norvège, de 9 litres à 3; en Angleterre, de 1876 à 1892, de 11 litres à 9; en Allemagne, de 1886 à 1892, de 11 litres à 9; mais qu'elle a passé, pour la Belgique, de 1853 à 1896, de 7 litres à 10, et, pour la France, de 1830 à 1892, de 8 litres à 14.

Tous ces chiffres étant ceux de l'alcool à 100 degrés, il faut les tripler pour avoir ceux de l'eau-de-vie ordinaire.

Voilà pour la consommation; voici maintenant quelques-uns des résultats de l'alcoolisme en France.

De 1830 à 1850, les suicides pour cause d'alcoolisme varient entre 5 et 10 pour 100.000 habitants; en 1890, ils sont de 25 pour 100.000 habitants. De 6.299 en 1876, ils passent, en 1892, à 8.840.

La criminalité due à l'alcoolisme n'excède pas 10 % en 1879; elle est aujourd'hui de 40 %.

Les greffiers de plusieurs prisons de Paris (40.000 débits) ont fourni à un rédacteur de *La Science française* les chiffres suivants :

Sur 100 détenus pour assassinat, 53 alcooliques;

Sur 100 condamnés pour viol et outrage public à la pudeur, 54 alcooliques;

Sur 100 détenus pour incendie volontaire, 57 alcooliques;

Sur 100 condamnés pour mendicité et vagabondage, 70 alcooliques;

Sur 100 condamnés pour coups et blessures, violences et brutalités, 90 alcooliques.

Même augmentation pour la folie. C'est dans les départements où il y a le plus de cabarets que la folie sévit avec le plus d'intensité. M. Claude (des Vosges) et le Dr Jeoffroy, comparant la proportion des aliénés alcooliques qui sont entrés dans les asiles départementaux pendant les deux périodes quinquennales de 1861 à 1865 et de 1881 à 1885, après la loi sur la liberté du commerce des boissons, établissent notamment que la proportion s'est élevée pour le Cher de 18 à 28 %; pour la Côte-d'Or, de 5 à 29 %; pour la Marne, de 12 à 29 %; pour la Sarthe, de 16 à 33 %.

De même encore pour l'épilepsie, pour l'idiotie, pour le rachitisme des enfants nés d'alcooliques, car l'alcoolisme atteint l'individu dans ses enfants et petits-enfants. Darwin a établi que la descendance de l'ivrogne disparaît à la troisième ou à la quatrième génération.

Cette descendance, avant qu'elle disparaisse, n'est d'ailleurs qu'une collection de malfaiteurs, de vagabonds et de filles. C'est ainsi que le professeur Pellmann, de l'université de Bonn, a pu reconstituer la descendance d'une femme, nommée Ada Surke, qui mourait alcoolique à soixante et quelques années, au commencement de ce siècle. Sa postérité comprenait 834 individus; le professeur Pellmann a pu reconstituer l'identité de 709 d'entre eux : 106 étaient nés en dehors du mariage, 142 mendiants, 64 pensionnaires

des dépôts de mendicité, 181 femmes devinrent filles
publiques et 70 furent condamnés pour divers crimes.

Le Dr Rochard avait estimé que l'alcool coûtait
1.200.000.000 de francs du salaire des ouvriers; le
professeur Lannelongue porte ce chiffre à près de
2 milliards.

Enfin, M. Guillemet établit que le nombre des réformés a quadruplé dans la Seine-Inférieure, quintuplé
dans l'Ille-et-Vilaine, augmenté dans tous les départements à mesure qu'augmentait la consommation
de l'alcool.

On peut en conclure :

Ou bien le législateur prendra rapidement, énergique-
ment, un ensemble de mesures pour arrêter les progrès de l'alcoolisme, — ou la France est destinée à
mourir lentement, comme les Peaux-Rouges, des abus
de l'eau de feu.

Or, la France, dont il a été dit qu'elle est la plus
grande personne morale qui soit au monde, repousse
cette fin honteuse; elle veut vivre, revivre forte et
saine.

Le mal qui la mine est connu; les remèdes au mal ne
le sont pas moins.

Ils sont au nombre de cinq :

Il faut braver la colère des marchands de poison
et réformer la loi de 1880. Non point qu'il soit possible
ni même désirable de revenir au décret de 1850. Ce
n'est plus au seul Préfet, agent politique, que la loi
donnerait à l'avenir le droit d'autoriser l'ouverture
de nouveaux débits, mais bien à une Commission qui

serait composée, en nombre égal, d'agents de l'Administration et de délégués du Conseil général. J'ai déposé dans ce sens, sur le bureau de la Chambre, une proposition qui a été l'objet d'un sous-amendement excellent de M. Henry Cochin. Il arrivera bien une heure où nous pourrons discuter cette question.

Il faut organiser dans nos écoles un enseignement anti-alcoolique qui inspire de bonne heure la crainte du poison; M. Poincaré a pris cette heureuse initiative.

Il faut, par le dégrèvement des vins, de la bière et du cidre, ramener la grande masse des consommateurs aux boissons hygiéniques; le Sénat et la Chambre des Députés finiront bien par se mettre d'accord sur un texte de loi qui assure cette réforme.

Il faut soumettre à la rectification, sous des peines sévères, tous les alcools livrés à la consommation; cette mesure est un corollaire de la précédente.

Il faut enfin que la France, aujourd'hui celui de tous les pays où l'alcoolisme sévit avec plus de violence, cesse d'être l'un de ceux où l'alcool est le moins imposé.

La santé physique et morale, l'existence même de la France sont à ce prix.

Il nous reste à montrer que l'alcool peut supporter immédiatement une double surtaxe, l'une qui permettra de supprimer les droits sur les boissons hygiéniques, l'autre qui permettra de supprimer le principal de l'impôt foncier.

III

DE LA SOLIDITÉ FISCALE DE L'ALCOOL

Avant la loi du 24 juin 1824, l'alcool était frappé de trois taxes *ad valorem*, portant séparément sur la circulation, la consommation et le détail. La loi de 1824 unifia ces droits et les confondit en un seul, perçu d'après la richesse alcoolique; ce droit unique, appelé *droit général de consommation*, était, à l'origine, de 55 francs par hectolitre d'alcool pur; il a subi, depuis 1824, les modifications suivantes :

Loi du 12 décembre 1830 : 37 francs; diminution de 32 %.

Loi du 14 juillet 1855 : 60 francs; augmentation de 45 %.

Loi du 26 juillet 1860 : 90 francs; augmentation de 50 %.

Loi du 1er septembre 1871 : 150 francs; augmentation de 66 %.

Loi du 30 décembre 1873 : 156 fr. 25; augmentation de 5 %.

Cette taxe de 156 francs peut-elle être augmentée ? De quelle surtaxe peut-elle être accrue sans tarir la source de production ?

Pour répondre à cette double question, il est indispensable de rechercher d'abord quelle a été sur la consommation de l'alcool l'influence des surtaxes successives de 1855, 1860, 1871 et 1873. Le tableau suivant montrera tout de suite que cette consommation, malgré les surtaxes, est allée en augmentant, presque régulièrement, d'année en année.

ANNÉES	DROIT DE CONSOMMATION	QUANTITÉS IMPOSÉES
	francs.	hectolitres.
1854......................	37 »	601.699
1855......................	60 »	714.813
1856......................	»	768.394
1859......................	»	823.623
1860......................	90 »	851.823
1861......................	»	832.926
1862......................	»	857.592
1870......................	»	882.790
1871......................	150 »	1.013.216
1872......................	»	755.464
1873......................	156 25	931.450
1874......................	»	970.599
1875......................	»	1.019.052
1883......................	»	1.484.020
1884......................	»	1.488.685
1894......................	»	1.539.389

Dégageons la signification, très claire, de ces chiffres :

En 1830, le droit est abaissé de 55 francs à 37 francs; la consommation fléchit de 1 litre 12 à 1 litre 9, ce qui est insignifiant, et remonte, l'année suivante, à 1 lit. 13 pour s'élever graduellement, en 1854, à 1 litre 68.

En 1855, le droit est porté de 37 francs à 60, soit une augmentation de 45 %; la consommation, qui est de 2 litres, s'élève, en 1856, à 2,13 et en 1857 à 2,29, chiffre où elle va rester à peu près stationnaire jusqu'à la fin de l'Empire, non point à cause de la surtaxe, mais, comme on l'a vu plus haut, à cause du décret de 1850 qui soumettait à l'autorisation administra-tive l'ouverture des débits de boissons.

En 1871, le droit est porté de 90 francs à 150 francs; il est presque doublé; la consommation fléchit un ins-tant, en 1872, mais d'une manière insignifiante, de 2 litres 81 à 2 litres 09, l'année précédente (1871) ayant été d'ailleurs une année exceptionnelle; mais elle remonte, en 1873, avec une nouvelle surtaxe de 6 fr. 25, à 2 litres 59; en 1875, elle revient à 2 litres 82 pour ne plus cesser de monter.

Voici donc une première preuve mathématique, irréfutable, que l'augmentation des droits de l'alcool, même quand elle est de 50 et de 60 %, ne fait pas fléchir la consommation.

Si, au lieu de considérer la consommation moyenne, nous comparons la progression des droits avec la pro-gression des quantités imposées, les chiffres seront peut-être encore plus démonstratifs.

Ainsi encore, le droit sur l'alcool, qui est en 1854 de 37 francs, est porté en 1885 à 60 francs; la matière imposable, qui était de 601.699 hectolitres en 1854, s'élève à 714.813 en 1855, et à 768.394 l'année sui-vante.

ANNÉES	DROIT DE CONSOMMATION.	CONSOMMATION MOYENNE PAR TÊTE.
	francs.	litres.
1830................................	37 »	1 12
1831............................	»	1 09
1832............................	»	1 13
1854............	»	1 68
1855.	60 »	2 »
1856............................	»	2 13
1857...........................	»	2 29
1859	»	2 28
1860............................	90 »	2 27
1861	»	2 23
1862...........................	»	2 29
1870............................	»	2 32
1871	150 »	2 81
1872	»	2 09
1873..........................	156 25	2 59
1874.................... ...	»	2 69
1875...........................	»	2 82
1883..	»	3 96
1884..................	»	4 »

Le droit sur l'alcool qui est, en 1859, de 60 francs
est porté, en 1860, à 90 francs; la matière imposable,
qui est de 851.823 hectolitres en 1860, fléchit à peine
de 17.000 hectolitres, en 1860, et remonte, dès 1862,
à 857.592 pour atteindre 882.690 en 1870.

Ce droit est porté à 150 francs en 1871, et à 156 fr. 25
en 1873; la matière imposable, qui a été en 1871, année
exceptionnelle, de 1.013.216, fléchit sans doute, en
1872, à 755.464, mais la surtaxe n'est point la cause

de cet abaissement, d'ailleurs peu considérable et passager; la cause en est dans la loi sur les bouilleurs de cru qui fonctionna de 1872 à 1875, et qui marqua tout naturellement un temps d'arrêt dans la production; mais, dès 1873, nous passons de 755.464 à 934.450, alors que la surtaxe vient d'être élevée de 6 francs; nous passons, en 1874, à 970.599 et, en 1875, après la suppression de la loi sur les bouilleurs, à 1.019.052, pour arriver, en 1884, à 1.488.685, en 1894 à 1.539.389.

Donc, les quantités imposées ne diminuent pas avec la surtaxe; le seul fléchissement sérieux, celui de 1872, est dû à d'autres causes, et il ne dure pas un an. Au surplus, si nous considérons des périodes d'ensemble, la statistique devient encore plus démonstrative :

En 1854, le droit sur l'alcool étant de 37 francs, la quantité imposée est de 601.699 hectolitres;

De 1855 à 1860, les droits sont de 60 francs; les quantités imposées s'élèvent à 851.823 hectolitres;

De 1861 à 1870, les droits sont de 90 francs; les quantités imposées s'élèvent à 882.790 hectolitres;

De 1871 à 1873, les droits sont portés de 90 à 150 fr., presque doublés; les quantités imposées, malgré la perte de trois départements, s'élèvent toujours, après un fléchissement passager en 1872, à 934.450 hectolitres;

De 1873 à 1894, les droits sont portés à 156 francs; la quantité imposée s'élève au bout d'un an à plus de 1 million d'hectolitres, et la marche ascendante n'arrête plus.

En résumé, quand le droit était à 37 francs, la consommation était de 600.000 hectolitres en chiffres ronds; il est de 156 fr. 25, c'est-à-dire plus que quadruplé, et la consommation est de 1 million et demi d'hectolitres en 1894; elle a presque triplé.

Veut-on comparer enfin le droit de consommation avec la production elle-même, voici les chiffres :

En 1854, avec un droit de 37 francs, la production est de 914.000 hectolitres;

Le droit est porté, en 1855, à 60 francs; la production s'élève, en 1859, à 1.032.000;

Le droit, en 1860, est surélevé de 30 francs; la production monte régulièrement, jusqu'en 1869, à 1.411.000;

Le droit est porté à 150 francs en 1871; la production, malgré la guerre et la cession de l'Alsace-Lorraine, s'élève à 1.601.000 en 1871, et à 1.891.000 en 1872;

Nouvelle surtaxe en 1873, et la production, après un fléchissement passager pendant le fonctionnement de la loi sur les bouilleurs, monte, en 1875, à 149.000, dépasse 2 millions en 1886 et arrive, en 1894, à 2.239.000 hectolitres.

Il est démontré, en ce qui concerne les surtaxes de 1855, 1860, 1871 et 1873, qu'elles n'ont pas fait fléchir la consommation de l'alcool; l'expérience n'est même que trop démonstrative. Un seul arrêt, au cours de cette longue expérience, et cet arrêt encore, tout momentané, a-t-il manifestement une cause autre que l'accroissement du droit.

Mais, dira-t-on, s'il est démontré que la matière imposable n'a pas diminué jusqu'à ce jour avec l'augmentation des droits, il ne faudrait pas en conclure que la surtaxe puisse aller indéfiniment croissant; une limite existe cependant, qu'elle ne saurait dépasser sans tarir ou diminuer la consommation, sans provoquer la fraude, qui sera d'autant plus profitable que les droits seront plus élevés, sans porter, par contre-coup, un préjudice plus grave encore que par le passé à la santé publique par la mise en circulation d'alcools de plus en plus frelatés. Le fisc appauvri, la fraude encouragée, l'hygiène déçue, ce seraient de médiocres résultats.

C'est l'évidence qu'il y a une limite aux surtaxes sur l'alcool; la question est de savoir si le droit de 226 francs, avec lequel on compense la suppression du principal de l'impôt foncier, si même le droit de 270 francs, qui suffit à la fois à dégrever la terre et les boissons hygiéniques, seraient des droits excessifs.

Actuellement, la France est l'un des pays où l'alcool est le moins imposé. En effet, tandis que l'hectolitre d'alcool pur ne paye en France que 156 francs, il paye en Italie 180 francs, aux États-Unis 245 francs, en Hollande et en Norvège 252 francs, en Russie 455 francs et en Angleterre 477 francs. En portant le droit à 226 francs, la France serait donc encore au-dessous de la Hollande, des États-Unis, de la Norvège, de la Russie et de l'Angleterre. En le portant à 270 francs, nous serions à peu près dans la moyenne. Le droit russe serait encore supérieur au nôtre de 185 francs, et le droit anglais de 207 francs.

Il n'est pas douteux que les raisonnements, par analogie, d'un pays à l'autre, qu'il s'agisse d'impôt ou d'autre chose, ne sauraient rien avoir d'absolu. Il n'y a

cependant pas de raison pour que l'alcool français
fléchisse sous une taxe qui serait supérieure à peine de
18 francs à celle de la Hollande et de la Norvège et
que les droits anglais et russes dépasseraient les uns
de 207, les autres de 185 francs. L'analogie est, dans
l'espèce, d'autant plus vraisemblable, pour ne pas
dire certaine, que les surtaxes successives de l'alcool
ont eu les mêmes conséquences à l'étranger qu'en
France et que, partout, en Russie comme en Angleterre,
en Hollande comme aux États-Unis, la consommation,
loin de faiblir, a augmenté avec les droits. Ainsi, en
Russie, une consommation dépassant 3 millions d'hectolitres, s'élevant, en 1883, jusqu'à près de 4 millions,
a suivi l'élévation du droit de 300 à 455 francs. Le
Spirits Act de 1860, qui a fixé à 477 francs le tarif qui
n'était, au commencement du siècle, que de 256 francs,
a été suivi des progressions suivantes de la perception :
301 millions en 1860, 347 en 1865, 392 en 1870, 510 en
1874. De 1874 à 1894, la perception est en moyenne de
500 millions, oscillant entre 540 et 460. Aux États-
Unis, la perception, qui était de 26.915.000 francs en
1863 pour un tarif de 54 francs, s'est élevée, en 1868,
avec un tarif de 136 francs, à 97 millions; en 1872,
avec un tarif de 190 francs, à 270 millions; en 1875,
avec le tarif de 245 francs, à 270 millions; la perception, avec le même tarif, dépasse aujourd'hui 400 millions. Chose remarquable, le droit, qui était de 54 francs
en 1863, a été porté, pendant la guerre de Sécession,
par trois lois successives de la même année, 7 mars,
30 juin et 22 décembre 1864, à 163, 408 et 545 francs;
et la perception, qui était de 26 millions en 1863, a été
de 158 millions en 1864, pour ne retomber, en 1865,

qu'à 97 millions et rebondir, en 1866, à 172 millions. De même, en Hollande, où le droit a été successivement de 222, 239 et 252 francs, et la production de 31 millions en 1871, 39 en 1875 et 45 en 1885.

Il y a donc là un phénomène qu'on peut considérer avec d'autant plus de raison comme constant que l'alcool, à travers tant de crises économiques que la France a traversées depuis un demi-siècle, est le seul impôt qui n'ait jamais notablement fléchi. Pourquoi fléchirait-il demain sous un droit qui laisserait encore loin derrière celui des grands pays producteurs d'alcool?

On objectera peut-être que le passage d'un droit de 156½ à 270 francs est un saut un peu brusque. Nous répondrons que la proportion entre la surtaxe nouvelle et le droit existant, après vingt-six années de *statu quo*, serait *inférieure* à la proportion entre la surtaxe de 1855 et le droit de 1830, laquelle n'est que de 45 % après vingt-cinq années, ou à la proportion entre la surtaxe de 1871 et le droit de 1860, laquelle a été de 66 % après seulement douze années.

La surtaxe qui porterait le droit à 270 francs serait, d'ailleurs, inférieure au droit qui fut proposé, en 1885, à la Chambre, par MM. Henri Germain et Lebaudy, et à celui qui a été adopté par la Chambre en 1895. M. Germain, en 1885, proposait et justifiait un droit de 300 francs; la Chambre, en 1895, a voté 275 francs pour réaliser la suppression complète des droits sur les boissons hygiéniques. C'est ce dernier droit que le Sénat a réduit à 200 francs et qui, remonté à 270 francs, assurerait tout ensemble le dégrèvement partiel des boissons et la suppression du principal de l'impôt foncier.

IV

MONOPOLE OU SURTAXE?

« Mais pourquoi, dira quelqu'un, ne pas établir tout de suite le monopole de l'alcool qui ne permettra pas seulement, d'après ses promoteurs, de dégrever les boissons hygiéniques et l'impôt foncier, mais encore de supprimer les octrois et tous les impôts directs? »

Voici pourquoi :

« Il arrive quelquefois, dit l'*Homme aux quarante écus*, qu'on ne peut rien répondre et qu'on n'est pas persuadé. On est atterré sans pouvoir être convaincu. On sent dans le fond de son âme un scrupule, une répugnance qui nous empêche de croire ce qu'on nous a prouvé. »

C'est ce qu'il advient, dans l'occurrence, aux quatre-vingt-dix-neuf centièmes de nos contemporains; mais ils ne l'avouent pas.

Quand ils entendent l'inventeur du monopole, M. Émile Alglave, et voilà près de quinze ans qu'il a commencé sa brillante propagande, ils sont séduits, mais réussissent-ils à être convaincus? La bouteille, qu'il appelle simplement *fiscale* et que ses adversaires appellent *magique*, est certainement magique par l'attraction qu'elle exerce sur les yeux hypnotisés. Quoi! cette bouteille d'un litre, au col encerclé de métal, renfermerait tant de centaines de millions sous son goulot, près d'un milliard! L'œil ébloui la suit invinciblement quand elle passe, brillante et légère, entre les mains du savant prestidigitateur. Et tout le monde est heureux et content, les producteurs qui vendront plus cher et les buveurs d'alcool qui ne payeront pas plus cher, les bouilleurs de cru qui ne seront plus traités de fraudeurs et les cabaretiers qui seront surveillés sans procédés vexatoires, les contribuables qui seront dégrevés de presque tous les impôts, et l'État qui encaissera annuellement 800 millions, et les hygiénistes, enfin, car l'alcool sera désormais parfaitement pur et inoffensif, et l'on ne fera pas de l'État un marchand de poison. C'est si beau que cela paraît trop beau! Mais, pourtant, si c'était possible?

De même, quand nous entendons les adversaires du monopole. Eux aussi, M. Yves Guyot, M. Paul Leroy-Beaulieu nous troublent, mais ne nous persuadent pas. Ce n'est pas une bouteille rayonnante de millions qu'ils montrent, c'est un gouffre où s'effondrerait la fortune de la France. Qui ne reculerait devant cet abime? Mais quelle est la réforme qui n'a pas été traitée d'abord de mystification et de duperie? — L'invention est jugée par cela seul que l'inventeur fait cette promesse : les producteurs vendront plus cher et les buveurs ne payeront pas plus cher. « Vint un sage et brave citoyen, dit encore l'*Homme aux quarante écus*, qui offrit de donner au roi trois fois plus en faisant payer par la nation trois fois moins; le ministre lui conseilla d'apprendre l'arithmétique. » Mais M. Alglave ne sait-il pas l'arithmétique? — Le monopole existe en Suisse depuis huit ans; il devait rendre 8 millions et n'en rend que 4 et demi. C'est grave; mais pourquoi la Suisse ne l'abroge-t-elle pas? Évidemment encore, l'état social et le régime administratif de la Russie qui expérimente le monopole dans plusieurs provinces sont fort différents du nôtre; mais fait-on cette objection, quand il s'agit de surélever les droits sur l'alcool?

La vérité vraie, c'est que, sauf les champions qui combattent au premier rang, nous ne savons pas, les uns et les autres, à quoi nous en tenir et qu'un même scrupule nous empêche, soit d'adopter sur parole une réforme qui serait un leurre, soit de repousser *a priori* une mesure qui pourrait être un bienfait. Il ne faut donc dire encore ni *oui* ni *non*, il faut mettre la question à l'étude, la soumettre à une enquête approfondie. Tant mieux si c'est M. Alglave qui a raison; mais il faut que cela soit d'abord démontré.

Nous serions cependant d'ores et déjà convaincus de l'excellence du monopole, que la surtaxe de l'alcool nous paraîtrait préférable, momentanément.

Et la raison en est fort simple : c'est que, le jour où la conviction sera faite dans les esprits aujourd'hui les plus réfractaires, le monopole ne saurait pourtant être établi du soir au matin. M. Alglave lui-même reconnaît que le système exige, pour fonctionner, la construction de plusieurs usines de rectification. Cela seul prendrait bien encore, après le vote du projet, un an ou deux. Puis, M. Alglave, même alors, ne proposera l'abrogation immédiate d'aucun impôt, il s'en remettra au Conseil d'État pour dégrever les taxes existantes au fur et à mesure des rentrées du monopole. Ce n'est point défiance, c'est prudence et sagesse. Comptez un peu. Deux ou trois ans pour faire une enquête sérieuse, deux ans pour faire voter la loi, deux ans pour en préparer l'application. Nous voici en plein xxe siècle, et l'impôt foncier écrase toujours les cultivateurs, et l'alcool non rectifié empoisonne toujours les sources de la vie française, et l'impuissance des partis modérés à faire aboutir la moindre réforme fiscale a assuré la victoire des impôts socialistes sur le revenu!

La surtaxe, dit M. Alglave, n'est qu'un expédient! Va pour expédient! Seulement, l'expédient est tout prêt; il peut être appliqué demain; il permet de supprimer, dès demain, le principal de l'impôt foncier, de dégrever, dès demain, les boissons hygiéniques; il barre la route, dès ce soir, à l'impôt progressif sur le revenu global, et cette route, qu'il barre aux socialistes, il la laisse, au contraire, toute grande ouverte au monopole. S'il doit résulter de l'enquête qui a été ordonnée par le Gouvernement que le monopole n'est pas un mirage, il ne sera pas plus malaisé, dans cinq ou six ans, de monopoliser la rectification d'un alcool taxé à 270 francs que celle d'un alcool taxé à 156. Et les cultivateurs auront profité déjà, pendant plusieurs années, du dégrèvement de la terre, et la marche de l'alcoolisme sera déjà enrayée. S'il résulte, au contraire, de l'enquête que le monopole est un leurre, l'expédient de la surtaxe, la réalité, qui n'aura pas été sacrifiée au rêve, aura donné, du moins, quelques appréciables résultats.

Vous dites que le monopole sera la panacée fiscale. Nous en serons heureux. Mais est-il réalisable dès demain? Non.

Vous dites que la surtaxe de l'alcool n'est qu'un expédient. Soit! Mais est-il applicable dès ce soir? Oui.

La question cesse d'être fiscale ; elle n'est plus qu'une question de méthode.

En conséquence, nous avons l'honneur de soumettre à vos délibérations la proposition de loi suivante :

PROPOSITION DE LOI

Article premier.

A partir de la promulgation de la présente loi, le principal de l'impôt foncier cessera d'être perçu sur les propriétés non bâties.

Art. 2.

A partir de la même date, le droit de consommation sur les eaux-de-vie, esprits, liqueurs, fruits à l'eau-de-vie, absinthes et tous autres liquides ainsi dénommés, sera porté de 156 à 226 francs par hectolitre d'alcool pur.

La proposition de M. Joseph Reinach et de ses collègues fut renvoyée à la Commission du budget qui en prononça la disjonction.

VŒU ÉMIS LE 10 MARS 1903

à l'unanimité des voix

SUR LE RAPPORT DE M. LE PROFESSEUR LABORDE

par l'Académie de Médecine

L'Académie déclare que toutes les essences naturelles ou artificielles, ainsi que les substances extraites, incorporées à l'alcool ou au vin, constituent des boissons dangereuses et nuisibles.

Elle déclare que, vu le danger de ces boissons résultant à la fois des essences et de l'alcool qu'elles renferment, elles mériteraient toutes, quelle que soit leur base, d'être proscrites; et que, tout au moins, il y a lieu de les surtaxer de telle façon que cette surtaxe devienne prohibitive.

L'Académie signale, en particulier, le danger des apéritifs, c'est-à-dire des boissons à essences et alcool ingérées à jeun. Le fait que ces boissons sont prises avant le repas rend, en effet, leur absorption assez rapide et leur toxicité plus active.

Enfin *l'Académie émet le vœu qu'il soit pris des mesures efficaces pour diminuer le nombre des débits de boissons.*

L'Académie de médecine avait été saisie, dans sa séance du 11 juin 1895, du projet de vœu suivant, qui portait les signatures de MM. les docteurs Jules Bergeron et J.-V. Laborde :

L'Académie, considérant :

Que les progrès sans cesse croissants de l'intoxication par les alcools d'industrie, les essences et les liqueurs qu'ils servent à composer;

Les bouquets artificiels, huiles de vin, aldéhydes et tous composés destinés à la fabrication artificielle du vin et des liqueurs,

Font courir à la santé publique un danger permanent, qui engendre, soit directement, soit par voie d'hérédité la folie impulsive et criminelle, la dégénérescence physique et intellectuelle de l'organisme et de l'espèce;

Qu'ils s'attaquent, par conséquent, à la vitalité même et aux forces du pays, en contribuant puissamment à sa dépopulation, à son infériorité numérique et à sa déchéance nationale;

Considérant :

Qu'il est de nécessité urgente, dans un intérêt supérieur, à la fois humanitaire et national, de conjurer autant qu'il est possible ce danger, et le mal déjà enraciné qu'il constitue;

Considérant, d'un autre côté :

1º Que la science a démontré, tant par l'étude expérimentale que par l'observation clinique, que les alcools les plus impurs et les plus toxiques, quelles qu'en soient la composition et la provenance, peuvent être ramenés au type de l'alcool le plus pur et le moins toxique, qui n'en est pas moins toujours et fondamentalement un poison, *alcool éthylique* ou *alcool de vin*, par une RECTIFICATION APPROPRIÉE ET COMPLÈTE;

2º Qu'une série de mesures prophylactiques, soit répressives, soit d'ordre moral, peuvent être efficacement instituées, ainsi que l'expérience en a été faite, surtout dans certains pays étrangers, notamment en Suède et en Norvège.

Émet le vœu :

1º Que la *rectification absolue* de tout alcool soit établie, imposée et assurée, par voie législative, de façon qu'il ne puisse être livré à la circulation et à la consommation aucun alcool ni aucun produit alcoolisé impurs;

Que tout produit ou composé destiné à la fabrication artificielle du vin et des liqueurs, ou pouvant simplement y être mêlé et ajouté, tels que bouquets, huiles de vins, aldéhydes, soit l'objet de mesures prohibitives absolues;

2º Que ces mesures fondamentales soient aidées de toutes celles qui, au point de vue fiscal, répressif et moral, *notamment et en particulier la réduction de l'occasion et de la tentation par la limitation des licences et des débits*. sont de nature à contribuer au but et au résultat préservatifs visés par la proposition ci-dessus.

La discussion de ce vœu occupa plusieurs séances à l'Académie de médecine. Malgré l'intérêt considérable qu'elle présente, nous avons dû renoncer à la reproduire ici, en raison tant de son étendue que de controverses d'un caractère trop particulièrement scientifique. On en trouvera le compte rendu dans le *Bulletin de l'Académie*, t. XXXIII. (Paris, P. Masson, éditeur.)

Dans la séance du 23 juin 1895, M. le professeur Rochard avait proposé, à la suite d'une mémorable communication, de compléter sur certains points le vœu de MM. Labórde et Bergeron. Il se prononçait pour la suppression du privilège des bouilleurs de cru, le rétablissement de l'autorisation préalable pour l'ouverture des cabarets avec la garantie qu'exigeait le décret du 29 décembre 1850, l'élévation des droits sur l'alcool et la répression sévère de la fraude.

Cette proposition fut appuyée par le docteur Lagneau. Il rappelle l'admirable discours du professeur Lannelongue, avertissant la Chambre, dans la séance du 6 juin 1895, du péril croissant de l'alcoolisme. Comme M. Lancereaux, il pense que la substitution des alcools d'industrie et des liqueurs à essences, aux eaux-de-vie naturelles, a favorisé le développement de la phtisie. Il confirme la célèbre observation de Darwin qu'à *la troisième ou à la quatrième génération, la descendance de l'ivrogne disparaît*.

Dans la séance du 16 juillet, M. le professeur Bergeron insista particulièrement sur la limitation des débits de boissons. Il approuva le principe de l'amendement que M. Joseph Reinach avait déposé à la loi sur le régime des boissons, mais l'amendement lui paraissait insuffisant. Nous croyons devoir reproduire *in extenso* les observations de M. Bérgeron :

« La loi du 17 juillet 1880 qui a abrogé le décret de 1851, a été funeste, car à partir de ce moment, le nombre des débits s'est élevé de 56.000. Vous savez qu'il est pour toute la France de 460.000, dont 27.000 pour Paris seul. *L'abrogation de cette loi est donc une œuvre que devrait tenter le patriotisme du Parlement.*

« Un honorable député, M. Joseph Reinach, a proposé au projet de loi sur le régime des boissons, un article additiónnel qui ne couperait pas court au mal que nous combattons, mais qui certainement en atténuerait un peu les lamentables effets.

« M. Reinach reconnaît que l'on ne peut aujourd'hui soumettre à une autorisation complètement justifiée les 460.000 débitants qui sévissent sur le pays, sans indemniser ceux qui seraient dépossédés par cette sélection; or, cette indemnité constituerait tout à coup pour le budget une charge bien au-dessus de ses forces.

« Aussi, M. Reinach se borne-t-il à demander que désormais on soumette les nouveaux débits à une autorisation sévère qui émanerait du préfet, mais qui serait rendue sur l'avis d'une commission composée du préfet, du président du tribunal de première instance, des directeurs des contributions directes et indirectes et de quatre conseillers généraux élus annuellement par le Conseil général.

« Je trouve cette proposition excellente, mais je voudrais que, dans les conditions de l'autorisation, figurassent celles que j'ai trouvées dans un projet de législation préparé en Allemagne, législation qui frapperait à la fois les débitants et les consommateurs.

« Pour aujourd'hui, je laisse de côté les consommateurs, quitte à les reprendre un autre jour si l'Académie juge à propos d'étudier les moyens de répression, et je ne m'occupe que des débitants.

« D'abord, je voudrais qu'on exigeât d'eux un droit de licence très élevé et qu'on ne la leur accordât que si les autorités compétentes, qui seraient en France la Commission proposée par M. Reinach, en constataient la nécessité ou se trouvaient en présence, j'insiste sur ce point, de garanties morales indiscutables. Je voudrais, qu'on leur interdit de vendre des alcools à crédit, toute dette contractée de ce chef étant déclarée nulle; de débiter des spiritueux à des enfants de moins de quinze ans, ou à des personnes ivres, et enfin qu'on les rendît responsables des désordres qui pourraient se produire dans leur établissement, sous peine d'amende ou même d'emprisonnement. Je voudrais encore qu'on leur imposât par la crainte d'inspections et d'analyses fréquentes l'obligation de ne vendre que des alcools complètement rectifiés. Je voudrais enfin qu'on refusât de la manière la plus absolue toute licence aux maisons de commerce ou aux boutiquiers autres que les cabarets et les débits de boissons proprement dits.

« Telles sont les vues implicitement comprises dans le second des vœux que M. Laborde et moi, nous vous avons proposé d'émettre et qui est ainsi conçu : « Que ces mesures fondamentales — c'est-à-dire la rectification absolue de tout alcool et la prohibition rigoureuse des bouquets, huiles de vin et aldéhydes; — que ces mesures fondamentales, dis-je, soient aidées de toutes celles qui, au point de vue fiscal, répressif et moral, notamment la réduction de l'occasion et de la tentation par la limitation des licences et des débits, sont de nature à amener le résultat préservatif visé par notre proposition. »

« Or, j'ai pensé qu'il n'était pas inutile de présenter ces vues sous une forme un peu plus explicite, afin d'en mieux faire comprendre la portée, parce que nous pensons, mon honorable collègue et moi, que les mesures dont elles tendent à provoquer l'adoption ont une importance capitale, et qu'à ce titre, elles doivent figurer dans nos vœux d'une manière précise, sous une forme à décider ultérieurement et qui sera subordonnée à celle des autres paragraphes de notre vœu.

« Point n'est besoin d'être grand prophète pour prédire quel accueil sera fait à l'ensemble de ces mesures par la corporation des débitants dont elles compromettraient gravement les intérêts si elles étaient adoptées par le Parlement[1], mais j'estime que l'Académie n'a pas à se préoccuper d'autres intérêts que ceux de la santé physique et morale du pays. »

1. Voir *contra*, p. 33, 190, 290 et 337.

La discussion fut close dans la séance du 30 juillet 1895 par la nomination d'une Commission qui fut composée de MM. Bergeron, Laborde, Lancereaux, Riche, Magnan et Motet.[1]

:Après de nouveaux débats sur le rapport de M. Laborde[1], l'Académie adopta, à l'unanimité, le texte que nous avons reproduit plus haut.

1. *Bulletin de l'Académie*, t. XLIX, p. 84, 155, 200 et 267.

AMENDEMENT

AU PROJET DE LOI PORTANT FIXATION DU BUDGET GÉNÉRAL DE L'EXERCICE 1909

Présenté le 22 octobre 1908
par MM. Joseph Reinach (Basses-Alpes) et Henri Schmidt[1]
Députés

LOI DE FINANCES

Insérer après l'article 37 les articles additionnels ci-après :

Art. 38. — L'ouverture de nouveaux débits de boissons à consommer sur place est interdite.

Ne sont pas considérés comme ouverture d'un nouveau débit, pour l'application du présent article :

1º Le transfert d'un débit déjà existant, sans cessation, dans la même commune;

1. Le même texte a été repris par MM. Joseph Reinach et Henri Schmidt, le 9 décembre 1909, comme amendement à l'article 5 de la loi de finances pour 1910. Ce texte reproduit, avec quelques variantes, les articles 39 et 44 de la loi de finances, présentée par M. Caillaux, qui avaient été disjoints par la Commission du budget.

2º La réouverture, sur le même emplacement, d'un débit fermé à la suite d'un sinistre, pourvu qu'elle soit faite au profit du titulaire ou de ses ayants droit, s'il est décédé ou failli ;

3º La réouverture, dans le même local, d'un débit fermé depuis moins de six mois, à dater de la constatation faite par le service des contributions directes, par suite de décès ou de faillite, pourvu qu'elle soit faite au profit des ayants droit de l'ancien titulaire.

Art. 39. — Par dérogation à l'article précédent, des débits nouveaux pourront être ouverts, conformément à l'article 2 de la loi du 17 juillet 1880 :

1º Sur des points distants de plus de 500 mètres au moins de tout autre débit ;

2º Dans les communes possédant moins d'un débit par 500 habitants ;

3º Par l'application de l'article 10 de la loi du 16 juillet 1880 ;

4º A titre temporaire, sur l'autorisation du maire et dans une mesure limitée déterminée pour chaque commune par le préfet, après avis du Conseil municipal et de la Commission départementale, dans les stations balnéaires et villes d'eaux où les étrangers affluent à certaines époques de l'année et dont la liste sera déterminée par arrêté du Ministre de l'Intérieur.

Les dispositions ci-dessus ne pourront en aucun cas faire échec aux pouvoirs que confère aux maires l'article 9 de la loi du 17 juillet 1880.

Art. 40. — Aucun des débits ouverts depuis la promulgation de la présente loi ne pourra, à l'avenir, être établi que dans des locaux sans communication directe avec ceux qui sont affectés à un autre commerce.

Art. 41. — Les dispositions des articles 38 et 39 ci-dessus ne sont pas applicables :

1° Aux établissements où ne se débitent que des boissons hygiéniques ;

2° A ceux où les boissons ne sont généralement offertes que comme complément de la nourriture.

Art. 42. — Les dispositions de l'article 40 ci-dessus ne sont pas applicables :

1° Aux débits ayant la gérance des bureaux de tabac ;

2° Aux débits temporaires établis à l'occasion des foires et fêtes.

Art. 43. — Pour les nouveaux débits visés aux numéros 1 et 2 de l'article 39 de la présente loi, et lors de leur première ouverture, pour les débits visés au n° 4 du même article, une taxe égale à cinq fois le droit de licence exigible annuellement sera due par le propriétaire, l'usufruitier ou l'emphytéote de l'immeuble où s'ouvre le débit.

Cette taxe sera payée en une seule fois dans les huit jours de la notification faite au débitant de la catégorie dans laquelle il est rangé pour l'application du droit de licence.

Tout débit qui passera, au point de vue du droit de licence, dans une catégorie supérieure donnera lieu

au payement d'une taxe d'ouverture égale à cinq fois
le complément du droit exigible et perçu dans les conditions fixées au paragraphe précédent.

Art. 44. — Ne peuvent exploiter des débits de boissons à consommer sur place les individus qui, par eux-
mêmes, par leurs fondés de pouvoir ou leurs représentants, se trouvent en état de récidive pour toute fraude
sur les boissons prévue par les lois des 14 août 1889,
11 juillet 1891, 24 juillet 1894, 6 avril 1897, 1er août
1901, 6 août 1905 et 29 juin 1907.

Le jugement prononçant la seconde condamnation
pour fraude prévue au paragraphe précédent contre
un débitant de boissons à consommer sur place pourra,
en outre, ordonner contre lui l'interdiction, pendant
cinq ans, d'exploiter un débit quelconque à partir du
jour où le jugement sera devenu définitif.

Le débitant ne pourra être employé, à quelque titre
que ce soit, dans l'établissement qu'il exploitait, comme
attaché au service de celui auquel il aurait vendu ou
loué ou par qui il ferait gérer ledit établissement, ni
dans l'établissement qui serait exploité par son conjoint même séparé.

Art. 45. — Toute infraction aux dispositions des
articles 38, 43 et 44 sera punie d'une amende de seize
francs (16 fr.) à deux cents francs (200 fr.). En cas de
récidive, l'amende pourra être portée au double. Le
coupable pourra, en outre, être condamné à un emprisonnement de six jours à un mois.

DISCOURS

SUR LA LIMITATION DES DÉBITS DE BOISSONS

Prononcé le 27 novembre 1908
à la Chambre des Députés

M. Joseph Reinach. — Messieurs, il y a treize
ans que j'ai déposé, pour la première fois, sur le
bureau de la Chambre, sous la forme d'un amendement à la loi de finances, une proposition tendant
à limiter le nombre des débits de boissons. La Commission du budget d'alors, comme celle d'aujour-
d'hui, opposa à mon amendement une demande
de disjonction.

Le nombre des débits de boissons s'élevait alors,
en 1895, à 450.000 ; il est aujourd'hui de 477.215.
Si ma proposition avait été votée alors, nous aurions aujourd'hui 25.000 débits de moins. (*Mouvements.*)

La proposition que j'avais faite inutilement à la

Chambre en 1897 fut reprise par la suite devant le Sénat par notre honorable et éminent collègue, M. Siegfried, qui faisait alors partie de la Haute Assemblée. Sa proposition, beaucoup plus détaillée, plus complète que la mienne, portait, avec sa signature, celles de M. Bérenger, de M. Richard Waddington, de M. Guyot, de M. Velten, de M. Eugène Guérin, qui la rapporta. Le Sénat, après une première discussion, la renvoya à l'examen de sa Commission, et il était à la veille de l'inscrire à nouveau à son ordre du jour quand, au commencement de cette législature, le Gouvernement, édifié enfin sur les ravages de l'alcoolisme et sur l'une de leurs causes principales, fit sienne la thèse que l'initiative parlementaire avait été seule, pendant trop longtemps, à porter devant les Chambres. L'honorable Ministre des Finances, qui sait bien ce qu'il veut, et qui le veut bien, l'inscrivit dans le projet de loi sur le mouillage des vins et sur le sucrage que nous avons discuté au mois de juin 1907.

Je rappelle d'un mot à la Chambre que nous étions alors au plein de cette douloureuse crise du Midi, dont la fraude, l'impunité des fraudeurs, la trop longue tolérance des pouvoirs publics au bénéfice des fraudeurs, étaient les causes principales. Votre Commission des boissons crut devoir aller au plus pressé, au mouillage et au sucrage, sans apercevoir suffisamment la corrélation qui existait entre la fraude et le nombre croissant des débits, l'impossibilité matérielle de les surveiller, l'excès de la concurrence, et elle écarta, disjoignit les articles 6 et 7 du projet.

M. le Ministre des Finances, dans le discours, si plein de faits et d'idées, qu'il prononça, le 11 juin 1907, à cette tribune, n'exprima pas seulement le très vif regret que la Commission des boissons eût supprimé de son projet les articles relatifs à l'installation et au nombre des débits de boissons, mais il déclara que, si un membre de cette Chambre proposait de rétablir cette partie de son projet, le Gouvernement l'appuierait à la tribune; mon honorable ami M. Krantz, qui présidait la Commission, déclara que la Commission n'y ferait point opposition.

Quelques-uns d'entre vous, Messieurs, se souviennent peut-être que, fidèle aux idées que j'avais formulées dans ma proposition de 1895, je répondis aussitôt à l'appel de M. le Ministre des Finances et à l'invitation plus discrète du président de la Commission, et que je repris sous forme d'amendement les articles 6 et 7 du projet ministériel. Mais la crise du Midi devenait de jour en jour plus intense et plus inquiétante. Le vote rapide de la loi sur les fraudes paraissait propre à calmer, dans ce qu'il n'avait point de politique, l'immense mouvement qui s'était produit. Le Gouvernement, la Commission, plusieurs de nos amis du Midi me prièrent de point insister, de ne pas ajourner, par une discussion qui pouvait se prolonger, le vote urgent de la loi. Cette crise du Midi nous angoissait tous. Je retirai mon amendement.

Messieurs, M. le Ministre des Finances ne renonça pas aux propositions qui avaient été écartées, dans les conditions que je viens de rappeler, de la loi sur le mouillage et le sucrage. Lorsque je retirai mon amendement, M. Caillaux nous déclara, à plusieurs de nos collègues et à moi, qu'il ferait de la limitation des débits de boissons, après l'avoir étudiée à nouveau, un des articles de l'une de ses prochaines lois de finances.

A son ordinaire, il tint parole et il inscrivit la limitation des débits dans le projet de loi de finances pour l'exercice 1909. C'est le projet qui est soumis présentement à votre examen, articles 39, 40, 41, 42, 43 et 44.

Comme avait fait en 1896 la Commission du budget, comme avait fait en 1907 la Commission des boissons, la Commission actuelle du budget a disjoint à nouveau de la loi de finances les articles relatifs à la limitation du nombre des débits de boissons. Je les ai dès lors repris, avec mon honorable collègue et ami M. Schmidt, parce qu'il nous a semblé que leur place était bien dans la loi de finances, où les avait inscrits M. Caillaux, et que, de disjonction en disjonction, avec l'ordre du jour si chargé dont il a été question tout à l'heure, nous risquions de nous trouver dans l'impossibilité d'aborder, avant la fin de la législature, une question dont l'importance pour les intérêts supérieurs du pays s'en va malheureusement croissant d'année en année. Il n'est que temps, Messieurs, de prendre des mesures énergiques contre l'alcoolisme, et l'une de ces mesures — car il y en a d'autres, et vous en avez adopté ce matin une qui est excellente — c'est la limitation des débits de boissons. (*Très bien! très bien!*)

A cette heure avancée, je n'essaierai pas de vous faire le tableau détaillé des conséquences de l'augmentation excessive du nombre des débits de boissons, en ce qui concerne l'alcoolisme. Je vous rappellerai seulement que l'Académie de médecine a émis depuis longtemps l'avis que l'une des principales causes des progrès effrayants de l'alcoolisme, c'est l'augmentation démesurée, toujours croissante, du nombre des débits, depuis la loi de 1880 sur la liberté du commerce et des boissons, et je vous indiquerai seulement quelques chiffres.

En 1850, à la veille du décret qui soumit à l'autorisation administrative l'ouverture des débits, décret dont la pensée politique était fâcheuse, mais dont l'utilité sociale fut considérable, le nombre des débits de boissons était de 350.424.

L'effet du décret fut de faire tomber aussitôt ce chiffre, puis il se releva, mais lentement, et nous trouvons en 1869 un peu plus de 360.000 débits, soit une augmentation de 14.000 en vingt ans, environ 700 débits par an. L'accroissement ne fut pas beaucoup plus rapide dans la période décennale qui suivit et pendant laquelle le décret de 1850 continua à être appliqué. Mais voici la loi du 17 juillet 1880 et, aussitôt, dès que la liberté du commerce des boissons a été établie, en deux ans, rien qu'en deux ans, de 1880 à 1882, le nombre des débits a augmenté de 15.000, soit, avec une majoration de 1,200, du même chiffre dont s'était accru le nombre des débits en vingt ans, de 1850 à 1870.

Nécessairement, pendant les années qui ont suivi, la progression a été croissante. Nous passons de 372.000 débits en 1881, à 450.000 en 1895; nous sommes arrivés aujourd'hui, je vous l'ai déjà dit, au chiffre formidable de 477.215 débits.

Maintenant, Messieurs, voyons rapidement la progression de l'alcoolisme pendant les mêmes périodes. Si je vous montre par des chiffres que la progression de l'alcoolisme suit une courbe parallèle à l'augmentation des cabarets, la relation de cause à effet vous paraîtra évidente et vous en conclurez que si vous enrayez l'accroissement du nombre des débits, l'alcoolisme éprouvera un temps d'arrêt et qu'il baissera avec la diminution du nombre des cabarets.

Eh bien, Messieurs, les statistiques ne sont que trop éloquentes. La production totale des alcools était en 1879, à la veille de la loi sur la liberté du commerce des boissons, de 1.400.000 hectolitres; elle était l'année dernière de 2.514.000; la quantité d'alcool imposée (spiritueux proprement dits, alcool pur) dépassait 1.200.000 hectolitres, et, malgré les surtaxes excessives qui avaient frappé l'alcool, la consommation moyenne de l'alcool par habitant avait passé d'environ 2 litres à près de 3 et demi, c'est-à-dire qu'elle avait presque doublé, alors que la population n'a augmenté que dans des proportions minimes. Mais ces 3 litres et demi ne sont qu'une moyenne; à Paris, la quotité annuelle de la consommation est de 7 litres; à Rouen, dans certaines villes maritimes, elle atteint 10 litres, et remarquez qu'il s'agit de la consommation d'alcool pur et de la consommation par habitant, c'est-à-dire qu'on fait entrer dans le chiffre de la population les femmes, les enfants, les individus qui ne sont pas encore alcooliques.

Après avoir montré ainsi que l'augmentation du nombre des débits de boissons a eu pour conséquence un accroissement de l'alcoolisme qui fait de nous, et de beaucoup, le pays le plus alcoolisé qui soit au monde, vous dirai-je, messieurs, une fois de plus tout ce que l'alcoolisme entraîne avec lui de crimes, de misère et de honte ? (*Très bien! très bien!*)

J'ai déjà donné ces chiffres à la Chambre, quand nous avons discuté la loi sur les régimes des aliénés, lorsque, plus récemment, s'est engagé devant vous le débat sur la peine de mort. Vous savez que, dans l'avant-dernier rapport du Ministère de la Justice, c'est au progrès de l'alcoolisme qu'est attribuée avec raison l'augmentation de la criminalité.

M. ÉMILE VILLIERS. — C'est exact.

M. JOSEPH REINACH. — Oui c'est exact. Le chiffre total des meurtres était en 1879 de 480; il a été en 1907 de 880, et j'ai déjà appelé l'attention de la Chambre sur les statistiques de M. Marambat, ancien greffier de Sainte-Pélagie : la proportion des alcooliques s'élève pour les assassins et les meurtriers à 50 %, pour les condamnés pour coups et blessures et homicide par imprudence à 88 %, pour vol et abus de confiance à 70 %. Et les statistiques qui portent sur la folie et sur le suicide ne sont pas moins décisives et redoutables.

Le nombre annuel des suicides était, en 1879, de 6.400; il atteint près de 9.000 dans les dernières années.

Le nombre des aliénés s'élevait, en 1879, à 47.000; par une progression continue, régulière, il a monté à plus de 70.000. Et le nombre des conscrits réformés s'est élevé dans les mêmes proportions, de 6 % à 29 % dans certains départements particulièrement alcoolisés, comme la Seine-Inférieure.

Je vous ai montré, Messieurs, le mal, et personne d'ailleurs n'en conteste plus aujourd'hui ni la réalité, ni l'étendue, et, dès lors, si l'une des causes du fléau est sans contestation possible l'accroissement du nombre des cabarets, comment ne concluriez-vous pas que l'un des remèdes qu'il est de notre devoir à tous, sans distinction de parti, d'apporter à une telle cause de misère et de décadence, c'est la limitation du nombre des débits de boissons, que l'honorable M. Caillaux vous a proposé d'inscrire dans la loi de finances et que je viens d'essayer de justifier devant la Chambre.

M. Vandame. — Non, la réglementation !

M. Joseph Reinach. — La réglementation? Nous y viendrons.

M. Émile Villiers. — La réduction du nombre des débits de boissons.

M. Joseph Reinach. — Vous demandez la réduction? Ah! Messieurs, si l'un de nous pouvait établir, soumettre à la Chambre un projet qui, sans porter atteinte au droit de propriété, réduirait nos 500.000 débits, les réduirait à 400.000 ou à 300.000, je serais le premier à le voter et à retirer le mien. Mais les débits de boissons sont des propriétés : pouvez-vous en exproprier 100.000, 200.000 ? Voulez-vous porter atteinte, dans la personne des débitants, au droit de propriété?

M. Lefas. — Il y a d'autres moyens que ceux que vous indiquez.

M. Joseph Reinach. — Je suis loin de prétendre que le projet dont j'avais pris l'initiative en 1896, qui a été, par la suite, étudié avec un soin extrême par le Sénat, qui a été perfectionné encore dans le texte dont vous avez été saisis par M. le Ministre des Finances, je suis loin de prétendre que ce projet soit à hauteur du mal qu'il s'agit pour nous de combattre. Mais je dis qu'il vous donne le moyen de l'enrayer. Il arrête immédiatement l'augmentation continue du nombre des débits de boissons et il permet de le diminuer, d'année en année, par une série de dispositions qui vous paraîtront, si vous les examinez, bien combinées et justes.

Quelle est la principale objection qui nous est opposée? Limiter, nous dit-on, le nombre des débits, au nombre existant au moment de la promulgation de la loi, c'est créer en faveur des débitants actuels, de leurs héritiers et de leurs ayants droit un véritable monopole.

Je crois, Messieurs, qu'il y a quelque exagération à parler de monopole au sujet de l'opération qui consiste à stabiliser, à consolider la propriété des débits actuellement existants entre les mains de leurs détenteurs actuels. Mais je ne veux pas m'arrêter à une discussion de mots et je me borne à vous poser cette question : Si vous repoussez notre solution parce qu'elle constitue un manquement aux principes de l'économie politique, si vous ne faites rien, qu'arrivera-t-il? Vous aurez dans cinq ans, dans dix ans, 20.000 ou 30.000 débits de plus, et l'alcoolisme se sera encore développé d'autant.

Dans cette loi même de 1880 qui établit la liberté du commerce des boissons, il y a un article 9 qui donne aux maires des communes le droit, les Conseils municipaux entendus, de prendre un arrêté pour déterminer, sans préjudice des droits acquis, les distances auxquelles les cafés et les débits de boissons pourront être établis autour des édifices consacrés à un culte quelconque, des cimetières, des hospices, des écoles primaires ou autres établissements publics.

M. Jules Coutant (Seine). — Et la liberté commerciale!

M. Joseph Reinach. — Parce que cet article de la loi de 1880 permet aux municipalités d'interdire l'ouverture de nouveaux débits dans des zones particulières où d'anciens débits continueront à fonctionner, direz-vous qu'il crée au profit de ces derniers un monopole? Vous pouvez le dire; encore une fois, je ne veux pas discuter sur le mot; mais, si vous le dites, vous reconnaissez par cela même que ce monopole existe déjà dans la loi; et, dès lors, nous n'innovons pas quand, à cette limitation facultative et municipale des débits de boissons dans certaines zones, nous vous proposons de substituer la limitation obligatoire et nationale du nombre des débits de boissons dans les communes qui possèdent plus d'un débit par 500 habitants ou dans un rayon de moins de 500 mètres d'un débit déjà existant.

Ce n'est donc pas un principe nouveau que nous introduisons dans la législation; c'est l'un des droits déjà formulés dans la loi de 1880 que nous étendons, que nous rendons obligatoire, que nous mettons

dans la main de l'État au lieu de le laisser dans la
main des municipalités.

Nous n'innovons donc pas, et voilà pour la limitation du nombre des débits. Mais est-ce que nous nous bornons à mettre un terme à l'accroissement des débits existants? Quand nous vous proposons de décider qu'un débit fermé, depuis plus de six mois, pour cause de faillite ne pourra pas être rouvert, et que seront fermés les débits dont les tenanciers se trouveront en état de récidive pour toutes fraudes sur le régime des boissons, est-ce que nous ne préparons point par ces dispositions la diminution de ce chiffre formidable de 477.000 débits?

J'appelle, Messieurs, votre attention sur ce fait que la loi ne s'applique pas, en vertu de notre article 41, aux établissements où ne se débitent que des boissons hygiéniques, car notre loi est, dans notre pensée, une loi contre l'alcool et, par conséquent, au profit du vin. Nous ne restreignons pas le nombre de ces établissements, nous en souhaitons, au contraire, la multiplication; les seuls établissements que nous voulons atteindre, ce sont ceux qui débitent de l'alcool, qui propagent l'alcoolisme.

Dira-t-on, d'autre part, que nous avons tort d'autoriser l'ouverture de nouveaux débits dans les communes ne possédant pas plus d'un débit par 500 habitants?

Ah! Messieurs, connaissez-vous, dans vos départements, beaucoup de communes qui possèdent moins d'un débit par 500 habitants?

Ici encore, consultez les statistiques. A Paris, nous comptons un débit pour 60 ou 70 habitants. Dans le Nord et dans le Pas-de-Calais, il y a un débit pour 80 ou 90 habitants. Dans certains départements, la moyenne est encore plus forte : un débit pour 40 ou 50 habitants.

Les rues de certains villages que je connais sont une suite presque ininterrompue de cabarets...

M. LE RAPPORTEUR GÉNÉRAL. — Je suis bien désagréable parfois, mais j'y suis forcé en ce moment. (*Rires.*) Me permettez-vous une observation?

Nous pensons, avec M. le Ministre des Finances — et vous savez combien il est favorable au principe de votre amendement — nous pensons à essayer d'établir un accord.

La Commission du budget a disjoint, en effet, les dispositions qui lui étaient présentées, après un vote. J'étais de la minorité, ce qui vous indique quels sont mes propres sentiments. M. le Ministre des Finances comprend très bien qu'à l'heure présente, si nous entrons dans la discussion des articles qui sont au nombre de cinq ou six, et si nous étudions les dispositions multiples qu'ils comprennent, les débats seront très étendus.

Je suis tout prêt à accorder à M. le Ministre ce qu'il désire. Je vous ai dit qu'à la Commission du budget, j'avais indiqué mon adhésion au principe de la limitation. Voulez-vous que nous soumettions votre amendement à la prise en considération, ce qui permettra à chacun de se prononcer sur le principe même de la réforme? Si l'amendement est pris en considération, j'en demanderai le rénvoi à la Commission du budget, m'engageant à faire moi-même dans les quinze jours un rapport sur la question[1]. Dans ces conditions, dès le mois de janvier, elle pourrait venir en discussion devant la Chambre. (*Très bien ! très bien !*)

Si vous acceptiez cette procédure, nous pourrions immédiatement nous prononcer. (*Très bien ! très bien !*)

M. JOSEPH REINACH. — Monsieur le Rapporteur général, je servirais bien mal la cause que je défends devant la Chambre, si, devant la proposition que vous voulez bien me faire, d'accord avec le Gouvernement et au nom de la Commission du budget, je ne renonçais pas aujourd'hui à poursuivre ma démonstration.

Si M. le Ministre des Finances et vous, vous voulez

---

1. M. Doumer demanda peu après, en raison de ses multiples occupations, à être déchargé du rapport. Le rapport fut confié à M. Clémentel qui le rédigea aussitôt. Mais la Commission du budget trouva moyen d'en ajourner indéfiniment la discussion.

bien demander à la Chambre de prendre en considération notre amendement, si vous devez rapporter vous-même, après en avoir saisi de nouveau la Commission du budget, le texte de la loi de finances auquel notre collègue M. Schmidt et moi nous n'avons apporté que des modifications de détail, je n'ai plus qu'à descendre de la tribune et à remercier la Chambre de la bienveillance avec laquelle elle a entendu mes trop longues explications. (*Applaudissements.*)

M. Vandame. — Je demande la parole. Je suis inscrit sur la disjonction, mais je parlerai sur la prise en considération.

M. le Président. — M. Reinach accepte que son amendement soit soumis à la prise en considération au lieu d'être examiné au fond.

La parole est à M. Vandame sur la prise en considération.

M. Vandame. — J'avais l'intention, non pas de combattre les amendements de M. Reinach, mais d'en demander la disjonction. On propose la prise en considération. Je ne m'y opposerai pas, à la condition que M. le Rapporteur général, qui vient de donner des garanties à M. Reinach, veuille bien m'en donner d'un autre ordre.

Quand la question est venue devant le Parlement, il y a environ quinze mois, j'ai demandé et obtenu la disjonction et M. le Président de la Commission des boissons a bien voulu prendre l'engagement que voici :

« Mon cher collègue, il est bien entendu qu'une des raisons qui ont motivé la disjonction dans l'esprit de la Commission, c'est l'impossibilité où elle s'est trouvée jusqu'ici d'accueillir les nombreuses demandes d'audition formées par les syndicats, les associations importantes qui désirent apporter des observations sur le projet. C'est pour réserver à toutes ces auditions tout le temps nécessaire que, tout en étant partisan en principe de la proposition, je crois qu'il serait très utile de voter la disjonction. »

Si M. le Rapporteur général veut bien me donner la même assurance, je n'insisterai pas:

M. LE RAPPORTEUR GÉNÉRAL. — Monsieur Vandame, depuis le début de la discussion du budget, chaque matin et chaque soir, à l'issue des séances, je reçois, comme m'en a chargé la Commission, les délégations qui se présentent. Elles sont nombreuses, je vous assure, étant donnée la diversité des propositions qui sont faites dans le budget. Jusqu'ici, je les ai toutes reçues. Je m'engage à faire de même pour celles qu'intéresse la proposition qui est en discussion. (*Très bien! très bien!*)

M. VANDAME. — Nous connaissons votre zèle, monsieur le Rapporteur général, et votre langage ne m'étonne pas; je vous en remercie.

M. DELORY. — Inscrit pour prendre la parole sur la question, je me rallie à la proposition de M. le Rapporteur général de la Commission du budget.

M. LE PRÉSIDENT. — La parole est à M. le Ministre des Finances.

M. le Ministre des Finances. — Cette unanimité m'inquiète un peu (*On rit.*) et je voudrais que la prise en considération eût un caractère marqué.

Je veux bien réserver tous les détails du projet; j'admets qu'ils seront sujets à revision, mais j'entends que la Chambre, par la prise en considération, marque son intention de faire quelque chose dans le sens de la limitation des débits.

Je demande à la Chambre de voter la prise en considération, en y attachant ce sens et cette portée qu'il est nécessaire que dans ce pays nous nous mettions à réprimer les excès de l'alcoolisme. (*Applaudissements à gauche.*)

M. Lasies. — Supprimez le mauvais alcool!

M. le Ministre. — Je sais, monsieur Lasies, vous avez en pareille matière des remèdes d'une nature particulière.

Tous les autres grands pays d'Europe sont, comme dans les États-Unis, entrés dans la voie où l'on vous propose de faire un pas à votre tour : la Russie, l'Allemagne, l'Angleterre qui a le courage en ce moment de faire une loi singulièrement sévère à cet égard, la Suisse la Hollande, la Suède, la Norvège.

Ces pays ont obtenu des résultats considérables. Des efforts sérieux et couronnés de succès, permettez-moi de vous le dire, ont été également faits en France dans quelques villes à la tête desquelles se sont trouvés des administrateurs courageux comme à Lyon, à Grenoble, en Algérie, où le Gouverneur général a limité considérablement la consommation de l'alcool.

Je demande que la Chambre, sous la forme la plus modérée, en se réservant le droit d'apporter tous les tempéraments, marque par son vote sa volonté de faire quelque chose dans le même sens. (*Applaudissements.*)

M. DELORY. — Nous sommes absolument d'accord avec M. le Ministre. Comme lui, nous voulons faire tout le possible pour enrayer l'alcoolisme. Si nous avions demandé la disjonction, c'était parce qu'il y a dans le projet des détails qui nous paraissent inapplicables.

M. LEFAS. — Certainement.

M. DELORY. — Par conséquent, du moment qu'on nous donne la certitude qu'on discutera la question avec toute l'ampleur nécessaire, 'nous acceptons la disjonction. (*Très bien! très bien!*)

M. LE RAPPORTEUR GÉNÉRAL. — La prise en considération signifie donc — et je le dis pour ceux de mes collègues qui veulent combattre cette disposition; ils en auront d'ailleurs le droit quand elle sera discutée — qu'il y a quelque chose à faire dans la voie indiquée.

M. CHAUMET. — Pour abréger la discussion, nous étions tout prêt à nous ranger à la procédure qui vient d'être indiquée; mais les explications de M. le Ministre indiquant que la prise en considération implique l'approbation du principe nous obligent à la combattre.

M. LE MINISTRE. — Vous voterez contre la prise en considération.

M. ÉMILE CÈRE. — On ne peut pas voter sans discussion.

M. CHAUMET. — Nous sommes aussi désireux que M. le Ministre des Finances de combattre l'alcoolisme, mais il nous parait qu'il y a d'autres moyens que ceux qu'il propose et qui constituent une véritable atteinte à la liberté du commerce et à la propriété. (*Applaudissements sur divers bancs.*)

21.

Il est tout à fait fâcheux, sous prétexte de lutter contre l'alcoolisme et ses abus, qu'on en arrive à favoriser une campagne qui ne tend à rien moins qu'à discréditer les produits mêmes de notre pays. (*Exclamations sur divers bancs.*)

M. LASIES. — Très bien! C'est une campagne digne de l'armée du salut. (*Rires.*)

M. CHAUMET. — Croyez-vous que nous ne voyions pas les résultats de cette campagne? On citait tout à l'heure l'exemple de certains pays. Hier un de nos collègues, M. de La Trémoille, vous rappelait qu'en Finlande on vient d'interdire même l'accès de nos vins. Voilà les résultats auxquels aboutit cette campagne.

M. JOSEPH REINACH. — Nous vous offrons la liberté absolue pour les débits qui ne vendent que des boissons hygiéniques.

M. CHAUMET. — On a parlé tout à l'heure de l'Algérie. J'ai là le texte d'une requête adressée au Conseil d'État par la veuve d'un débitant d'Algérie qui a tenu un débit pendant vingt ans. Son mari meurt et le préfet d'Alger, sur la demande du maire, refuse l'autorisation à la veuve de tenir ce débit, parce que le défunt avait été l'adversaire politique du maire (*Exclamations.*) et parce que trois conseillers municipaux, limonadiers eux aussi, devaient bénéficier de la fermeture prononcée. Je prétends que c'est là un abus intolérable.

Nous entendons rester fidèle au principe de la liberté commerciale. Je n'admets pas pour ma part qu'on laisse à l'arbitraire de l'administration le droit de savoir si on doit ou non ouvrir un débit. (*Très bien! très bien! sur divers bancs.*)

Voix nombreuses. — La clôture !

M. LE PRÉSIDENT. —On demande la clôture de la discussion sur la prise en considération des articles additionnels proposés par M. Joseph Reinach.

M. LENOIR. — Je demande la parole.

M. LE PRÉSIDENT. — MM. Ghesquière, Janet et Lenoir se sont fait inscrire. Mais je dois consulter la Chambre sur la clôture de la discussion.

M. LENOIR. —Alors je demande la parole pour expliquer mon vote.

M. LE PRÉSIDENT. — Il n'y a pas d'explication de vote en pareille matière.

Je mets aux voix la clôture de la discussion.

(La clôture, mise aux voix, est prononcée.)

M. LE PRÉSIDENT. — Je consulte la Chambre sur la prise en considération des articles additionnels proposés par M. Joseph Reinach.

(La prise en considération est prononcée.)

M. LE RAPPORTEUR GÉNÉRAL. — Nous demandons la disjonction de ces articles additionnels et leur renvoi à la Commission du budget.

M. LE PRÉSIDENT. —La Commission du budget demande la disjonction et le renvoi de ces articles à son examen.

Il n'y a pas d'opposition ?...

Il en est ainsi ordonné.

L'ALCOOL ET LA FRAUDE

Le *Petit Provençal* du 10 octobre 1909 avait publié
la lettre suivante :

A Monsieur le député de l'ar ondissement de Digne.

Les soussignés, commerçants et débitants, déjà surchar-
gés outre mesure par des impôts et des surtaxes périodiques
et systématiques, introduits malgré toutes leurs doléances,
dans le budget, menacés encore cette année d'une surtaxe
de 40 francs sur l'alcool, de 20 centimes par bouteille sur
tous les vins de liqueur ou d'imitation et sur tous les apéritifs, menacés enfin de la suppression du délai de quinze
jours pour acquitter les droits, protestent avec la plus
grande énergie contre l'écrasement fiscal du commerce des
boissons.

Ils vouent à l'indignation des débitants de leur circonscription les élus infidèles et trompeurs qui voteront ces
impôts nouveaux contre la volonté de leurs électeurs et
s'engagent à faire une campagne acharnée contre eux aux
prochaines élections.

Bien que les débitants de boissons aient été les plus
fermes soutiens des institutions établies, les vexations
succèdent aux vexations, les entraves aux entraves et

c'est la victime qui doit acquitter le prix de sa propre chaîne et prendre à sa charge l'entretien de ses geôliers.

Assez longtemps nous avons prêté l'oreille aux discours menteurs et aux promesses perfides! Nous avons été bernés avec effronterie, malgré notre dévouement sincère.

On nous mitraille de tous côtés, toujours par surprise toujours dans le budget, chaque année, jusqu'à ce que nous succombions sous le poids des fardeaux de plus en plus écrasants...

Lassés enfin de tant de persécutions légales et fiscales, nous avons fait appel à nos collègues et nous leur avons dit : « Débitants, debout pour la défense professionnelle!

« Signez tous la protestation ci-jointe, que vous remettrez personnellement au député de votre circonscription avec les explications énergiques qu'elle comporte. »

C'est cette protestation, Monsieur le député, que nous avons l'honneur de vous communiquer et de vous prier très respectueusement de vouloir bien prendre en considération.

Ont signé :

Charles Robert, distillateur-liquoriste; Richaud Fortuné, Chayard, Richaud Louis, Sauvecame Lucien, Vachier Louis, Gouin Albert, Gouin Arthur, Séveran Henri, Séveran Baptistin, Ribba Joseph, Damelo Baptistine.

M. Joseph Reinach a répondu par la lettre suivante :

Paris, 12 octobre 1909.

Messieurs,

Je lis dans le *Petit Provençal* la protestation que « vous me priez très respectueusement de vouloir bien prendre en considération ». Elle est vive de forme, ce qui n'est pas pour me déplaire. Elle est juste sur plusieurs points. Elle n'est pas complète.

Je suis tout à fait d'accord avec vous pour repousser l'établissement de surtaxes exagérées, surtaxes dont le moindre défaut est, comme je l'ai souvent démontré, de pousser à la fraude et, par conséquent, de manquer le but poursuivi. Je veux espérer que vous ne serez pas moins d'accord avec moi pour reconnaître la légitimité des mesures qu'il est devenu nécessaire de prendre contre les ravages de l'alcoolisme, parce que tel est votre devoir de bons citoyens, soucieux de l'avenir de notre pays et de notre démocratie laborieuse, et parce que tel est aussi l'intérêt, comme je n'ai pas cessé de le dire, des commerçants probes et honnêtes.

On a dit de l'alcool qu'il est la bête de somme du budget. Cela est parfaitement exact, mais un propriétaire intelligent fait travailler sa bête de somme, il ne l'écrase point sous des fardeaux trop lourds. Qu'il s'agisse de l'alcool ou du tabac, d'un capital ou d'un revenu quelconque, qu'arrive-t-il lorsque l'impôt devient trop lourd et n'est plus, selon l'expression d'un sociologue fameux, « qu'une volerie organisée »? Il arrive tout simplement et tout naturellement que la matière imposée cherche à s'échapper, à s'évader du fisc, qu'elle y réussit presque toujours, que, dès lors, les recettes fléchissent au lieu de s'élever, comme on l'espérait à tort, et que la fraude, le commerce malhonnête et clandestin profitent de tout ce que perdent à la fois le commerce honnête et le Trésor.

Cela est vrai notamment de l'alcool; des expériences récentes, qui sont inscrites en chiffres incontestables dans les statistiques officielles, l'ont surabondamment prouvé. Accroître encore les droits sur l'alcool et maintenir en même temps le privilège des bouilleurs de cru, c'est un contresens, je dirais presque : un non-sens. Au contraire, la suppression du privilège, alors même qu'elle coïnciderait avec une diminution du droit de consommation sur l'alcool, profiterait à la fois au Trésor, au commerce honnête, à l'industrie honnête, à la moralité et à l'hygiène publique.

J'ai sous les yeux, en vous écrivant, une statistique officielle qui m'a été communiquée par le Ministère des Finances. Depuis huit ans, la production d'alcool par les bouilleurs de cru non contrôlés s'est élevée de 46.000 hectolitres, en 1903, à 293.000 hectolitres, en 1908, et la note ministérielle ajoute que l'évaluation est vraisemblablement ment « inférieure à la réalité ».

A qui profite cette formidable augmentation de 247.000 hectolitres d'alcool qui échappent à tout droit ? Exclusivement, je le répète, au commerce clandestin et malhonnête, et c'est l'autre commerce, celui qui paye patente, celui qui acquitte par hectolitre d'alcool pur 220 francs de droits de consommation, c'est le commerce honnête qui fait les frais des bénéfices de la fraude !

Si l'on augmente encore ce droit de 220 francs par hectolitre, droit déjà trop lourd au dire de quelques-uns des anti-alcooliques les plus résolus, et si l'on maintient le privilège, la fraude ne tardera pas à dépasser le chiffre énorme de 293.000 hectolitres ; elle atteindra bientôt celui de 350 ou, même, de 400.000.

Le commerce des boissons a fait depuis déjà bien des années cette constatation. Le syndicat national du commerce en gros des vins, spiritueux et liqueurs de France, qui compte plus de 20.000 négociants, ne s'est point contenté de protester contre les surtaxes excessives de l'alcool, mais il a réclamé formellement la suppression du privilège des bouilleurs de cru. M. Bures, président du Syndicat des négociants en vins et spiritueux du Calvados, a adressé, en 1907, à M. Caillaux, alors Ministre des Finances, une pétition fortement motivée dont on peut recommander la lecture à son honorable successeur, M. Cochery.

Ne vous contentez donc point de protester contre la menace des surtaxes abusives, mais attaquez-vous au privilège qui porte au commerce patenté un dommage plus considérable, dommage que l'on peut difficilement chiffrer avec exactitude, mais qui dépasse certainement 10 ou 20 millions, en même temps qu'il fraude le Trésor de 60 à 80 millions qu'on s'ingénie à chercher ailleurs, qu'il constitue, dans un régime démocratique, une atteinte scandaleuse au principe de l'égalité fiscale et qu'il est l'une des causes principales du péril, tous les ans grandissant, de l'alcoolisme.

L'autre cause, c'est la multiplication démesurée du nombre des débits, depuis une trentaine d'années, et, ici encore, permettez-moi de vous dire que je serais bien surpris si, après avoir étudié la question, non pas dans des diatribes diffamatoires, mais dans les statistiques que j'ai produites, dans les écrits que j'ai publiés, dans les nombreux discours que j'ai prononcés, vous hésitiez plus longtemps à vous rallier, et comme citoyens et comme commerçants, au projet de loi que j'ai déposé sur la limitation des débits de boissons.

Je ne propose la suppression d'aucun débit existant, parce que je me refuserai toujours à porter, directement ou indirectement, atteinte au droit de propriété. Les débits actuels resteront ouverts, bien que leur nombre soit excessif, et leurs propriétaires pourront, comme par le passé, les transmettre à leurs héritiers ou en trafiquer. Mais je subordonne à des conditions précises, pareilles à celles qui ont été établies en Suède, en Finlande, en Angleterre, aux États-Unis, l'ouverture de *nouveaux* débits.

J'ai déposé une première esquisse de ma proposition en 1895. Si elle avait été adoptée alors, il y aurait aujourd'hui 30.000 débits de moins en France. Il s'ouvre tous les jours, sur la surface du territoire continental de la République, 6 nouveaux débits.

« Votre proposition, me dit-on, tend à créer un monopole de fait entre les mains des débitants actuels et de leurs ayants droit. » J'en conviens. Je conviens aussi que c'est même pour cela qu'un très grand nombre de débitants, gênés par une concurrence de jour en jour plus nombreuse, se sont prononcés en faveur de ma proposition. Mais n'est-il pas évident que cette petite, bien petite hérésie économique aura pour conséquence de diminuer, dans un très prochain avenir, le nombre des occasions et des tentations, comme le faisait déjà observer M. Léon Say?

On boira peut-être un peu plus dans les dé-
bits existant actuellement, mais, dans l'ensemble,
on boira moins. C'est ce que prouve d'ailleurs
l'exemple de l'Algérie où la limitation des débits
a pu être appliquée par décret, à la satisfac-
tion générale et sans rencontrer d'opposition sé-
rieuse.

Aussi bien les protagonistes de la lutte contre
l'alcoolisme ne sont-ils pas des *abstinents*, comme
certains, qui n'en croient d'ailleurs pas un mot,
cherchent à le faire croire. Il n'est venu à la pensée
d'aucun de mes collègues des groupes anti-alcooliques du Sénat et de la Chambre que l'eau est la
seule boisson saine. C'est vous faire injure que de
vous supposer capables de croire à de pareilles
absurdités. En ce qui concerne l'alcool, je pense,
comme mon illustre et regretté ami Duclaux,
qu'ici encore il faut distinguer entre l'usage et
l'abus. L'usage modéré de bons alcools est conseillé
même par des médecins; c'est l'abus des alcools
frelatés et savamment empoisonnés qui conduit à
la folie, à la tuberculose, au rachitisme, au suicide, au crime.

Surtout, il faut favoriser, notamment par
l'abaissement des licences au profit des établissements qui ne vendent que des boissons hygiéniques, la consommation du bon vin de France,

source inépuisable de santé et de joie, de la bière qui est du pain liquide, du cidre rafraîchissant, du café qui excite l'intelligence et du thé qui réchauffe et vivifie.

De nombreux débitants m'ont d'ailleurs avoué et prouvé, chiffres en mains, qu'ils réalisent le principal de leurs bénéfices sur les boissons hygiéniques.

Vous dites, Messieurs, que vous avez été souvent « bernés ». Je ne veux point chercher par qui vous l'avez été, mais je puis vous affirmer que vous ne l'avez pas été et que vous ne le serez point par moi. Si vous voulez bien y réfléchir, vous reconnaitrez sans peine que vos *véritables* intérêts ne sont pas en opposition avec l'intérêt général, puisque le commerce honnête paye actuellement les bénéfices de ce privilège des bouilleurs de cru dont un éminent sénateur a si bien dit « qu'il n'est que le nom décent qu'on donne à la fraude », et puisque la concurrence, de jour en jour plus nombreuse, qui vous talonne, multiplie les tentations périlleuses et, par conséquent, le mal.

Je trouve légitimes vos réclamations contre la menace des surtaxes excessives. Aidez-moi, par contre, en vous associant à ma propagande, à obtenir la limitation des débits au chiffre actuellement existant, la répression des fraudes de tous genres et l'abolition du « privilège » des bouilleurs de cru.

Croyez, Messieurs, à mes sentiments très distingués.

Joseph REINACH.

DISCOURS

Prononcé le 27 mai 1909,
au
Groupe Anti-Alcoolique de la Chambre des Députés.

Messieurs,

En arrêtant votre choix sur moi pour occuper, à la présidence du groupe anti-alcoolique, la place du grand parlementaire[1] qui fut pendant trente ans l'honneur de cette Chambre et qui restera, au Sénat, ce qu'il fut parmi nous, le défenseur éloquent et fidèle des idées libérales, vous m'avez fait un honneur dont je vous suis très reconnaissant et vous m'avez imposé une charge dont votre concours actif peut seul alléger le fardeau.

Il avait semblé à quelques-uns de nos collègues qu'arrivés à la dernière année de la législature,

1. M. Ribot.

nous n'étions plus à temps pour demander utile-
ment à la Chambre la discussion des projets que
nous avons mis à l'étude lorsque nous avons constitué ce groupe. Vous ne vous résignez pas à cet
abandon, fût-il momentané, de tant d'études, de
tant d'enquêtes qu'un effort résolu de notre part
peut encore faire aboutir, et vous avez raison de
ne pas vous y résigner. La Commission de l'hygiène publique et la Commission du budget vont
être saisies d'ici peu de jours, l'une du rapport
de M. Henri Schmidt sur l'interdiction de l'absinthe, l'autre du rapport de M. Clémentel sur la
limitation des débits de boissons. Dès que ces
rapports seront déposés sur le bureau de la
Chambre, je proposerai au groupe d'en réclamer
la mise à l'ordre du jour et la discussion avant
notre séparation.

Dans la lutte que nous avons engagée contre
l'alcoolisme et contre tant de maux qui en sont les
conséquences, nous avons pour nous l'opinion
éclairée du pays, les académies, les associations
scientifiques où vibre encore l'écho des avertissements d'un Berthelot ou d'un Pasteur; nous avons
avec nous les criminalistes, qui ont reconnu dans
l'alcoolisme l'une des causes principales de l'augmentation de la criminalité; les médecins qui,
preuves en mains, attribuent à l'alcool la recru-

descence de la folie, de la tuberculose et du rachitisme; les chefs de l'armée, qui voient fondre les contingents dans les régions les plus contaminées; surtout, nous avons avec nous tous ceux qui ont vécu assez près du peuple des travailleurs pour s'être rendu compte qu'en ayant recours à l'alcool, dans l'espoir d'alléger les maux dont il souffre, il ne se dissimule plus qu'il les aggrave, et toutes les femmes. Nous savons que la lutte contre l'alcoolisme est pour le pays, pour la race, une question de vie ou de mort, de santé physique et de santé intellectuelle ou d'irrémédiable décadence. Avons-nous le droit, quand nous voyons si clairement le mal et le péril grandissant, quand nous sentons derrière nous ces forces et ces espérances, avons-nous le droit de ne point demander à la Chambre un effort et au Gouvernement le concours qu'il nous a promis et qu'il nous doit?

Sous quel prétexte reculerions-nous?

Un médecin des hôpitaux racontait récemment qu'épouvanté des progrès du fléau qui use les forces physiques avant l'âge, abrutit les cerveaux, pourrit avant la naissance les générations à venir, il avait appelé l'attention de l'un de nos collègues sur la nécessité de prendre enfin des mesures législatives. « Vous avez raison, lui dit le député, mais pas avant les élections! »

Eh bien, non, tout au contraire, avant les élections!

En présence des statistiques, même officielles, nous n'avons pas une année à perdre, nous n'avons plus une faute à commettre contre la santé d'un peuple qui risque, si la loi ne lui vient pas en aide, d'être atteint bientôt aux sources mêmes de la vie.

Au surplus, j'ai acquis la conviction raisonnée que les hostilités dont on nous menace sont de beaucoup plus bruyantes que fortes, et qu'ici encore il suffit de marcher hardiment de l'avant.

Sériant les questions, nous avons, dès le début de la législature, inscrit en tête de notre programme la suppression de l'absinthe et la limitation des débits de boissons. Nous avons frappé déjà, par la dernière loi de finances, l'absinthe à bon marché. Quelles résistances si redoutables avons-nous rencontrées? L'autre absinthe, celle qui se prétend hygiénique, n'est pas « un poison moins destructeur de la santé et de l'intelligence ». Ce n'est point assurément l'avis des fabricants d'absinthe; c'était l'avis de Berthelot. Nous ne nous sommes pas laissés intimider par les fabricants de blanc de céruse; pourquoi nous laisserions-nous effrayer, je ne dis point : gagner, par les fabricants d'absinthe? Si les Chambres jugent légitime le payement d'une indemnité, la France est assez riche pour payer sa guérison.

La question des débits de boissons est aujourd'hui dégagée des équivoques qui l'obscurcissaient. J'ai reçu, depuis plusieurs mois, la visite d'un très grand nombre de débitants. Ils avaient été pendant longtemps trompés sur le caractère du projet dont M. le Ministre des Finances, notre ami Schmidt et moi, nous avons alternativement saisi la Chambre et qui appelait, d'ailleurs, quelques retouches. Il ne nous est jamais venu à l'idée de décimer les débits de boissons actuellement existants, pour excessif qu'en soit le nombre. Ces débits sont une propriété; nous respectons la propriété. Notre projet tend à l'interdiction d'ouvrir de nouveaux débits en dehors de quelques cas très rigoureusement précisés, par exemple quand la population de certains quartiers s'accroît ou lorsque se forment de nouvelles agglomérations urbaines ou rurales. Les économistes ont reproché à notre projet de constituer entre les mains des débitants actuels et de leurs ayants droit un véritable monopole de fait. Nous n'en disconvenons pas. C'est ce que Voltaire, avec son souverain bon sens, appelait un petit mal — un petit accroc à l'orthodoxie économique — pour un grand bien. Je rappellerai seulement que, si ce projet avait été adopté il y a quinze ans, quand je l'ai déposé pour la première fois, que si le projet analogue qui a été déposé au Sénat par notre collègue M. Siegfried avait été adopté par la Haute Assemblée, nous aurions aujourd'hui 30.000 débits de moins. Les débitants, du moins la grande majorité d'entre eux, se sont ralliés au principe de la limitation. On boira un peu plus dans les débits actuellement existants; mais cette progression sera insignifiante en comparaison de celle qui résulterait de l'accroissement continu du nombre des débits, du nombre des occasions et des tentations. L'expérience scandinave est, à cet égard, décisive.

Notre cause serait-elle impopulaire que le devoir social, politique, patriotique, resterait le même, que dis-je? qu'il serait plus impérieux et plus pressant en raison même de l'obscurcissement produit dans les cerveaux par l'abus du poison. Mais je ne crois point du tout que notre cause soit impopulaire; j'attache une importance significative au fait que les représentants des grosses agglomérations ouvrières, des quartiers les plus populeux dans nos grandes villes, préconisent depuis pas mal d'années ou acceptent sans hésiter la lutte contre l'alcoolisme; je crois surtout qu'au jour prochain où, nous appuyant sur les rapports de nos collègues Schmidt et Clémentel, nous dégagerons devant la Chambre la haute et forte notion, trop souvent voilée, du bien public, le pays, que la Chambre nous suive ou non, comprendra.

Je voudrais pouvoir mettre sous vos yeux les centaines d'adresses que j'ai reçues, depuis quelques mois, de tous les côtés de la France. Si tant de braves gens s'étonnent d'une chose, c'est qu'éclairés sur le danger alcoolique comme ils le sont, les pouvoirs publics n'aient pas encore trouvé le temps, n'aient pas encore eu le facile courage de prendre les mesures décisives. On en cherche les raisons, on les trouve, ou on croit les trouver, et elles sont douloureuses : c'est la politique au jour le jour, la paresse devant les grands desseins qui veulent un peu de fermeté d'âme et de persévérance, le temps et les efforts qui devraient être consacrés aux questions d'intérêt général et qui sont gâchés à chercher à satisfaire les intérêts particuliers qu'on contente d'autant moins qu'on leur fait plus de sacrifices humiliants; et puis, surtout, la peur électorale, entretenue par quelques journaux qui nous menacent, à la première page, de nous traquer dans nos circonscriptions, et dont le zèle pour les variétés les plus pernicieuses de l'alcool s'explique à la quatrième.

Messieurs, prenons l'offensive.

Quelque problème qui se pose devant nous,

chercher à le résoudre sous la préoccupation dominante de l'électeur, — je ne dis pas du suffrage universel, mais des quelques électeurs qui s'arrogent
le droit de parler et de menacer au nom du corps
électoral, — ce n'est pas seulement, mais cela est
surtout une sottise. On capitule devant ces quelques individus, on leur concède ce qui est contraire à l'intérêt général, mais l'intérêt général,
mais la vérité prennent tôt ou tard leur revanche.
Nous en connaissons d'assez notables exemples.
Un jour viendra, et je le vois poindre, où ce sera
la masse électorale elle-même qui se retournera
contre les pouvoirs imprévoyants ou pusillanimes
qui n'auront pas su préserver à temps le corps et
l'âme de la race.

Permettez-moi de recommander à ceux d'entre
vous qui ne les auraient pas encore médités les
Essais socialistes du grand orateur belge Émile
Vandervelde. Il n'y fait pas seulement appel, avec
une simple et robuste éloquence, à la conscience
du prolétariat, « lui montrant tout ce qu'il dissipe
de ressources et de forces en buvant, tout ce qu'il
gagnerait en ne buvant pas ». Après avoir fait le
compte formidable des salaires qui s'en sont allés
en alcool et qui auraient suffi à faire de milliers
d'ouvriers des petits propriétaires, il ne se contente
pas de reconnaître une part de vérité à la cruelle

parole de Taine : « L'alcool est la littérature du peuple », et de l'expliquer en ces termes : « Le travailleur, lorsqu'il est surmené, mal alimenté, hanté par la crainte du chômage, privé de jouissances intellectuelles, dépourvu d'idéal, se livre à la boisson, parce qu'il n'a pas d'autres plaisirs et parce que l'alcool lui offre le moyen de se soustraire, pendant quelques instants ou pendant quelques heures, selon la dose, aux sensations pénibles qui lui viennent de ses mauvaises conditions de salaire, de travail, de logement ou d'alimentation. » Mais, logique et rude, Vandervelde fait encore des progrès de l'alcoolisme un grief redoutable à la société. « Pour écouler, dit-il, sa production surabondante, elle tend à multiplier les débits de boissons, elle crée ces palais de l'alcool dont le faux luxe constitue l'unique salon du peuple et elle pousse des catégories nombreuses de citoyens, ouvriers ou petits bourgeois, à ouvrir un cabaret pour vivre ou pour se procurer un complément de ressources. »

Dira-t-on qu'il y a quelque exagération dans ce raccourci? Je le veux bien. Mais interrogeons nos consciences. Tant que nous n'aurons pas apporté le secours de la loi à ceux des travailleurs qui se sont rendu compte de la nécessité de combattre l'alcoolisme, tant que nous n'aurons pas, car tout s'enchaîne, amélioré la situation matérielle et morale de l'ou••rier, serons-nous bien en repos avec nous-mêmes?

J'avais l'honneur de m'entretenir, il y a quelque temps, avec un ancien ouvrier anglais devenu membre du Parlement et aujourd'hui l'un des ministres du roi. L'immense popularité de John Burns dans la classe laborieuse d'outre-Manche, il la doit, pour une large part, à la lutte obstinée qu'il poursuit depuis trente ans, et qu'il n'a pas cessé d'ailleurs de poursuivre au pouvoir, contre l'alcool. Il me racontait ses campagnes contre le poison « qui énerve quand il n'abrutit pas, qui dégrade lentement quand il ne détruit pas tout de suite », les résultats déjà obtenus, notamment à Liverpool, par le principal remède qu'il recommande : la réduction du nombre des débits. Et il concluait : « C'est surtout des ouvriers qu'il est vrai de dire, paraphrasant un mot fameux : « L'alcoolisme, voilà l'ennemi! »

Nous aussi, Messieurs, nous sommes prêts à faire tout notre devoir. Nous ne connaissons ici, dans cette réunion, aucune préoccupation de parti. Nous ne connaissons que la France qui, pour rester « la plus haute personne morale qui soit au monde », ne peut pas devenir le peuple le plus alcoolisé de la terre.

DISCOURS

Prononcé le 23 janvier 1910,
dans le grand amphithéâtre de la Sorbonne,
à la réunion de la *Ligue Nationale contre l'alcoolisme*
et de la Fédération Nationale de la Mutualité.

Messieurs,

Je vous remercie, je remercie particulièrement mes éminents amis MM. Voisin et Mabilleau, de m'avoir convié à présider cette solennité. Je sens, croyez-le bien, tout le prix de l'honneur que je vous dois. Quelle heureuse idée vous avez eue en réunissant dans une même fête la Fédération nationale de la mutualité et les sections parisiennes de la *Ligue nationale contre l'alcoolisme !* Tempérance et prévoyance sont sœurs, formule où nous voulons reconnaître la sagesse de la vieille morale.

La dépense alcoolique des ouvriers étant, en moyenne, selon les évaluations les plus modérées de 15 % de leurs salaires, le plus redoutable ennemi de la prévoyance, c'est évidemment l'alcoolisme. Vous savez qu'un socialiste belge a calculé que les ouvriers de son pays avaient, dans l'espace de dix années, dépensé en boissons alcooliques une somme de plusieurs centaines de millions et que cette somme représentait, à vingt millions près, l'augmentation de leurs salaires pendant cette même époque; s'ils s'étaient abstenus! de genièvre et d'eau-de-vie, s'ils n'avaient consommé que des boissons hygiéniques, ils auraient pu presque tous devenir propriétaires au terme de ces dix années. Ce qu'il y a de sûr, c'est que l'ouvrier alcoolique emploie contre sa santé, contre sa vie même, le plus clair des ressources qui devraient servir à accroître son bien-être et à réaliser sa complète émancipation.

Je suis, depuis bien des années, un militant de l'anti-alcoolisme; les journées sont trop brèves, nos efforts se dispersent déjà sur trop de routes pour qu'il m'ait été possible d'apporter à la propagande, à l'œuvre si hautement moralisatrice des sociétés de secours mutuels, autre chose qu'une sympathie d'abord instinctive, puis, d'année en année, plus raisonnée. Je l'ai bien souvent regretté;

je le regrette un peu moins depuis que le rapprochement de nos deux œuvres nous autorise à penser que nous avons fait alliance contre des ennemis communs. L'exemple des prévoyants donnera de plus en plus à réfléchir aux victimes marquées de l'alcoolisme, à ceux qui sont encore capables de réagir, de lutter contre eux-mêmes; tous ceux que nous aurons guéris, sauvés, arrachés à la folie, aux déchéances physiques et aux déchéances morales, tous ces milliers d'hommes, de femmes et d'enfants viendront un jour grossir l'armée des prévoyants et des mutualistes.

LA LUTTE CONTRE L'ALCOOLISME

Je ne crois pas, Messieurs, et je ne me lasserai pas de le dire, qu'il y ait à cette heure pour les hommes de courage et de bonne volonté, pour tous les partis, et, d'abord, pour le Gouvernement lui-même, un seul devoir qui soit plus impérieux que celui d'engager une lutte méthodique et irrésistible contre l'alcoolisme. Pour bien des raisons, dont quelques-unes seulement sont honorables, on a déjà perdu un temps précieux pendant lequel le mal n'a pas cessé de grandir. L'heure est venue de réagir. Je connais toute l'importance des questions politiques qu'il nous reste à résoudre, des problèmes sociaux qui s'imposent tous les jours davantage à l'esprit des hommes capables de compatir aux misères humaines et de comprendre l'évolution des sociétés modernes vers plus de justice et de bonté. Mais, d'abord, il faut vivre, il ne faut pas mourir, et je le dis comme je le pense, avec la triste certitude de ne pas exagérer le danger : si la France ne veut pas mourir, et qui pourrait douter qu'elle n'ait l'amour de la vie et que son génie ne réserve au monde de merveilleuses surprises? elle doit commencer par brûler le chancre qui la ronge, qui fait plus de ravages au XXe siècle que n'en ont fait au moyen âge la famine et la peste.

Oh! assurément, la lutte sera longue et rude, et je n'ai à l'apprendre ni à vous qui livrez depuis des années le bon combat, ni à tous ceux, plus nombreux encore, qui se résignent au mal, satisfaits par leurs propres lamentations et qui décorent du nom de sagesse la peur des coups à recevoir. Vous connaissez et ils connaissent, eux aussi, le nombre et l'âpreté des intérêts particuliers qui sont ligués ici contre l'intérêt général. Ce poison qui ruine et tue les uns, fait vivre et enrichit les autres. Ces intérêts particuliers sont des puissances électorales redoutables, et nous sommes une démocratie imparfaite, dominée par des soucis électoraux. Les pouvoirs publics n'ignorent pas que l'alcoolisme est l'une des causes principales de l'appauvrissement de nombreuses et vastes régions, qu'il contribue pour une très large part à la dépopulation; que, d'année en année, il diminue les forces productives du pays. Mais l'État tire de l'alcool d'immenses ressources immédiates et nous n'avons pas encore rencontré beaucoup de gouvernements qui voient plus loin que le soir de la journée et que le vote de confiance qui les maintiendra au pouvoir. Et cependant il faut agir, parce qu'il semble parfois, à constater certains symptômes, que la nation elle-même, en tant que nation, commence à être atteinte.

LE CAFÉ ET L'ALCOOL

Michelet a raconté comment « l'avènement du café », la vulgarisation de « la sobre liqueur, puissamment cérébrale », lave volcanique de Bourbon et de la Martinique, a contribué à la chaleur et à la lucidité du XVIIIᵉ siècle, du « siècle de l'esprit » qui fit l'Encyclopédie et d'où sortit la Révolution. Cette page me hante, elle m'obsède. Après le règne du café, le règne de l'alcool. Un historien dira-t-il un jour que l'avènement de l'alcool, l'abus généralisé, invétéré, des boissons à essences, ont changé, modifié, mais en sens inverse, le tempérament, l'esprit même de la race, qu'ils ont fini, à la longue, par épaissir l'atmosphère de ces temps nouveaux où nous étions entrés le cœur plein de si belles espérances, par obscurcir les cerveaux, par faire à cette France si douce des mœurs brutales, par rendre incapable de vouloir jusqu'à son salut ce peuple qui ne connaissait point d'obstacles à ses ambitions et à ses rêves?

L'idée qu'on pourrait un jour écrire une telle page est affreuse : il ne faut pas chasser cette idée, il faut vivre avec elle comme avec une douleur stimulante.

On lit dans le Dictionnaire de Littré, au mot « alcoolisme » : « Maladie qui s'observe surtout dans les pays froids ». Les pays du Nord, les pays de race scandinave, se sont guéris, courageusement guéris, malgré que les ouvriers y pouvaient invoquer la double excuse de la température et de travaux particulièrement pénibles. Nous avons le climat le plus tempéré de l'Europe centrale ; des lois bienfaisantes atténuent, d'année en année, la dureté du travail : échouerons-nous où la Suède a réussi?

La Norvége a triomphé d'elle-même : irons-nous jusqu'au bout du honteux suicide?

Il y a des causes qui ne se plaident qu'avec des phrases; d'autres se défendent par des arguments ou des hypothèses : la nôtre, celle de l'anti-alcoolisme, s'établit par des faits, par des chiffres, hélas! incontestables.

STATISTIQUES

Ce sont les statistiques officielles du Ministère des Finances qui nous montrent le nombre des débits de boissons s'élevant, en trente années, de 25 %, jusqu'au chiffre formidable de 477.000, soit un débit pour 80 habitants, y compris les femmes et les enfants, c'est-à-dire un débit pour 30 adultes; et ce n'est là qu'une moyenne puisque, dans certains départements, l'accroissement des débits a été de 61, de 67, de 70 %; que la proportion des cabarets à la population y ressort à un pour 38 habitants; que, dans plusieurs grandes villes, dans nos ports de la Méditerranée et de l'Océan, le nombre des débits a doublé, presque triplé, depuis la loi de 1880 sur la liberté du commerce des boissons; que, dans des centaines de villages, on compte un débit pour dix, voire pour trois ou quatre maisons. Et l'accroissement continue, malgré la sursaturation : il s'ouvre, en moyenne, un peu plus de *six* débits par jour.

C'est encore le Ministère des Finances qui nous apprend, par le chiffre des recettes qu'il en tire, ce que ce demi-million de débits déverse par an d'alcool taxé, et, par les doléances de la direction des contributions indirectes, ce que la fraude soustrait d'alcool aux droits qui sont acquittés par le commerce honnête. Un million et demi d'hectolitres taxés, un demi-million, au bas mot, d'hectolitres vendus en fraude, voilà ce que ce pays absorbe annuellement. Nous sommes devenus le pays le plus alcoolisé de la terre. Et cela, Messieurs, en moins de trente années! La consommation moyenne de l'alcool, par habitant et par an pour l'ensemble de la France, n'excédait pas de beaucoup 2 litres avant la loi de 1880. Elle est, aujourd'hui, d'environ 4 litres. Dans la région normande, dans nombre de grandes villes, elle dépasse 12 litres. Et, comme l'alcool des statistiques officielles est l'alcool pur, comme le titre moyen des eaux-de-vie vendues dans les débits *au petit verre* est d'environ 37 degrés, il faut, presque tripler les chiffres que je viens de vous indiquer.

Dans les premiers temps du règne de l'alcool,

alors qu'il était loisible d'admettre qu'un huitième seulement de la population s'adonnait à l'eau de feu, alors que les femmes, les adultes et les enfants s'en abstenaient encore, Claude (des Vosges) avait calculé que la consommation moyenne par tête de buveur équivalait à 65 litres, soit 2.611 petits verres, près de 8 petits verres par jour. Aujourd'hui ce n'est plus seulement le huitième de la population qui s'alcoolise, ce ne sont plus seulement les hommes faits qui s'abreuvent d'alcool. Allez en Bretagne, parcourez la Normandie; vous y verrez des femmes aussi alcoolisées que les hommes, vous y verrez aux lèvres des enfants des biberons d'alcool, et, dans les ports, dans les centres industriels, les ouvriers réclamer le litre d'alcool comme complément de leur salaire.

Les conséquences de cet immense empoisonnement, qui ne les connaît aujourd'hui? Elles sont écrites dans la chair de la nation. Demandez au Ministère de la Justice les statistiques de la criminalité, au Ministère de l'Intérieur celles de la folie, du suicide, de la tuberculose, au Ministère de la Guerre ses feuilles de recrutement. C'est sous l'action continue de l'intoxication alcoolique que, dans dix départements, le nombre des conscrits réformés s'est élevé de 6 à 20 %, que, dans toute la France, le nombre des suicides a doublé, que celui des aliénés s'est élevé, par une progression continue, de 47 à 70.000, que la criminalité de sang, la criminalité impulsive, augmente sans cesse. Plus de la moitié des crimes contre les personnes, de 55 à 70 %, sont commis par des alcooliques. La très grande majorité des meurtriers est composée de tous jeunes gens, fils d'alcooliques et alcooliques eux-mêmes. J'ai dit, un jour, à la tribune de la Chambre, qu'il était beaucoup plus facile de dérouiller la guillotine et de la dresser à nouveau sur nos places publiques que de supprimer le privilège des bouilleurs de cru et de limiter le nombre des débits de boissons. La solution la plus facile a prévalu. La guillotine fonctionne à nouveau ; on a vu tomber jusqu'à trois et quatre têtes dans la même matinée ; et la criminalité a augmenté encore l'année dernière ; et comment n'augmenterait-elle pas puisque la source n'est pas tarie ?

L'ACTION INDIVIDUELLE

Renan avait coutume de dire que « les choses humaines ne se passent jamais comme le veulent les sages ». Ils signalent longtemps à l'avance les désastres menaçants ; ils indiquent comment on les arrête; on n'écoute pas l'avertissement et voici les désastres. Il y a plus de dix ans que l'Académie de médecine annonçait comme les conséquences inéluctables des progrès de l'alcoolisme, ceux de la folie et du crime, « la dépopulation croissante, la dégénérescence physique et intellectuelle de l'espèce, des atteintes de plus en plus graves aux forces et à la vitalité du pays ».

Qu'avons-nous fait jusqu'à présent contre le fléau?

L'action privée a fait beaucoup. J'ai promené assez longtemps vos regards sur des tristesses et sur des hontes. Je veux rappeler au moins d'un mot l'admirable chapitre qu'ont ajouté à l'histoire des initiatives et des propagandes les plus courageuses tous ceux qui, depuis un quart de siècle, ont poussé le cri d'alarme, démontré et dénoncé le péril par la plume et par la parole, réuni dans nos ligues, dans nos sociétés de tempérance, dans nos Congrès, tant de bonnes volontés, porté la bonne parole dans nos faubourgs et dans nos campagnes, prodigué, sans compter, leur temps, leur argent, le meilleur de leurs intelligences et de leurs cœurs, sauvé par milliers des malheureux et des malheureuses déjà penchés vers l'abîme. Ne pouvant nommer tous ceux vers qui se reportent nos pensées reconnaissantes, je ne nommerai personne.

Mais qu'ils soient tous remerciés, des plus illustres aux plus humbles, militaires et civils, serviteurs de toutes les religions et de tous les partis, ouvriers et patrons, écrivains et avocats, médecins et instituteurs! Ils ont commencé l'œuvre de salut, et c'est parce qu'ils l'ont commencée, parce que le commencement, selon la forte parole d'un philosophe ancien, est la moitié du tout, c'est parce qu'ils ont éveillé la conscience française sur le danger qui menace la patrie française que je me refuse à douter de la victoire finale.

Cette victoire, il faut l'arracher. A qui? Aux pouvoirs publics, au Gouvernement, aux Assemblées parlementaires.

LES ASSEMBLÉES POLITIQUES

Je commettrais une grossière injustice si, rendant hommage en votre nom aux protagonistes et aux bons soldats de la lutte contre le péril alcoolique, je ne disais pas que, parmi eux, aux premiers rangs, vous avez toujours vu un grand nombre de membres des deux Chambres et quelques-uns des membres les plus éminents du Gouvernement d'aujourd'hui et des gouvernements qui l'ont précédé. Je me suis expliqué assez souvent et avec assez de liberté sur les vices de notre politique parlementaire pour n'être point suspect quand je m'inscris en faux contre tant d'accusations malfaisantes dont il est de mode de poursuivre le Parlement. J'ai beaucoup voyagé; j'ai toujours suivi avec attention les choses du dehors : laissez-moi dire, sans crainte d'être démenti par les observateurs étrangers, qu'il n'y a pas au monde d'Assemblées politiques où soient réunis plus de talents que dans les nôtres, où les débats s'élèvent à plus de hauteur, où se heurtent plus de nobles passions, où les lois soient mieux étudiées. Ne fermons pas les yeux sur nos fautes; ne les fermons pas non plus sur nos qualités. Sachons pratiquer envers nous la justice comme la sincérité.

A l'égal de toutes les grandes questions, ce redoutable problème de l'alcoolisme n'a donc pas cessé de préoccuper les membres du Parlement. Nous avons constitué au Sénat comme à la Chambre des groupes anti-alcooliques. Nous y avons préparé les projets, dont les Chambres ont été saisies à diverses époques, sur la suppression du privilège des bouilleurs de cru, l'interdiction de l'absinthe, la limitation du nombre des débits. Nous y avons repris l'étude du monopole de l'alcool. Nous avons appuyé de tout notre concours les Ministres de la

Guerre qui ont exclu l'alcool des cantines de nos casernes et les Ministres de l'Instruction publique qui ont organisé l'enseignement anti-alcoolique dans nos écoles.

Pourquoi tant de bonnes volontés, tant d'intelligences clairvoyantes n'ont-elles pas encore réussi à faire adopter les mesures nécessaires pour arrêter la marche du fléau, les plus urgentes, celles que l'Académie de médecine, que toutes les sociétés savantes réclament depuis si longtemps? Par deux fois un Ministre des Finances a apporté à la Chambre des propositions tendant à limiter le nombre des débits, ne fût-ce que pour permettre aux agents des contributions d'exercer leur contrôle, de défendre le commerce honnête contre la fraude. Malgré l'exemple des pays scandinaves, malgré l'exemple, plus voisin, de l'Algérie où, un décret ayant pu ordonner la limitation, le nombre des débits a, depuis huit ans, diminué automatiquement de moitié, la loi n'est même pas venue en discussion. Par deux fois, aux débuts de leurs législatures, des assemblées ont supprimé le privilège des bouilleurs de cru; par deux fois, elles l'ont rétabli à la veille des élections.

Pourquoi ces timidités, ces ajournements, ces reculs?

27.

LA PEUR ÉLECTORALE

On les explique à l'ordinaire par l'humiliante raison de la peur électorale. Ceux-ci, dit-on, n'osent pas affronter ces bouilleurs de cru dont la prétendue « consommation familiale de l'alcool » s'est élevée, depuis 1900, à trois millions et demi d'hectolitres, représentant, au taux de 220 francs, une somme totale d'environ 750 millions de francs dont le Trésor a été grossièrement fraudé; ceux-là redoutent ces grands brasseurs, ces grands distillateurs qui trouvent leur intérêt à faire pulluler dans chaque village et dans chaque quartier les petits débits et qui émettent l'extraordinaire prétention d'attacher désormais la licence au débit lui-même, à l'immeuble qu'ils ont aménagé. Je n'y contredis pas, Messieurs; mais pourquoi tant de braves gens se laissent-ils ainsi effrayer? N'est-ce pas une conséquence de cette erreur qui consiste à croire que, le jour où il se trouvera un nombre suffisant d'hommes résolus pour mettre dans l'autre plateau de la balance électorale l'intérêt vital du pays et de la race, ce sera tout de même le plateau des intérêts particuliers qui l'emportera? A ceux de nos collègues des deux Chambres qui hésitent encore à opposer au flot montant de l'alcool l'ensemble des précautions, des interdictions, des lois qui, seules, peuvent en arrêter le progrès, laissez-moi donc dire, en votre nom, qu'ils manquent de confiance dans la démocratie, qu'ils méconnaissent l'importance décisive de ce fait nouveau, qui est capital : le peuple sait aujourd'hui de quel prix il paye la force factice et les jouissances passagères que lui apporte le poison, il le sait alors qu'il l'ignorait au début de son intoxication, alors qu'il ne s'était pas encore donné à lui-même le spectacle de l'ilote ivre, et il fait ce que font tous les malades : il a peur et il appelle le médecin.

Est-ce que ce médecin mettra au régime de l'eau ce pays du vin? C'est ce que disent les marchands d'absinthe. Proscrira-t-il cette source de revenus qu'est l'alcool? C'est ce que disent les fabricants de boissons frelatées et les fraudeurs. Il faut beaucoup d'ignorance ou de mauvaise foi pour dénoncer une atteinte à la propriété, soit dans la loi qui organisera le monopole de la rectification et de la vente contrôlée, dans le double intérêt de la santé publique et du Trésor, soit dans la loi qui limitera le nombre des débits, dans le double intérêt de la tempérance et du commerce honnête des boissons.

Messieurs, nous n'avons pas la prétention d'improviser ici des lois, mais nous avons le droit de dire aux Chambres et au Goüvernement que l'heure est venue pour eux, non pas de se joindre à ceux qui mènent depuis si longtemps la croisade à la fois sociale et fiscale contre l'alcoolisme, mais de se mettre à leur tête, de vouloir et d'agir. Ce n'est pas un tribun révolutionnaire, c'est le plus conservateur des libéraux anglais qui prononçait récemment cette forte parole : « Si l'État ne se hâte pas de devenir le maitre du trafic des liqueurs, le trafic des liqueurs deviendra le maitre de l'État. » Quelle tyrannie serait plus abjecte! Nous n'avons pas la superstition de l'État et nous ne réclamons pas de lui « des bourrelets pour tous les enfants qui pourraient tomber ». Entre l'État paternel qui veillerait au bonheur de chacun et l'État libertaire qui laisserait descendre sous ses yeux tout un peuple vers la pire des déchéances, il y a place sans doute pour une autre conception du rôle d'un gouvernement. Si l'État ne considérait pas que son rôle social lui commande d'engager avec toutes ses forces la lutte contre l'alcoolisme, il n'y aurait pour l'État de devoir social d'aucun genre. Or, ce qui fait la noblesse particulière de ces temps, c'est précisément qu'il ne passe pas un jour où chacun de nous, et l'État avec nous, ne se rende un compte plus exact des obligations de solidarité que les progrès de la science et ceux de la justice imposent aux sociétés civilisées. Ne doutons pas que l'État fera ici, comme ailleurs, tout son devoir. Vous le lui indiquez depuis longtemps; c'est le pays lui-même qui crie aujourd'hui vers lui, qui demande à être sauvé du plus effroyable péril dont la vitalité d'un peuple ait été à jamais menacée. Redoublons d'efforts, Messieurs, travaillons ensemble avec une passion croissante du bien public : la victoire est proche.

DISCOURS

Prononcé le 28 février 1910,

à Lyon,

à l'*Union des Employés de Commerce et d'Industrie.*

Messieurs, lorsque mon ami et ancien collègue Cazeneuve et votre dévoué président, M. Auguste Besse, m'ont invité à présider votre réunion annuelle et à vous entretenir de cette question de l'alcoolisme dont s'inquiète à bon droit quiconque a le souci de la santé, de la prospérité et de l'avenir de notre pays, j'ai accepté avec empressement et avec gratitude, parce qu'il m'a toujours paru que l'homme qui s'attache à une idée doit se réjouir de toute occasion qui s'offre à lui de l'expliquer, de la répandre, de la faire pénétrer dans l'opinion.

Je vous remercie donc de m'avoir fait appel pour vous parler de ce redoutable problème, pour en

parler ici, dans cette ville de Lyon, qui n'est pas
seulement, par le nombre de ses habitants, par sa
richesse, par son activité de ruche toujours en travail, la seconde capitale de la France, mais dont
l'intelligence politique, l'esprit avisé et ferme,
l'invincible attachement à la cause de la démocratie et à celle de la liberté, le robuste bon sens
que nous avons toujours trouvé réfractaire aux
vents de folie qui ont soufflé trop souvent sur
d'autres villes, faisaient dire au Parisien passionné
qu'était Michelet qu'elle fut, plus d'une fois, la
véritable capitale de la République. Sans l'esprit
républicain, que serait la République? Les mœurs
ne représentent pas toujours les lois. Avant que la
République ne fût devenue le gouvernement légal,
avant qu'elle n'ait commencé à s'entourer de lois
républicaines, votre démocratie lyonnaise avait des
mœurs républicaines, des manières républicaines.
Elle les a gardées. Votre conception de la République, l'idée particulière que vous vous en êtes
faite, a quelque chose de grave, de sérieux, je dirai
volontiers, dans le plus noble sens du mot : de reli-
gieux, qui ne se retrouve pas ailleurs. La République, pour vous, est autre chose qu'un État dont
le chef est électif et temporaire.

De même votre socialisme n'est pas celui de
Paris ou de Marseille. Vous n'attendez pas de moi

que je vous dise qu'il ne s'est point laissé séduire, lui aussi, par des solutions trop simples ou trop brutales et par des chimères dont la réalisation, si elle était possible, ferait peut-être regretter, même à ceux qui s'en plaignent le plus, l'état social d'aujourd'hui. Mais pourquoi ne dirais-je pas que, par son caractère individualiste, par sa préoccupation dominante de combattre d'abord la misère, de rendre moins douloureuse et moins précaire la situation des plus déshérités, il se distingue heureusement du dur caporalisme collectiviste des écoles d'outre-Rhin et que, bien des fois, je me suis souvenu à son propos de cette parole profonde d'un homme qui était loin d'être un révolutionnaire, de Guizot : « Le socialisme puise son ambition et sa force à des sources que personne ne peut tarir »?

*
* *

Je ne suis pas venu ici pour « faire », comme on dit, de la politique; pourtant, je ne puis pas empêcher que ce problème de l'alcoolisme que vous avez inscrit à votre programme ne soit à la fois un problème politique et un problème social; et, dès lors, quand je rappelle l'idétrèos élevée que la démocratie lyonnaise s'est faite des devoirs du régime républicain, l'idée très généreuse qu'elle se fait du rôle social de la République, je ne sors pas de mon sujet, j'y suis en plein, car la solution du problème alcoolique ne pourra être obtenu que par des hommes qui ne subordonneront à aucune autre considération l'intérêt de « la chose publique », la santé générale de la nation et la moralité des classes laborieuses.

Vous n'êtes pas, Messieurs, une société anti-alcoolique, vous êtes une association corporative qui s'est proposé pour but l'amélioration de la condition de l'employé, des employés de commerce et d'industrie de Lyon. Quand vous vous êtes constitués, le péril alcoolique n'entrait pas dans vos préoccupations. Votre objet, que vous avez réalisé, c'était de venir en aide aux employés par un bureau de placement gratuit, par un service de renseignements commerciaux et de consultations juridiques, par un service médical et pharmaceutique à prix réduits, par une caisse de prévoyance de décès, par un service de carnets de retraites individuelles, par l'installation d'une bibliothèque et l'ouverture d'une salle de lecture. Ces services, ces bureaux, ces caisses, vous les avez organisés, et le nombre de vos adhérents, le concours des pouvoirs publics, les récompenses qui vous ont été décernées, montrent assez quelle intelligence et quel zèle ont présidé à vos œuvres. Mais, chemin faisant, vous avez rencontré l'alcoolisme; vous avez constaté, il n'y a guère de jours où vous n'ayez constaté par vous-mêmes quelles ruines, quels ravages il faisait dans votre ville, dans les villes et les campagnes que vous êtes appelés à visiter, parmi les employés eux-mêmes, car il ne sévit pas seulement parmi les ouvriers; vous vous êtes émus, vous vous êtes effrayés; vous avez ouvert alors une vaste enquête, et des faits que vous avez directement constatés, des informations qu'un grand nombre de correspondants autorisés vous ont adressées, des statistiques locales qui vous ont été communiquées, est sortie l'étude qui a été présentée, il y a deux ans, au Congrès anti-alcoolique de Lyon, par votre président M. Besse, au nom de l'Union fraternelle des employés de commerce et d'industrie de la ville de Lyon et de la Fédération des employés de France.

*
* *

J'ai lu, depuis plusieurs années, un nombre considérable de livres, de brochures, de rapports sur la question de l'alcoolisme; je n'en ai pas lu beaucoup, mon cher Monsieur Besse, où les faits soient plus solidement groupés que dans votre étude, où soient exprimées, dans un plus ferme langage, des considérations plus judicieuses et plus courageuses. Vous montrez d'abord quelle est l'étendue du danger, danger qui a été pendant quelque temps localisé, mais qui, bientôt, s'est généralisé, qui est devenu un péril collectif, une menace de dégénérescence pour la société tout entière, et, vous aussi, à votre tour, vous faites voir avec quelle logique implacable se tiennent les chaînons de cette détestable série : alcoolisation intensive, mortalité croissante, surtout par la tuberculose, natalité décroissante du fait de la démoralisation et du rachitisme, criminalité d'année en année plus élevée, aliénation mentale excessive. Puis, résolument, sans peur, avec le seul souci de la vérité, vous cherchez les responsabilités d'un pareil mal.

Si à l'usage modéré des eaux-de-vie saines a succédé, depuis environ trente années, l'abus invétéré d'alcools de plus en plus violents et de plus en plus stupéfiants, c'est-à-dire d'alcools de plus en plus chargés d'impuretés, de plus en plus toxiques, de boissons à essences où le poison s'ajoute au poison, vous avez très bien vu que la faute n'en est pas seulement au buveur, à l'être faible qui a d'abord demandé à l'alcool une force factice ou l'oubli de ses misères, dont l'habitude s'est transformée en besoin, puis en vice, qui va s'amoindris sant, se corrompant de jour en jour, et qui devient, de verre en verre, plus aboulique et plus incapable de réagir. C'est la société tout entière qui est la première coupable; vous le dites sans crainte et vous le montrez avec beaucoup de force.

Vous accusez les trop nombreuses municipalités qui laissent croupir et s'étioler dans d'infects taudis tant de familles de travailleurs, alors qu'elles savent cependant, médecins et sociologues le leur ont assez répété et démontré, que la question d'habitation est une des principales causes de l'alcoolisme et que le taudis est un des principaux pourvoyeurs du cabaret. Vous avez bien raison. « L'ouvrier rentre fatigué, énervé de son travail; il trouve une maison humide, désagréable et sale. Il a besoin impérieusement d'une distraction, de *quelque chose* qui le défatigue, qui lui rende supportable la perspective d'un triste lendemain... Son corps affaibli par le mauvais air et la mauvaise nourriture réclame un stimulant; ses instincts de sociabilité ne peuvent être satisfaits qu'au cabaret : c'est là seulement qu'il peut rencontrer ses amis. Comment veut-on que, dans ces conditions. l'ouvrier n'éprouve pas, au maximum, la tentation de boire et soit à même de résister aux séductions de l'alcool? N'est-il pas évident au contraire, que, fatalement, sous l'action de tels facteurs, une très grande quantité de prolétaires doivent s'adonner à la boisson? » Cette page est de Frédéric Engels et elle est aussi véridique que cruelle.

Et puis vous accusez, et avec plus de raison encore, l'État lui-même, le législateur qui a péché d'abord par inadvertance, par imprévoyance, quand il ne croyait pas encore à la réalité du péril, quand il votait, pour des motifs de pure politique, la loi néfaste sur la liberté illimitée du commerce des boissons; mais dont la faute est devenue beaucoup plus grave par la suite, quand ce fut la peur, la peur la plus funeste qui puisse sévir dans un régime de démocratie, la peur électorale qui tantôt le fit agir, tantôt l'empêcha d'agir. C'est ainsi, comme vous le rappelez, qu'il a maintenu, malgré l'évidence des conséquences, la loi de 1880; c'est ainsi qu'il a rétabli le privilège des bouilleurs de cru et n'a pas encore osé, à l'exemple de nos voisins suisses, interdire la fabrication et la vente de l'absinthe.

Ce n'est pas, Messieurs, que les assemblées politiques ne se soient point préoccupées du problème de l'alcoolisme et que le Gouvernement ne s'en soit point saisi. Il y aurait une criante injustice à ne point reconnaître l'inlassáble propagande des groupes anti-alcooliques de la Chambre et du Sénat, l'importance considérable des travaux parlementaires dont la question de l'alcoolisme a été l'objet depuis vingt ans, celle des enquêtes qu'ont poursuivies, à deux reprises, les grandes commissions extra-parlementaires qui furent constituées pour l'élucider. Les rapports de Claude (des Vosges) et de Léon Say sont, aujourd'hui encore, les bréviaires de tous ceux qui s'efforcent de décider les pouvoirs publics à dresser enfin des digues solides contre l'inondation alcoolique. Il faut être juste et je veux l'être. Mais, cet hommage une fois rendu à d'honorables efforts, il n'en reste pas moins que les gouvernements, que les ministres des finances qui se sont succédé n'ont considéré le plus souvent la question alcoolique que du point de vue fiscal et que les Chambres l'ont considérée surtout du point de vue économique, qui s'est confondu souvent pour elles avec le point de vue électoral. Le côté social du problème n'échappe, à cette heure, à aucun membre des deux Chambres. Telle page de l'un des rapports que je rappelais tout à l'heure, tel discours mémorable d'un savant ou d'un moraliste, un peu égaré dans les assemblées politiques, l'éclairait tout à coup d'une vive lumière; puis il rentrait dans l'ombre, tout au moins dans la pénombre, et le mal continuait à grandir, le flot d'alcool à couler comme un fleuve débordé.

Vous entendez bien, et il est à peine besoin de le dire, qu'il ne saurait venir à la pensée d'aucun de nous de méconnaître, contre toute évidence, soit l'intérêt fiscal, soit l'intérêt économique de cette grande question, si complexe, des boissons spiritueuses. Sans la large base imposable que les spiritueux fournissent au Trésor, le budget croulerait dans le déficit sans remède, et l'alcool industriel, tout comme l'eau-de-vie de fruits, est l'une des richesses de ce pays. Nous sommes les ennemis irréductibles de l'alcoolisme, mais nous ne sommes pas plus les ennemis des eaux-de-vie des Charentes que nous ne le sommes du vin, de la bière ou du cidre, et l'alcool industriel nous est toujours apparu comme l'un des plus merveilleux agents de lumière et de force que la science ait découverts, et nous souhaitons que l'utilisation s'en généralise. Nous demandons seulement, comme le disait un jour M. Casimir Perier, « qu'on en remplisse de préférence les lampes, les réservoirs des automobiles, les foyers des chaudières et qu'on ne le verse pas dans les estomacs », ou, du moins, qu'on ne l'y verse que rectifié et à petites doses.

Il y a donc, de la part de certains de nos adversaires, quelque chose comme de la déloyauté à pré-

tendre que le triomphe de l'anti-alcoolisme aurait
pour premières conséquences de détruire des
richesses nationales et de creuser dans le budget
un déficit qu'aucune autre ressource ne pourrait
combler. C'est même exactement le contraire de la
vérité, car les lois anti-alcooliques que nous réclamons, non seulement ne réduiraient pas les recettes
du Trésor, mais elles les accroîtraient dans des
proportions considérables; non seulement elles ne
porteraient aucune atteinte à nos richesses soit
agricoles, soit industrielles, mais elles garantiraient
les unes contre des falsifications frauduleuses et
orienteraient les autres vers un emploi plus profitable; non seulement elles ne diminueraient pas
la fortune publique, mais elles donneraient au travail national, par l'afflux de toutes les forces vives
qu'il devrait à une meilleure hygiène et à une
moralité plus haute, un incomparable essor.

*
*   *

Une telle affirmation a l'apparence d'un paradoxe, mais le paradoxe n'est souvent que le côté de
la vérité qu'on ne voit pas.

Nous demandons la suppression du privilège
des bouilleurs de cru, les uns par le retour pur et

simple à la législation que l'Assemblée nationale avait établie en 1872, les autres par l'établissement, au profit de l'État, du monopole de la distillation, ou, plus exactement, des alambics. J'ai, dans mon dossier, une statistique officielle qui m'a été communiquée par le Ministère des Finances. Depuis huit ans, la production d'eau-de-vie par les bouilleurs de cru *non contrôlés* s'est élevée de 46.000 à 293.000 hectolitres, et l'évaluation, ajoute la note ministérielle, est vraisemblablement « inférieure à la réalité ». Si vous multipliez 293.000 hectolitres par 220 francs, qui est le chiffre actuel des droits sur les spiritueux, vous obtenez 64.460.000 francs. Voilà le cadeau que la législation actuelle fait aux bouilleurs, aux fraudeurs. Et voilà la somme dont nous augmenterons, au bas mot, les recettes du Trésor. Est-ce porter atteinte à l'agriculture que de ne pas maintenir pour la distillation de quelques-uns de ses produits un régime d'exception? Pensez-vous que « la consommation familiale de l'alcool » s'élève à 293.000 hectolitres? Pour quel motif plausible le fisc ne surveillerait-il pas avec la même vigilance l'alcool que l'industriel tire de la betterave ou du topinambour, et l'eau-de-vie que le distillateur tire de la vigne ou des fruits?

L'un des premiers et des plus persévérants militants de la lutte contre l'alcoolisme, M. Émile

Alglave, ne se contente pas du monopole des alambics ; il a exposé depuis déjà bien des années un système de monopole de l'alcool analogue à celui qui fonctionne en Russie à la satisfaction générale, plus simple cependant et combiné de telle sorte qu'il ne serait porté aucune atteinte à la liberté de l'industrie, que l'État payerait l'alcool aux producteurs plus cher qu'ils ne le vendent aujourd'hui, qu'il ne le vendrait pas plus cher, sauf pour les liqueurs fines, et qu'il l'aurait au préalable rectifié et purifié. Ce système, s'il était adopté, donnerait un excédent de produit net de 800 millions sur le régime actuel.

J'ai proposé à la Chambre, il y aura bientôt vingt ans, et l'un de vos députés, mon vieil et toujours jeune ami Aynard, avait bien voulu signer ma proposition, de limiter le nombre des débits de boissons. J'ai repris depuis lors cette proposition avec mon collègue des Vosges, M. Schmidt. M. Caillaux l'avait insérée, après en avoir très heureusement complété le texte, dans la loi de finances pour 1909. Nous n'avons pas réussi encore, malgré tous nos efforts, à en obtenir le vote ; nous en avions fait un amendement à la loi de finances pour 1910 ; mais M. Cochery a retiré ses propositions de surtaxe sur l'alcool ; il les a retirées d'ailleurs avec beaucoup de raison, car surtaxer l'alcool sans

toucher au privilège des bouilleurs de cru, ce serait
ouvrir seulement une porte plus large à la fraude.
La Chambre a prononcé, en conséquence, la disjonction de notre amendement. Je le reprendrai à titre
de projet distinct, ai-je besoin de le dire, si j'ai l'honneur de rentrer à la Chambre, en dépit de certains
syndicats « qui me clouent au pilori », chose vraiment terrible, dans des journaux désintéressés
qu'ils répandent à profusion et qui ont annoncé
« qu'ils me traqueraient sans merci » dans ma circonscription. Il m'est déjà arrivé de subir, au service d'une juste cause, des échecs électoraux. Je ne
m'en suis pas porté plus mal. Il y a d'autres tri-
bunes que celle de la Chambre; on peut défendre
et faire triompher la vérité ailleurs qu'à la Chambre,
et les syndicats dont je parle pourraient se rensei-
gner aisément à cet égard.

*
* *

Si notre première proposition sur la limitation
des débits avait été adoptée en 1895, il y aurait
aujourd'hui en France 30.000 débits de moins, et il
ne s'y ouvrirait pas tous les jours plus de six nouveaux débits. Vous avez vu, dans des statistiques
qui ont été cent fois publiées, que la progression de

l'alcoolisme est proportionnelle à celle du nombre des débits, que nos 477.000 débits déversent par an près de deux millions d'hectolitres de spiritueux et que, sous l'action continue de l'intoxication alcoolique, la folie, la tuberculose et la criminalité impulsive ont à peu près doublé depuis un quart de siècle. La limitation du nombre des débits, l'interdiction légale d'ouvrir de nouveaux débits est donc l'une des premières mesures qui s'imposent. Cette limitation a pu être déjà appliquée, en vertu même de la loi de 1880, dans un certain nombre de grandes villes, où elle a produit les plus heureux résultats.

L'un de vos anciens maires, M. Augagneur, en avait fait l'expérience à Lyon, et l'expérience a été poursuivie par son successeur, M. Herriot, qui me fait l'honneur d'assister à cette conférence. Il s'agit de transformer cette limitation municipale facultative en une limitation nationale obligatoire. C'est ce qu'ont fait les pays scandinaves, qui étaient, il y a cinquante ans, les pays les plus alcoolisés du globe, ceux où la progression du crime et de la folie était la plus forte, et qui sont aujourd'hui les pays les moins alcoolisés de l'Europe, ceux où l'étiage de la folie et du crime est le moins élevé.

Voilà pour les conséquences hygiéniques, morales, de la limitation du nombre des débits. Je le demande maintenant : en quoi cette loi, le jour où elle sera votée, lèsera-t-elle les intérêts des débitants actuels? Non seulement elle n'en dépossédera aucun, non seulement elle respectera la propriété de chacun d'eux, mais elle consolidera la propriété des débits entre leurs mains, entre les mains de leurs ayants droit, et elle constituera pour eux, ce qui, j'en conviens, est une manière d'hérésie économique, un véritable monopole de fait.

L'un de mes collègues de la Chambre me disait l'autre jour : « Vous ferez des débits de véritables charges d'agents de change. » Je ne dis pas non; mais c'est là un petit mal pour un grand bien, car la limitation du nombre des débits aura pour conséquence nécessaire de diminuer le nombre des occasions et des tentations, comme le faisait déjà observer M. Léon Say; on boira peut-être un peu plus dans les débits existant actuellement; mais, dans l'ensemble, on boira moins; puis, par le jeu naturel des choses, par les faillites, par les déchéances, par les changements de métier, le nombre même des débits diminuera, comme il a diminué de moitié, après huit ans, en Algérie, et depuis quatre ans à Madagascar, où M. Jonnart et M. Augagneur ont pu appliquer la limitation par décret. Mais, encore une fois, en quoi la loi lèsera-t-elle les débi-

tants, qu'elle protégera, bien au contraire, contre
les ruineuses concurrences? Je sais bien d'autres
commerçants qui ne repousseraient pas une
pareille loi.

Je vous disais, Messieurs, que les lois anti-
alcooliques que nous avons préparées, en même
temps qu'elles enrayeraient les progrès du fléau,
ne porteraient atteinte ni au Trésor, ni à l'industrie, ni au commerce; l'ai-je suffisamment démontré? Et combien ma démonstration serait-elle
encore plus forte si le temps ne m'était pas mesuré
et si je pouvais vous faire le compte des millions
de salaires qui se perdent aujourd'hui au cabaret,
qui grossiront demain l'épargne des ouvriers en
leur assurant un peu plus de bien-être, ou celui
des milliers et des milliers de travailleurs de toutes
sortes que l'alcoolisme dégrade ou paralyse, dont
il fait des malfaiteurs ou des fous, et qui, libérés
demain, reviendront à la terre, à l'usine, au comp-
toir, pour y collaborer à la création de richesses
nouvelles!

**

***

Oh! sans doute, il y a des gens que nous gênerons
dans leur commerce et ils se nomment eux-mêmes,
ils crient assez haut leurs doléances et on ne les

entend, on ne les écoute que trop. Ce sont les fraudeurs, ces fraudeurs qui coûtent aujourd'hui au Trésor plus de 60 millions, millions qu'il faut bien alors chercher dans la poche des autres contribuables; ce sont les fabricants de ces liqueurs falsifiées, de ces abominables boissons à essences, et, d'abord, de l'absinthe, dans la composition de laquelle n'entrent pas moins de cinq poisons stupéfiants et de quatre poisons épileptisants; ce sont ces industriels sans scrupule qui ont, eux, intérêt, pour écouler leurs drogues frelatées, à faire pulluler les cabarets, qui, à l'exemple de certains brasseurs belges et de certains lords anglais, aménagent leurs maisons ou en construisent pour y ouvrir des débits et émettent la prétention d'attacher la licence à l'immeuble; ce sont enfin ces cabaretiers d'une essence spéciale, honte d'une profession qui, je tiens à le dire, les désavoue et regrette la mollesse des parquets à leur égard, ces tenanciers infâmes dont les cabarets ne sont pas seulement des cabarets, qui livrent tous les ans à la prostitution des centaines de jeunes filles et qui n'en trouvent pas moins, j'en ai eu l'aveu, des députés pour les protéger, car ils sont, eux aussi, des électeurs!

Ces gens-là seront lésés? Oui, ils ont tiré assez de profit de leurs trafics et de leurs fraudes. Ils seront contre nous dans la campagne électorale. Est-ce que vous pensez que je les voudrais avoir avec moi?

*
* *

Messieurs, quelles sont les causes qui ont empêché jusqu'à ce jour notre campagne contre l'alcoolisme d'aboutir? Il y en a eu deux; il n'y en a plus qu'une seule aujourd'hui. Celle qui a disparu, c'est l'ignorance où ce pays a été longtemps et savamment entretenu de la gravité du mal dont il était atteint. Celle qui subsiste, c'est la peur électorale, la crainte qu'ont inspirée jusqu'à présent aux pouvoirs publics un certain nombre d'électeurs, ruraux et urbains, qui ne sont, tout compte fait, qu'une minorité, une minorité qui diminuerait encore si beaucoup de ceux qui nous combattent se rendaient compte de leurs véritables intérêts, mais qui sont une minorité bruyante, agissante, une minorité qui a un trésor de guerre et qui ne recule devant aucun procédé d'intimidation. Eh bien, je le dis à mes risques et périls, mais je le dis très haut, et avec l'espérance que je ne serai pas entendu seulement de vous, je dis qu'il faut en finir et que, s'il est manifeste, et cela est manifeste, que la lutte contre l'alcoolisme est devenue aujourd'hui pour ce pays une question de vie ou de mort, il faut que ce soit le suffrage universel lui-même qui, aux prochaines élections, exige des candidats l'engagement formel de voter ces lois de salut public, et que ce soit le Gouvernement qui prenne la tête du mouvement.

Oui, la place de la question anti-alcoolique n'est plus aujourd'hui sur les ordres du jour des académies, des corps savants, des Congrès de médecins et d'hygiénistes : sa place est dans les cahiers électoraux, dans le programme du Gouvernement devant la prochaine législature.

Vous avez voulu, il y a trente et quarante ans, la liberté de la presse et la liberté de réunion, l'instruction obligatoire, gratuite et laïque, le service militaire obligatoire et égal pour tous. Qu'avez-vous fait? Vous êtes-vous contentés de béler à la liberté? Vous avez inscrit ces libertés, ces réformes, sur vos programmes; vous avez poursuivi à travers tout le pays une active, une inlassable propagande. La démocratie a parlé, le suffrage universel a prononcé, et vous avez conquis ces réformes et ces libertés.

Vous avez voulu, plus tard, la liberté des associations, la laïcisation complète de l'État, la réforme fiscale, les retraites ouvrières et paysannes. Qu'avez-vous fait? Vous avez inscrit ces revendications sur vos programmes; vous avez recommencé à lutter, à combattre. Le suffrage universel s'est, encore une fois, prononcé et vos revendications sont réalisées ou elles sont à la veille de l'être.

Et aujourd'hui, demain, quand il s'agit d'enrayer le flot toujours grossissant de la criminalité, de la tuberculose, de la folie, qui prend sa source dans l'alcool; quand il s'agit, non pas seulement pour les classes ouvrières, comme le disait un jour Émile Vandervelde, mais pour la nation tout entière, parce qu'elle est bonne et généreuse entre toutes les nations, d'abolir la misère, cette misère qui est une honte d'autant plus grande que la civilisation et la science étendent davantage leurs bienfaits, mais dont les travailleurs eux-mêmes vont, trop souvent, chercher l'oubli dans l'alcool, plus mortel que l'opium; quand il s'agit enfin d'arrêter ce pays, ce noble pays, le pays de Jeanne d'Arc et de la Révolution, le pays de Vincent de Paul et de Voltaire, sur la pente de la plus tragique et de la plus honteuse des déchéances, la démocratie laisserait faire, le suffrage universel se tairait, le gouvernement de la République ne donnerait pas le mot d'ordre!

Pour moi, Messieurs, j'ai confiance; j'ai confiance en vous, dans cette robuste et vaillante démocratie lyonnaise qui a, si souvent, dans le passé, prêché d'exemple; j'ai confiance dans le suffrage universel, car on peut le tromper pour une heure, on peut l'abuser, mais il finit toujours par reconnaître où est le devoir et où est la vérité; et j'ai foi dans la République; et, par-dessus tout, j'ai foi dans mon pays : je sais qu'il ne veut ni s'abrutir ni mourir !

TABLE DES MATIÈRES

PREMIÈRE PARTIE

L'ALCOOLISME ET LES DÉBITS DE BOISSONS

DEUXIÈME PARTIE

DISCOURS ET PROJETS CONTRE L'ALCOOLISME

B — 7876. — Libr.-Imprimeries réunies, 7, rue Saint-Benoît, Paris.

www.ingramcontent.com/pod-product-compliance
Ingram Content Group UK Ltd.
Pitfield, Milton Keynes, MK11 3LW, UK
UKHW021009140726
13695UKWH00001B/148